国家社科基金项目（09BSH006）
结题评价"免于鉴定"项目

国家应急管理战略工程

GUOJIA YINGJI GUANLI ZHANLÜE GONGCHENG

宋英华 | 著

引入战略管理思想
构建全面应急管理战略理论
为我国应急管理的战略规划和长期发展提供决策依据和智力支持

立足中国国情，借鉴国内外应急管理研究与实践先进成果，
将研究视域聚焦于越来越复杂化、非常规和非传统化突发事件的发展态势、
影响程度及演化规律。

人民出版社

目　录

序

　　公共安全是国家安全的重要组成部分，是经济与社会发展的重要条件，是人民安居乐业与建设和谐社会的基本保障。然而，在当前我国社会结构、价值观念、文化形态、经济发展发生深刻变化、面临新常态的特殊历史时期，虽然我国的公共安全问题复杂性凸显，公共安全形势依然严峻，特别是在遭遇 2008 年南方雨雪冰冻灾害和 5·12 汶川大地震之后，国家对应急能力的提升提出了非常迫切的需求，人民群众对国家应急能力的期望达到了前所未有的程度。

　　从国家层面，我国政府历来高度重视公共安全。2014 年 4 月 15 日，习近平总书记主持中央国家安全委员会议时指出：面对空前复杂的国家安全形势，唯有以全新的理念、全新的机制、全新的战略加以应对，方能争取主动、避免被动；2015 年 3 月 5 日，李克强总理代表国务院作政府工作报告指出：加强应急管理，提高公共安全和防灾减灾能力；《国家中长期科学和技术发展规划纲要（2006—2020)》也将公共安全列为我国未来科技发展的重点领域；党和国家领导人的重视和国家政策文件的出台表明，公共安全已经在国家战略层面得到高度重视。

　　从科学层面，公共安全是指人、物和社会系统不受破坏的安全状态，这种状态如果遭到突然破坏就会导致突发事件，突发事件作用于人、物和系统又会对其造成本体破坏或功能破坏。为预防或减少突发事件及其后果，必须采取人为干预的手段。我曾经提过一个公共安全"三角形理论模型"："三角形"的一边对应突发事件，主要包括自然灾害、事故灾难、公共卫生事件和社会安全事件四种类型；"三角形"的另两边分别对应承灾载体和应急管理，

1

其中，承灾载体就是突发事件作用的人、物和系统，应急管理则是对这样一个由突发事件和承灾载体所构成的灾害体系来自外界的人为干预。围绕这个"三角形理论模型"，科技和管理人员总结并提出了一系列需要解决的科技问题：突发事件的孕育、发生、发展和突变规律，突发事件作用的类型、强度和时空分布特性，承灾载体的破坏机理、脆弱性、承受极限、损毁形式及其与自然、社会系统的耦合作用，对突发事件和承灾载体施加干预的方式、力度和时机，等等。可以说，公共安全科技发展的成果最终要落脚于社会管理的实践，服务于社会的和谐与稳定，保障人民群众的生命财产安全。总之，应急管理是公共安全的重要组成部分，也是保障公共安全的核心问题。

毋庸置疑，应急管理体系是一个开放的复杂巨系统，具有多主体、多因素、多尺度、多变性的特性，不仅包括风险评估、监测监控、预测预警、决策指挥、救援处置、恢复重建等多个环节，还广泛涉及人的心理和行为，包含大量深刻的复杂性科学问题。为了解决这些问题，必须融合理、工、医、文、管多个学科的优势进行交叉性探索，也需要全社会，特别是广大高等院校、科研院所的科研力量来共同推进。令人欣慰的是，无论国家还是地方对此都予以高度重视，并且成立了一批专门的公共安全与应急管理的科研机构，如清华大学的公共安全研究院、中国安全生产科学研究院、安监总局的生产安全重点实验室、民政部和教育部联合成立的减灾与应急管理研究院、中国科学技术大学的火灾科学国家重点实验室、华中科技大学的非传统安全研究中心、武汉理工大学的中国应急管理研究中心、暨南大学的应急管理学院、北京市与清华大学联合成立的北京城市综合应急科学重点实验室，等等。这些科研机构有些致力于安全科学基础研究，有些致力于安全科技的集成创新，有些侧重于应急管理理论方法的探索和实践，有些致力于应急产业的发展推动，各有所长、各具特色。然而，鉴于应急管理涉及问题的广泛性和复杂性，我国突发事件应急管理科技的源头自主创新能力尚显不足，突发事件中的一些问题也尚未从根源上得到解决，我们仍然需要鼓励和培育更多的应急管理创新人才和团队，为应急管理科技的提升和突破提供智慧力量。

近些年我和武汉理工大学中国应急管理研究中心这个团队有过多次交

往。在中心主任宋英华教授的带领下，这个年轻而又富有活力的团队从2009年以来就开始思考应急管理作为国家战略的问题，并在政、产、学、研等多个方面开展理论和实践的探索。作为人文社科领域的学术团队，能够将安全科学、管理科学、信息科学交叉融合，探索解决社会实际问题，无论从学术思想上还是从科学研究上，都值得肯定；能够从国家战略层面思考应急管理工作中的问题并规划团队发展路径，也是难能可贵的。

翻阅本书，总体感觉是站位高、想法好，具有较强的理论性与实用性。本书详细阐述了全面应急管理战略的提出与意义、全面应急管理战略的基本框架、国家应急管理战略的模式，系统探讨了应急管理战略的评价和保障等。在我看来，这本书的意义不仅是武汉理工大学中国应急管理研究中心这个团队近5年来的实践探索的成果，代表了这个团队一个新的起点和高度，同时，更是中国应急管理科技事业蓬勃发展的一个缩影。相信该书的出版，将会对政府部门、科研机构、大专院校和企事业单位的应急管理工作提供有益的帮助。

中国工程院院士
清华大学公共安全研究院院长
国家减灾委专家委员会委员
国家自然科学基金委"非常规突发事件应急管理研究"
重大研究计划指导专家组组长

二〇一六年九月

第一章　绪　论

第一节　全面应急管理战略的提出

　　二战以后，随着全球经济复苏和社会结构的重大调整，世界各国突发事件频频发生。为此，学术界通过对不断涌现的突发事件的成因、形态、危害、发展过程和处置方法进行全面深入的研究，提出了社会危机生命周期理论[①]、4P阶段论[②]、5P阶段论[③]和应急管理过程论[④]等应急管理理论，丰富了应急管理的基础理论，并为各国政府加强应急管理体系建设提供了理论依据和技术支持。世界各国政府运用应急管理理论原理，构建和完善本国的应急管理体系，通过增强本国应急管理整体能力，从而更好地应对各种突发事件，减少各种社会损失。

　　然而，进入21世纪以来，随着经济全球化和国际安全形势的变化，各国间的经贸往来、人员交流等相互联系更加紧密，突发事件的国际性、复杂性、非传统性和非常规性等特征更加凸显。在2001年的"9·11"事件、2003年的"SARS风暴"、2004年底的印度洋海啸、2005年的美国新奥尔良

---

①　张欣.基于危机生命周期理论的校园突发事件风险沟通要素识别[J].经营管理者,2012(16).

②　National Governors Association Center For Policy Research. Comprehensive Emergency Management-A Governor's Guide [J] .Washington,DC,USA,1979.

③　李湖生.应急管理阶段理论新模型研究 [J] .中国安全生产科学技术，2012，6（5）.

④　王方舜.基于应急管理过程论的消防应急管理体系建设 [J] .武汉理工大学学报（信息与管理工程版），2011（3）.

飓风中，各国政府的应急管理状况已经明显反映出这种新的特征变化，基于现有应急管理理论构建的应急管理体系已经不能适应国际化的非传统非常规突发事件的需要。为此，有必要也必须创新应急管理理论，构建全新的应急管理体系，为科学高效地应对国际化突发事件提供理论基础。

在"十一五"期间，以中国工程院资深院士范维澄教授和国务院应急管理专家组组长闪淳昌教授为代表的专家学者对我国突发事件应急管理提出了以"一案三制"（即应急管理的预案，体制、机制、法制）为主线的体系构想与建设规划。随后，国家颁布了《国家突发公共事件总体应急预案》，加强了国务院应急管理办公室的管理职能，制定了突发事件应急体系建设规划，实施了《突发事件应对法》，并在一些地区建立了"突发事件应急管理信息系统"，取得了较好的效果。为了科学把握新形势下突发事件应急管理战略发展，笔者于 2005 年创建了武汉理工大学中国应急管理研究中心，广泛吸收了国内外应急管理的新思路与新成果，通过借鉴国内外研究方法和技术，以提高我国政府保障公共安全和处置突发事件的能力、加快政府职能转变的步伐、促进经济社会可持续发展的目标，首次提出在我国对突发事件进行"全面应急管理"（Total Emergency Management，TEM）。2006 年以笔者为课题组长的武汉理工大学中国应急管理研究中心科研团队受湖北省人民政府的委托，承担了《"十一五"期间湖北省突发公共事件应急体系建设规划》的编制工作，通过调研，针对我国应急处置工作现状，提出了突发事件"全面应急管理（TEM）模式"的研究报告。2006 年底，武汉理工大学中国应急管理研究中心向国务院办公厅提出《关于在我国开展"突发事件全面应急管理"的建议》，得到国务院办公厅有关领导的重视与肯定。2008 年"5·12"汶川地震发生后，笔者率科研团队赶赴汶川灾区进行灾情调研，开展地震应急管理及善后保障体系研究，探索我国应急管理体系运行的实际情况及存在的不足。2014 年，笔者联合湖北省内外 28 家单位，牵头创建安全预警与应急联动技术湖北省协同创新中心。

2008 年汶川大地震、2010 年舟曲泥石流暴露出了我国应急管理中的诸多问题。2011 年 3 月 11 日，日本东北部发生 9.0 级强地震及其衍生的福岛核电站核泄漏事件，造成了大量的人员伤亡和严重的生态危机，暴露出应急管理体系较为完善和应急管理能力较强的发达国家在应急管理体系建设和实践方面亦存在着明显不足。纵观人类社会发展史，人类社会的发展总是面临着各种各样的危机与灾害。21 世纪以来，各类突发性危机与灾害事件频频发生，从东南亚海啸、美国卡特里娜飓风到我国南方冰冻雨雪灾害和"5·12"汶川地震、舟曲泥石流、玉树大地震等自然灾害；从非典到禽流感等公共卫生事件，从哈尔滨水污染危机到美国墨西哥湾原油泄漏、"8·12"天津滨海新区爆炸事故、"12·20"深圳山体滑坡等环境灾害及事故灾难；从加州电力危机到 2005 年国际油价暴涨、"气荒"等能源事件；从美国次贷危机、欧债危机导致全球性经济衰退到我国部分地区出现的"老板跑路"事件等金融安全事件；从美国的"9·11"恐怖袭击到我国"3·1"昆明火车站暴恐、"5·22"乌鲁木齐暴恐等社会安全事件。自然灾害、事故环境灾难、公共卫生安全、能源安全、经济安全和社会安全等一系列危机与灾害问题以巨大的广度和深度影响着整个社会和谐发展。如何化危为机，破解国家建设与发展中的各类风险难题，维护和保障广大民众的生命和财产安全，保持经济稳健快速发展，促进社会和谐，已经成为我国经济与社会发展中迫切需要深入研究的重大课题。尤其是针对公共安全，诸如能源安全、环境安全、重大工程安全、经济安全与地缘政治等领域的应急管理问题，需要加以高度重视与重点研究。当前，在各类社会矛盾及生态危机不断加剧的新形势下，加强危机与灾害应急管理的理论研究与实践探索，不断创新与完善社会治理模式，已经成为构建和谐社会的重要支撑。研究危机与灾害应急管理，加快从常规、传统向非常规、非传统危机与灾害应急管理的转变，已成为当今应急管理学科的发展趋势。早在 2007 年，范维澄院士就敏锐地指出必须大力加强应急管理的基础学科研究，主动服务于国家重大需求与战略发展，在其《国家突发公共事件应急管理中科学问题的思考和建议》[①] 一文中，科学预见

---

① 范维澄.国家突发公共事件应急管理中科学问题的思考和建议 [J] .中国科学基金，2007，02: 71-76.

了我国应急管理基础研究最近 5-10 年内迫切需要研究解决的五大关键科学问题，首次系统地提出并阐述了应急管理体系复杂性的科学问题、应急心理与行为的科学问题、突发公共事件的信息获取及分析的科学问题、多因素风险评估与多尺度预测预警的科学问题和复杂条件下应急决策的科学问题等五大应急管理关键科学问题的创新内涵与发展战略。

为此，围绕着范维澄院士所提出的应急管理关键科学问题，笔者在深化突发事件全面应急管理理论的基础上，立足中国国情，积极借鉴国外应急管理研究与实践先进成果，将研究视域聚焦于越来越复杂化、非常规和非传统化突发事件的发展态势、影响程度及演化规律，提出全面应急管理战略，从而将应急管理体系建设上升为国家战略的构想，主张制定长远的应急管理战略规划，开展全面应急管理战略工程建设，并夯实应急管理理论基础；同时将战略思想应用于突发事件应急管理，构建国家应急管理战略理论体系，超前谋划我国应急管理体系建设规划，大力提升应急管理综合能力，以期及时高效应对新形势下的各类突发事件。

全面应急管理战略是一个国家对其国内应急管理工作所做的总体发展规划，是政府根据国家的应急管理理念、原则和发展构想，从宏观层面指导应急管理工作的总方略。其目的是通过科学分析国内外应急管理发展环境，综合研判社会安全形势，选择合适的国家应急管理建设与发展模式，科学规划应急管理的总体发展方向、长期目标和发展重点，合理配置全面应急管理所必需的各项资源，协调并充分发挥各级各部门的应急管理能力，以全面提升国家应急管理综合能力，从而科学应对新形势下复杂多变的突发事件，减少其对国家和社会带来的各种损失。全面应急管理战略理论是一种具有逻辑和数学性质的科学理论，包括战略分析、战略选择、战略实施和战略评估调整四个关键要素，且对这四个关键要素形成的动态全过程进行深入研究，以探讨和剖析国家应急管理战略发展的一般模式、结构和规律。

基于此，笔者撰写《国家应急管理战略工程》一书，通过构建全面应急管理战略体系，以期丰富和完善现有应急管理理论，为国家应急管理战略工程建设实践提供理论参考。

本书得到了国家社科基金支持，为国家社科基金项目"重大突发事件全面应急管理机制研究"（编号：09BSH006）的重要研究成果之一。

本书同时得到了武汉理工大学研究生教材建设基金资助。

第二节　国家应急管理战略工程的意义

一、国家应急管理战略工程开创了战略管理思想应用于应急管理的先河

随着应急管理研究的不断发展和逐渐深入，人们逐渐认识到应急管理的重要性，众多应急管理专家学者对应急管理理论开展了大量的研究工作，取得了一定的研究成果，对国家应急管理体系建设的理论与实践起到了积极的指导作用。但纵观国内外现有的研究成果，专家学者对应急管理理论的研究多局限于应用层面，没有很好地将战略思想应用于应急管理理论研究中。国家应急管理战略工程就是将应急管理上升到国家战略层面，从战略角度来规划应急管理建设与发展，开创将战略管理思想应用于应急管理的先河。

二、国家应急管理战略工程是应急管理领域的重大理论创新

自应急管理问世以来，应急管理理论在国内外数辈应急管理专家学者的共同努力下得到了丰富与发展，先后形成了应急管理生命周期论、应急管理过程论、应急管理4P阶段论、应急管理5P阶段论以及集成化突发事件全面应急管理理论等。纵观这些应急管理理论，大多仅限于对应急管理某个领域进行研究，并提出有应用指导意义的理论。而突发事件全面应急管理理论较为系统地对整个应急管理领域进行研究，而且从长远角度来研究应急管理体系的建设与发展，规划一个国家或地区的应急管理体系建设与发展的总体建设目标、建设重点、发展方向和发展思路。全面应急管理战略体系的构

建，正是适应于国家应急管理战略工程的发展，从战略角度来规划应急管理体系的建设与发展，同时拓展了战略管理和应急管理的研究领域，并将战略管理与应急管理的全新研究领域交叉结合，形成国家应急管理战略理论，指导国家应急管理战略工程，实现应急管理领域重大理论创新。

三、国家应急管理战略工程对国家应急管理体系建设与完善的前瞻性、长远性和系统性谋划

现有的应急管理理论在指导国家应急管理体系建设与完善方面，侧重于加强国家应急管理体系建设的某一环节。突发事件全面应急管理理论的提出，则是以从"六全"的角度来指导国家应急管理体系建设与完善的相关应急管理方面的研究。武汉理工大学中国应急管理研究中心科研团队在科学把握国内外突发事件应急管理发展新趋势的基础上，提出构建全面应急管理战略体系，科学规划国家应急管理战略工程，提出了前瞻、长远、系统的国家应急管理体系建设与完善的研究思想。

四、国家应急管理战略工程是构建社会主义和谐社会的现实需要

和谐社会是我国为实现全面建成小康社会的宏伟目标而提出的新理念，其内涵十分丰富，包括民主政治、公平正义、诚信友爱、充满活力、安定有序、人与自然和谐相处。任何社会都不可能是无差别、无矛盾、无问题的社会，构建和谐社会就是要建立一系列解决矛盾的机制，实现社会组织机构健全、社会管理完善、社会秩序良好、人民群众安居乐业、社会安定团结的社会发展目标，其中比较重要的是规划构建长远性、全局性的公共安全社会保障战略工程。只有建立公共安全社会保障战略工程，才能够保持社会安定有序，这是构建和谐社会的前提。实施国家应急管理战略工程，通过构建全面应急管理战略体系，以提升国家综合应急管理能力，是建立公共安全社会保

障战略工程的关键。由此可见，构建全面应急管理战略体系，将有力地支持国家应急管理战略工程的科学规划，将利于我国和谐社会的构建。

　　总之，国家应急管理战略工程是将战略管理思想引入应急管理研究领域，运用系统工程的理论方法进行可持续的建设，这对我国应急管理的发展具有深远的理论与现实意义。目前，我国正处于经济社会发展的转型关键期，系统性地考量和长远地规划我国应急管理体系，在某种程度上对转型期的科学发展具有宏观战略意义。如今我国经济社会正处于一个全球性经济危机和衰退与区域性地缘政治环境极不稳定等多因素、多层次矛盾相互交织的大背景下，需要站在宏观性、复杂性的战略视角下重新思考我国的应急管理体系，综合考虑常规与非常规、传统与非传统等各类突发性事件，创新应急管理思维，并着力研究应急管理战略的基本理论方法，构建全面应急管理体系，从而建立适合我国国情的国家应急管理战略工程。

第三节　应急管理战略基本理论沿革

　　对于应急管理战略，其内涵与战略管理有着千丝万缕的联系，战略管理理论是应急管理战略的理论支撑，应急管理战略是战略管理理论的拓展。因此，为了全面、清晰地把握与理解应急管理战略内涵及其与战略管理之间的关系，有必要对战略管理理论进行梳理。下面，将从战略管理的视角详细地研究应急管理战略的基本理论来源。

一、战略管理理论的演变历程与发展态势

　　战略管理理论自问世以来，备受国内外广大战略研究学者的关注，众多学者对战略管理理论开展了大量的研究与探讨，有力地推动了战略管理理论深层次的发展，形成了名家辈出、各种学派争鸣的局面。为了更好地把握战略管理理论演进的脉络、规律与发展趋势，下文将按照时间的跨度阐述战略

管理理论的发展历程。

（一）战略管理理论的演变历程

1.早期战略思想阶段

该阶段的思想是随着产业革命的不断扩散以及西方企业管理理论的不断发展而逐渐形成的，产生了许多具有深远意义和价值的战略思想。"竞争战略之父"、哈佛商学院迈克尔·波特（Michael E. Porter）教授对此作了全面的总结与概括，指出早期战略思想阶段主要存在三种观点。

第一种观点。20 世纪初，管理过程学派创始人法国亨利·法约尔（Henri Fayol）在对企业内部管理活动进行一系列整合的基础上，于 1916 年在《工业管理与一般管理》一书中，把企业所有活动归纳为商业活动、技术活动、安全活动、财务活动、管理活动和会计活动六种类型，并提出了管理的五项职能（计划、组织、指挥、协调和控制），其中计划作为管理职能中首要的、基本的职能，决定了其他管理职能。可以说这种观点是最早出现的企业战略思想。

第二种观点。美国经济学家、"现代管理理论之父"切斯特·巴纳德（Chester I.Barnard）于 1938 年在《经理人员的职能》一书中，首次运用战略的思想对企业诸因素以及它们之间的相互影响进行了分析，并把组织理论从战略理论与管理理论中分离出来。同时他认为战略和管理的工作大部分同领导人有关，管理工作更注重于组织效率的创造，而其他类型的管理工作则应关注企业组织与环境如何才能兼容，即侧重组织效能。这种关于企业组织与环境相"匹配"的主张成为现代战略分析方法的基础。

第三种观点。19 世纪 60 年代，哈佛商学院的肯尼斯·安德鲁斯（Kenneth R.Andrews）教授认为战略是一种决策模式，通过该模式可以把企业的方针、政策、目的及经营活动有机地结合起来，形成具有自身特点的战略属性，并对自身所拥有的资源进行优化配置，从而在市场中获得竞争优势。同时，他还指出战略应由公司实力、市场机会、社会责任、个人价值观和渴望四个要素构成，其中公司实力、个人价值观和渴望是企业内部因素，市场机会与社会责任是外部环境因素。

从上可知，早期的战略思想更侧重于组织内部活动管理和效率问题等方面的研究，其中效率问题主要是从组织方式和管理职能等层面进行探讨。但是，该阶段的战略思想在组织活动效果方面的研究处于空白状态，因此，可以说该阶段的战略理论体系是不完整的。

2. 传统战略理论阶段及其十种战略学派

20 世纪 60 年代，美国学者伊戈尔·安索夫（Igor Ansoff）在研究多元化经营企业的基础上，出版了第一本与战略相关的著作——《企业战略》，开创了战略规划的先河，标志着企业战略理论的研究逐渐由单纯的组织内部转向以环境变化分析为中心的研究。从此以后，很多学者基于不同的方法、角度与理论基础对企业战略理论加以研究，形成了多种不同的理论学派。

（1）设计学派。这一学派是以肯尼斯·安德鲁斯教授及其同人组成的综合管理集体为代表。设计学派认为企业战略制定是一个有意识、简单而又非正式的思想过程，企业高层经理在战略制定过程中应当注重企业内部优势和弱势同企业外部机会及威胁之间的协调与匹配，制定的战略应当简明清晰、易于理解和传达。

（2）计划学派。计划学派的诞生是以伊戈尔·安索夫出版的《企业战略》为主要标志。计划学派认为，战略的构造是一个有意识的、规范具体的、受到控制的过程。战略管理是指为了保证企业持续的竞争力和生命力，高层管理者通过对企业内外部环境进行全面的分析，对企业所有经营活动所进行的长远性和根本性计划、监督与指导。

（3）定位学派。其杰出代表人物是哈佛商学院的迈克尔·波特教授。定位学派认为战略管理的首要任务就是选择具有高利润潜力的行业，其次是对企业在行业内的相对竞争地位进行自我定位，最后通过执行上述任务，降低企业之间的竞争强度和减少企业之间由于程式化的产业结构分析而带来的定位趋同。

（4）创意学派。创意学派与设计学派和计划学派不同，它从根本上认为战略的形成是一个直觉思维寻找灵感的过程。

（5）认知学派。认知学派是从心理的角度出发，认为战略的形成是基于信息处理、知识获取和概念构建的认知过程，认为战略产生是最重要且直接的因素，而在哪一阶段取得进展并不重要。

（6）学习学派。学习学派主要侧重于研究组织在不可预测的外部环境下的战略形成。它认为战略是一个学习及自然形成的过程，可以在组织中自然而然地出现，并且战略的形成与贯彻执行是相互交织在一起的。

（7）权力学派。权力学派认为战略的形成是企业内部权力之间政治斗争的结果，同时在战略制定过程中，不仅要注意竞争、行业环境等经济因素，而且要注意利益决策过程中的团体、权力分享等政治因素。

（8）文化学派。文化学派注重团队的整体利益，认为战略的形成是集体思维与社会交互的过程。企业战略根植于企业文化及其背后的社会价值观念。

（9）环境学派。环境学派强调的是组织所处的外部环境对战略制定的影响。因此，该学派认为战略的形成过程是企业对外部环境反应的过程。企业为了生存与发展，必须适应环境。

（10）结构学派。结构学派把战略制定看成是一种整合，是由其他各种学派的观点综合而成的体系。因此，该学派是一种调和不同学派的方式，几乎每一学派都可以在结构学派中找到自身某种观点的存在。

3. 竞争战略理论阶段

竞争战略理论是随着企业战略理论研究的不断深入以及企业经营实践的发展而逐渐形成的。特别是 20 世纪 80 年代以来，西方管理学界和经济学界特别重视对企业竞争战略理论的研究，并展开了大量的研究工作，涌现出了三大主要战略学派（行业结构学派、核心能力学派和战略资源学派），从而对企业竞争战略理论的发展做出了巨大的贡献。

（1）行业结构学派。美国著名战略学家迈克尔·波特教授是行业结构学派的创立者和代表人物。他在《竞争战略》一书中，从企业外部环境出发，初步建立了行业结构学派的理论框架。由于深受美国的以乔·贝恩(J.S. Bain）和梅森（E. S. Mason）为代表的产业组织学派的影响，迈克尔·波特创造性地以"竞争优势"为中心，将企业竞争战略理论与产业组织理论相结合起来，并把战略制定与实施这两个过程有机地统一起来。迈克尔·波特认为行业结构分析是确立竞争战略的基石，理解行业结构永远是战略制定的起点，这是因为企业投入竞争的一个或几个行业是构成企业环境的最关键部分，而行业结构对可供企业选择的竞争战略及竞争规则的确立有着特别大的影响。同时，他还认为竞争强度取决于五种基本竞争力量（进入威胁、替代威胁、供方讨价还价能力、买方讨价还价能力和现有竞争对手），而这些力量通过影响行业内的成本、价格等投资收益要素，决定了一个行业的竞争状态和盈利能力。此外，迈克尔·波特在认识到经济技术因素也会对上述五种竞争力量产生各种影响，提出了赢得竞争优势的三种最一般的基本竞争战略：差异化战略、总成本领先战略和目标集聚战略。

（2）核心能力学派。为了克服迈克尔·波特战略思想对企业内在因素研究深度不足的缺陷，20世纪90年代，许多研究人员开始注重公司资源和能力方面的研究。其中，以印度普拉哈拉德（C. K. Prahalad）和美国加里·哈默尔（Gary Hamel）等为代表的核心竞争力学说受到了理论界的青睐。所谓核心能力，就是所有能力中最核心、最根本、持久性的部分，它可以通过向外辐射的方式，对其他各种能力的发挥和效果产生一定的作用和影响。一般说来，核心能力的特征表现为三个方面：可以使企业进入各种相关市场参与竞争；能够给企业带来一定程度的竞争优势；应当难以被当前或潜在的竞争对手复制或超越。

核心能力学派认为，现代企业要获得竞争优势，必须更好地掌握和利用某些核心能力。企业战略的核心，已经不在于市场的结构和企业的产品，而取决于其行为反应能力，即对市场趋势的预测和对变化中的顾客需求的快速反应。因此，为了将企业与竞争对手区分开来，企业战略应以识别和开发竞争对手难以模仿的组织能力为目标，在核心能力、核心产品和最终产品三个层面上参与竞争。在核心能力层面上，企业应在产品性能的独特设计和开发方面寻求主导地位，以保证企业产品在生产与销售方面具有独特的优势。

（3）战略资源学派。战略资源学派认为，企业独特的资源和能力的综合体构成了企业竞争战略的基础，企业战略应注重培育企业独特异性的战略资源，以及最大限度地优化配置这种战略资源的能力。由此可知，该学派与能力学派一样，都承认企业独特资源与竞争力的重要性，但不同的是该学派认为企业战略资源的价值取决于它与市场力量的相互作用。这是因为在企业竞争实践中，由于各方面的因素，使得每个企业所拥有的能力与资源有所不同，即使是同一行业中的企业也不一定拥有相同的能力与资源。这样，企业战略资源和运用这种战略资源的能力方面的差异，就成为企业竞争优势的源泉。此外，该学派还认为战略管理的主要工作就是培育和提高企业的核心能力，即企业对自身拥有战略资源的独特运用能力。只有企业持续地积累战略制定所需的各种资源，不断学习，不断创新，不断超越，才能促成核心能力的形成。而只有当核心能力发展到一定水准后，企业才能通过一系列组合和整合形成自己异质性的、不易被人复制、替代和占有的战略资源，才能获得和保持持久的竞争优势。

综上所述，虽然行业结构学派、核心能力学派和战略资源学派对企业战略的研究侧重点有所不同，但它们都以研究具有市场经济特征的买方市场为主，以复杂多样性的环境变化为战略研究的时代背景，将市场竞争作为战略研究的主要内容，以谋求建立和维持企业的竞争优势作为战略目标。因此，我们可以将它们统称为竞争战略。

4. 动态竞争战略理论阶段

进入20世纪90年代以后，一些管理学者提出了新的战略管理理论，即"动态能力论"和"竞争动力学方法"。

（1）动态能力论。动态能力论主要是研究企业如何识别市场机会、构建及重新配置企业的资源和能力，以提升企业的市场价值。该理论的提出主要基于以下的认识：传统战略理论侧重于从企业战略的层次上研究企业应怎样保持竞争优势，而对企业在不确定性极强的环境中如何获取竞争优势以及为什么有些企业具有持续竞争优势的论述不多。动态能力论则主要是针对基于创新的竞争，价格、行为竞争，增加回报以及打破现有的竞争格局等领域的竞争进行的。它强调了在过去的战略理论中未能受到重视的两个方面：第一，"动态"的概念是指企业重塑竞争力以适应快速变化且复杂的经营环境的能力，当市场的时间效应与速度成为关键、未来市场与竞争的实质难以确定、技术更新的速度加快时，就需要企业有特定的、创新的反应。第二，"能力"这一概念强调的是战略管理在适当地使用、整合和再造企业内外部的资源和能力以满足环境变化需要。

（2）竞争动力学方法。竞争动力学方法是在企业能力理论、竞争力模式理论、企业资源理论的基础上，通过对企业内、外部影响企业经营绩效的主要因素，包括企业之间的相互作用、参与竞争的企业质量、企业的竞争速度和灵活性分析，来回答在动态复杂的竞争环境条件下，为了获得超过平均水平的收益和维持的竞争优势，企业应怎样制定和实施战略管理决策。

20世纪90年代以来，竞争动力学的研究和分析受到国外越来越多的青睐，取得了一定的研究成果且普遍地被应用于战略管理的实践中。第一，它研究处于竞争状态的企业之间的竞争作用及其产生的原因和发生的可能性；第二，它研究和分析影响企业竞争或对竞争进行反应的能力要素；第三，它还对不同条件下的竞争结果进行了分析和对比。

（二）战略管理理论的发展态势

随着21世纪的到来，由于经济全球化进程的不断加快，竞争环境异常变化和不确定性的增加，再加之全球产业竞争的加剧，必须要设计一种动态的方法使战略形成、实施、评价和控制平行地进行以应对变化带来的挑战，显然传统战略管理的理论方法无法满足此需要。为此，众多战略管理学者对动态竞争战略理论进行深化研究。20世纪末，美国布朗（Brown）与艾森哈特（Eisenhardt）合作出版了《边缘竞争》一书。此书归纳了边缘竞争战略的五个基本要素：即兴发挥、相互适应、再造、实践和时间节奏，深化了对动态竞争战略理论的研究。由此我们可以预见，将来战略理论的发展趋势将体现出两大特点：在企业等微观层面寻求动态战略以适应动荡的环境变化；

在宏观层面将不断拓展战略理论应用范围，进入到包括应急管理领域在内的全新发展领域，实现战略理论的丰富与发展。

二、应急管理理论的演变历程与发展态势

（一）应急管理理论的演变历程

应急管理作为政府应对突发事件情况下的决策优化和非常态的管理模式，中西方学者对此进行了比较深入和系统的研究，积累了丰硕的学术成果。早期西方应急管理理论研究主要从危机管理研究开始，将危机管理作为一门学科萌芽于第二次世界大战后的美国，美国学者于 20 世纪 60 年代初提出了危机管理这一概念。危机管理理论产生于经济管理、社会学、政治学、统计学、外交决策理论等多个学科。20 世纪 60 年代以后，由于国际经济的发展以及国际关系的复杂化，各国政府纷纷设立危机管理的研究机构，使得危机管理的理论体系及具体内容方面的研究得到了巨大的发展，有关政府行政危机管理、企业危机管理、国际重大危机事件管理方面的著作不断问世。随着研究方法的不断更新与科技日新月异，建立全新的危机分析框架成为可能，同时学者对危机的研究从侧重对单个危机事件的分析，逐渐转向横向比较研究、纵向比较研究和综合研究。

1. 应急管理的定义解析

应急管理（Emergency Management）当前已为国际所通用，但这一概念在其发展史上曾出现过多个名称，比较著名的如风险管理（Risk Management）、安全管理（Safety Management）和危机管理（Crisis Management）。

应急管理专家威廉·沃（William L. Waugh）曾认为"应急管理就是风险管理，其目的是使社会能够承受环境、技术风险，应对环境、技术风险所导致的灾害"，这一观点很明显过于狭隘和抽象；安全管理的对象更多地表现为事故和隐患，即"对事故和隐患的管理"。由此，风险管理和安全管理这两个概念与应急管理都有较大的差异。

应急管理在国外一度被认为只是危机管理的一个阶段，后来又产生了一

些新的解释。比如美国联邦应急管理署（FEMA）认为应急管理是"面对紧急事件时一个准备、缓解、反应和恢复的过程，并且它是一个动态的过程"，即应急管理不是阶段而是过程；霍特默（Hotemer）认为应急管理是"一门应用科学、技术、计划和管理等多方面的知识来处理或管理可以造成民众伤亡、财产损失或者严重影响到社会的正常生活秩序的突发事件，以减少这些突发事件所造成冲击的一个学科"，虽然这一解释是从学科的角度出发，但它强调了应急管理的对象是突发事件；学者拉曼·帕特尔（Ramank Patel）甚至认为应急管理"包括危机管理和后果管理，其中危机管理关注的是识别危机，获得面对危机时所需要的资源，并合理运用各种措施来减轻危机的损害；后果管理则更多着重于对突发事件提供一系列的救援措施，从而最大限度地降低公众生命和财产损失，尽快恢复关键政府部门的功能，以及如何进行灾后评估"，这一理解在一定程度上颠覆了国外先前对应急管理和危机管理关系的认识。

2. 应急管理理论的演化

在国外，应急管理过程的划分主要是借鉴前人划分危机管理过程的方法。西方学者根据突发事件不同种类、性质和生命周期的不同特点，提出了众多不同的应急管理过程阶段模型，以下几种理论在学术界影响较大：

（1）斯蒂文·芬克的四阶段划分理论。斯蒂文·芬克（Steven Fink）在他的文集 Crisis Management: Planning for the Invisible 中，按照事态发生发展的物理过程，借助医学术语对危机管理的阶段划分进行了形象的描述：危机管理的第一阶段为潜伏期，即有迹象显示有潜在的危机可能发生，显然这是量变的阶段；第二阶段为发生期，即表示具有伤害性的事件突然发生并引发危机；第三阶段为蔓延期，即表示危机的影响逐步扩大，同时也是努力消除危机的过程；第四阶段为痊愈期，即表示危机事件已被完全控制，影响逐渐消退。

（2）米特罗夫的五阶段划分理论。危机管理专家米特罗夫（Ian I. Mitroff）于 1994 将危机管理过程划分为五个阶段：第一阶段为信号侦测阶段，即对危机发生的警示信号加以认真识别并采取相应的预防措施；第二阶段为准备预防阶段，即组织成员全面搜寻已存在的危机风险因素并最大限度地降低潜在损害；第三阶段为损失控制阶段，即在危机发生阶段，组织成员尽最大可能使其不损害其他事物或者进一步扩散；第四阶段为恢复阶段，即尽快让组织运转工作步入正轨；第五阶段为学习阶段，即组织成员认真总结、整理所采取的危机管理措施，分析管理措施中的恰当和不足之处，从而为今后危机管理的运作提供借鉴和指导。

（3）奥古斯丁的六阶段划分理论。普林斯顿大学的奥古斯丁（Augustinus）教授认为每一次危机本身既包含导致失败的根源，也孕育着成功的种子。基于此认识，他将危机管理划分为六个不同的阶段。第一阶段是危机的避免阶段，将危机预防作为危机管理的第一阶段并不奇怪，令人奇怪的是许多人往往忽视了这一控制潜在危机花费最少又简单的办法。第二阶段是危机管理的准备阶段，即做好各项准备工作，比如通信计划、行动计划、制定紧急应对预案、消防演练及建立重要关系等。另外，由于危机会造成多方面的影响，忽略它们任一方面的代价都将是巨大的。因此，在为危机做准备时，留心那些细微的环节，即所谓第二层的问题，将是非常有益的。第三阶段是危机的确认阶段。这个阶段的危机管理通常是最富有挑战性的，其任务主要是在危机发展的过程中准确辨认出危机并进行正确的决策。第四阶段是危机的控制阶段。这个阶段的危机管理，需要根据不同情况对工作的优先次序进行权衡，以将危机控制在一定范围内。第五阶段是危机的解决阶段。在这个阶段，要第一时间采取相关措施，危机不等人。第六阶段是从危机中获利阶段，该阶段就是抓住弥补损失的机会，总结经验教训以避免更多的错误。总之，奥古斯丁认为，要采取一切可行的措施以最大可能地避免陷入危机；危机一旦发生，就要接受它、管理它，并努力将视野放长远一些。奥古斯丁将自己对危机管理的基本经验概括为六个字：说真话、赶快说。

（4）罗伯特·希斯的四阶段划分理论。著名危机管理专家罗伯特·希斯（Robert Heath）博士在《危机管理》一书中，提出了危机管理的四阶段划分理论，也就是所谓的有效危机管理的 4R 模型，即危机缩减（Reduction）、危机预备（Readiness）、危机反应（Response）、危机恢复（Recovery）。该四阶段互相影响、互相构建，构成了危机管理体系的整体。为了探究对危机管理中的资源、人员、危机反应、危机恢复和危机沟通的公众认知图式，希斯博士通过借助几何图形，以公众对突发事件的认知发展过程为依据，构造了危机管理范围图。同时，他认为危机管理范围图有助于管理者站在总体战略的高度进行危机管理。4R 模型从理性科学的角度出发进行危机管理，有利于危机控制和处理，使得危机管理工作有章可循，剔除了临时性的危机管理风险。

在此基础上，希斯博士进一步提出了有效危机管理的 4R 模型。他认为，为了最大限度降低危机情境的影响力与攻击力，做好危机处理的准备工作，尽最大努力控制已经发生的危机以及从危机中快速恢复，需要危机管理者主动地将危机管理工作任务按照 4R 模型划分为四类。此外，他还认为 4R 模型中的危机缩减（Reduction）能够极大地减少危机管理的成本和危机所造成的损失，但是它在很多情况下是被危机管理者忽视的；有效的危机管理需全面整合 4R 模型所有方面，而危机管理的本质是一个实时互动的动态过程。

希斯博士认为，有效危机管理的 4R 模型有助于危机管理者和主管人员提高单位应对危机情境的能力。这种能力包括物质和精神的准备，即了解将要发生的事情以及适当的反应。这种有效生存与反应能力就是恢复力。恢复力就是有效危机管理 4R 模型之后的第五个 R（Resilience 即恢复力）：设计并运用富有恢复力的组织，消除可能存在的危机影响，并且在危机情境影响组织时能够有效恢复。从而，希斯博士将他的有效危机管理的 4R 模型进一步发展成为 5R 模型，即危机缩减（Reduction）、危机预备（Readiness）、危机反应（Response）、危机恢复（Recovery）以及危机恢复力（Resilience）。

以上几位学者对危机管理的阶段划分具有各自的学科特点。如斯蒂文·芬克的理论是借用医学术语对危机过程进行划分，米特罗夫的五阶段划分理论侧重于工程技术，奥古斯丁的六阶段划分理论来源于商业的管理，罗伯特·希斯的四阶段划分理论则偏向于管理学。

（二）应急管理理论的发展态势

随着应急管理实践的深入，越来越多的人已经认识到，应急管理理论在思想层面、宏观层面、体系层面、技术层面将有全新的发展态势。

思想层面上，应急管理理论的发展将从非法治化应急管理——法治化应急管理——人性化应急管理——民主化应急管理不断向前发展。

宏观层面上，应急管理理论的发展将从应急层面应急管理——技术层面应急管理——战略层面应急管理不断向前发展。

体系层面上，应急管理理论的发展将从面向问题的局部性应急管理——全过程应急管理——全面应急管理（TEM）——科学应急管理方向发展。

技术层面上，应急管理理论的发展将从临时性、非常态应急管理——整合化应急管理——专业化应急管理——高效化应急管理方向发展。

三、战略管理在应急管理中的应用

到目前为止，可以说国内外关于战略管理在应急管理中应用方面的研究尚处于起步阶段，学术界对应急管理的研究定位多限于技术层面，并居于技术层对应急管理体系、机制、体制及管理信息系统、决策支持系统、保障系统、资源调配系统进行深化研究，仍未上升至国家战略高度对应急管理进行全新研究，对应急管理建设发展从战略的角度进行前瞻性、长远性、系统性的谋划、绘制，可以说并不能体现应急管理战略规划的重要性。

随着新形势下突发事件在国内外各种综合因素的交合影响下，突显国际化和复杂化，仅仅基于目前的技术从应用层面研究应急管理，已经不适应于应对复杂化、国际化突发事件的需要，需要从一个更高的层面、更广的局面来研究应急管理，谋划应急管理长远性建设。目前，国内外应急管理专家已经认识到了应急管理研究转变的需求，体会到了战略管理在应急管理中的应用价值，并初步形成了大战略的应急管理战略思维，拉开了应急管理重大理论创新的序幕。如笔者所在的武汉理工大学中国应急管理研究中心科研团队在继 2006 年提出突发事件"全面应急管理（TEM）"理论，丰富发展应急管理理论之后，在科学把握国内外突发事件应急管理发展新趋势的基础上，提出了全面应急管理战略理论，首次明确将战略管理与应急管理结合起来进行研究，将战略管理运用于应急管理领域中，实现了突发事件应急管理理论的重大理论创新，为今后战略管理和应急管理的研究指出了战略方向，拓展了战略管理和应急管理深化研究的全新领域。

四、应急管理战略的发展展望

随着经济全球化进程的不断加快，国际化突发事件时常发生，应急管理战略理论作为适应于应对新形势下复杂化突发事件需要的一种新兴的应急管理理论，它实现了由不被了解、不受重视到受广泛重视并被推广运用于实践的飞跃式发展；应急管理战略理论的发展也将与一般学科理论的发展一样，历经萌芽阶段——成长阶段——成熟阶段——创新发展阶段（衰退阶段）的发展过程。在不久的将来世界各国众多应急管理专家必将广泛地对应急管理战略进行深化研究，世界各国政府必将应急管理战略理论运用于指导本国的应急管理建设规划，对应急管理建设的总体方向和总体目标进行具有纲领性的规划和设计，对应急管理建设前瞻性、长远性、系统性的发展作出一种谋划，确立相当长的一段时间内的应急管理建设的总体目标、总体思路和建设重点。总而言之，在不久的将来，应急管理战略理论必将为世人所了解和接受，并且产生强大的理论指导价值和实际应用价值。

那么，应急管理战略理论有哪些内容？其理论的基本架构如何？需要我们运用战略管理的理论方法来建构和研究。

第四节　应急管理战略基本框架

应急管理战略理论认为，从战略管理的视角，应急管理战略涵盖战略分析、战略制定、战略实施、战略评价和调整等四个不同阶段，这四个阶段之间的关联多是一种由此及彼的线性关系。因此，这四个阶段将会形成一个有机循环、不断更新的动态过程。理论上来说，某个国家或地区的应急管理战略一般是按照上述的阶段流程对其进行分步研究。但是，在具体应用中，这几个环节往往并不是按照时间先后顺序发生的，也不是按照上述流程进行的。这要求某个国家或地区的应急管理战略制定者在设计与应用战略管理系统过程中，必须具有创造性的思维和意识。同时，为了与某个国家或地区复杂多变的、动态的应急管理综合环境相适应，战略管理系统必须具有足够的弹性。这一动态过程理论上被称为"应急管理战略一般过程"。以应急管理战略过程理论为依据，对某个国家或地区进行动态应急管理战略研究，在国内外仍处于理论创新阶段，具体相关研究工作尚未开展。我国各级政府应当高度重视应急管理战略理论研究并在短期内广泛推进，科学指导国家应急管理建设规划，大幅度提升我国应急管理综合能力，确保高效应对非常规化、非传统化、复杂化的突发事件，实现国家的长治久安和繁荣昌盛。

应急管理战略是一项复杂的系统工程，主要是指战略制定和战略实施两部分。一般来说，应急管理战略主要包括四个关键要素：

战略分析，即分析组织所面临的外部环境、内部资源和相对竞争地位。

战略选择，即结合自身环境、相关利益者的需求，制定、评价和选择战略。

战略实施，即采取行动，贯彻执行战略规划，发挥战略作用。

战略评价和调整，即评价战略管理过程，检验战略的有效性。

应急管理战略基本框架如图 1-1 所示。

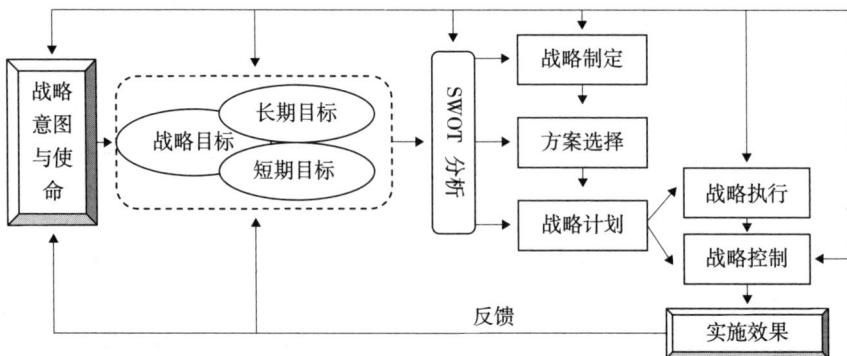

图 1-1　应急管理战略基本框架

一、战略分析阶段

该阶段的主要工作是对影响某个国家或地区目前及今后应急管理建设发展的关键因素进行评价，并确定战略选择步骤中的具体影响因素。

战略分析包括三个主要方面：

其一，采用相关分析方法或模型，对某个国家或地区应急管理建设发展的目标与使命加以分析确定。目标与使命是应急管理建设发展战略制定及评估的依据。

其二，国际环境分析。战略分析需要全面认识、掌握某个国家或地区应急管理建设发展所处的国际环境动态变化，包括微观与宏观。同时，要了解这些环境的变化对该国家或地区应急管理建设发展会带来怎样的机会和威胁，还需要对与该国家或地区应急管理建设发展有关的利益和相关国家或地区应急管理建设发展的利益期望有一个清晰的认识和了解。此外，在战略制定、评价和实施过程中，还需要分析这些相关国家或地区的反应，并进一步分析这些反应对本国或本地区应急管理建设发展所产生的制约与影响。

其三，国内条件分析。战略分析还需要对该国家或地区应急管理建设发展自身所处的相对地位、所具有的资源以及战略能力有一个清晰的了解与认识。

二、战略选择阶段

战略选择阶段侧重于关注某个国家或地区应急管理建设发展走向的问题。战略选择阶段一般包括三个步骤：

第一步，制定战略选择方案。在战略制定阶段，某个国家或地区通过考虑各部门战略方案的协调以及应急管理建设发展整体目标保障等方面，选择多种方法来制定战略方案，比如自下而上的方法、自上而下的方法或上下结合的方法。在该阶段，可供选择的方案越多越好。

第二步，评估战略备选方案。备选方案的评估一般依据两个标准：一是考虑选择的战略是否最大化发挥了某个国家或地区应急管理建设发展的优势，避开了劣势，是否抓住了机遇，将威胁降低到最小；二是考虑选择的战略能否被应急管理利益相关国家或地区所接受。需要指出的是，实际上并不存在最佳的选择标准，战略的选择很大程度上受某个国家或地区的政府决策层和利益相关国家或地区的应急管理建设发展的期望与价值观的影响。此外，对战略的评估最终还要落实到战略风险、收益、可行性分析等相关指标上。

第三步，选择战略，即最终的战略决策，选定将要实施的战略。如果由于用多个指标对多个战略方案的评估产生的结果不一致时，最终的战略决策可以考虑依据以下几种方法选择：

其一，根据某个国家或地区应急管理建设发展总体目标战略。某个国家或地区应急管理建设发展总体目标是某个国家或地区应急管理建设发展使命的具体体现。因而，需要选择对实现某个国家或地区应急管理建设发展总体目标最有利的战略方案。

其二，聘请应急管理咨询专家。由于应急管理专家具有渊博的知识和丰富的实践经验，聘请应急管理咨询专家进行战略选择是具有一定可行性的，他们能够提供较客观的看法。

其三，提交审批。对于拟定的战略方案，提交给某个国家或地区的应急管理决策部门审批，能够使最终选择方案更加符合某个国家或地区应急管理建设发展的整体战略目标。

其四，战略政策和计划。制定有关资本需求、研究与开发人力资源等方面的政策和计划。

三、战略实施阶段

战略实施就是将战略转化为实践的具体操作，主要涉及以下一些问题：如何在某个国家或地区内部各职能部门和各管理层之间规划、调动及使用现有的应急管理资源；为了保证既定战略目标的实现，适应战略的需求，对应急管理组织结构应做怎样的调整；为了更好地实现某个国家或地区应急管理建设发展目标，需要拥有哪些国际应急管理资源以及如何高效使用；如何处理可能出现的利益再分配问题，以保证某个国家或地区应急管理建设发展战略的顺利实施；等等。

四、战略评价和调整阶段

战略评价就是为了实现预定目标，通过对某个国家或地区应急管理建设发展的规划与执行的效果进行评价，审视战略的合理性、有效性与科学性。

为了保证战略更好地发挥其对某个国家或地区应急管理建设发展的指导作用，战略调整的主要工作就是根据某个国家或地区应急管理建设发展的环境变化，对已制定好的战略进行有针对性的适时调整，包括调整某个国家或地区应急管理建设发展的长远发展目标、路径方向、战略以及战略执行等相关内容。

应急管理战略的实践表明，战略制定固然重要，战略实施同样重要。一个良好的战略仅是战略成功的前提，有效的战略实施才是应急管理建设发展的战略目标顺利实现的保证。另一方面，如果某个国家或地区应急管理建设发展没能制定出合适的、完整的战略，但是在战略实施中能够克服原有战略的缺陷，那也有可能会取得良好的效果。当然，如果战略不完善、不合理，再加之在实施过程中又不能采取相应的措施将其引向正确的轨道，就只有失败的结果。

当我们了解了什么是应急管理战略，以及应急管理战略理论的由来及理论的基本架构后，还需要进一步明确这种理论架构中的主要内容和关键要素，以及它们之间的关联运作关系等，为具体设计与运用全面应急管理战略理论、建立国家应急管理战略工程提供全新的思维方法。

第二章　全面应急管理战略三维关联分析

第一节　全面应急管理战略的关键要素分析

应急管理战略的制定与实施是一项十分庞大而复杂且受到诸多因素影响的社会公共服务战略发展规划。在制定和执行应急管理战略时，应当充分且细致地考虑到战略规划所具有的前瞻性、长远性、系统性这三大特点。突发事件爆发突然、成因复杂、蔓延迅速、危害严重、趋势不确定等一系列特点决定了开展和实施突发事件应急管理工作时必然会涉及社会中的多个领域，其工作成效必然会受到多种因素的共同影响。

突发事件应急管理战略的影响因素主要有应急管理的宏观环境，应急管理组织机构的设置状况，应急管理现阶段综合能力状况，未来一定时期内应急管理战略重点发展方向，突发事件演化机制研究状况，社会动员能力状况，社会公众预防和应对突发事件的意识和能力状况等。为了合理地制定并执行全面应急管理战略，进而有效地开展和实施应急管理工作，必须对应急管理战略的影响因素加以分析。在对影响因素进行分析时，切忌对应急管理的诸多影响因素不分主次地一一加以分析，这样势必会严重降低应急管理工作的效率。同时，这种不分主次的分析在很大程度上会造成社会物资的滥用，甚至浪费。在应急管理的实际工作中，一般是从应急管理的诸多影响因素之中抽离出对应急管理工作成效影响最大最显著的因素，对其做具体而深入的分析。并且，在提高应急管理工作效率、合理有效利用应急资源的基础之上，探究这些因素是如何影响应急管理工作的开展和实施的，从而为制定和实施应急管理战略提供切实可行的依据。

一般来说，可以利用层次分析法（AHP）来确定应急管理的诸多因素对应急管理的影响程度，从而据此遴选出对应急管理影响最大的因素集合，并准确把握这些重点影响因素，对其分别做深入具体的研究分析，进而为应急管理工作的顺利开展和实施提供借鉴和指导。

层次分析法是适用于多目标决策分析的一种常用综合评价方法，其基本思路是把待决策问题按照总目标、子目标、评价准则以及具体备选方案划分为不同的层次结构，再通过求判断矩阵特征向量的办法，来确定下一层子元素对上一层元素的权重，最后利用加权的方式归结各子目标对总目标的最终权重。该方法的特点是在对复杂的多目标决策问题的本质、影响因素及其内在关联等进行深入分析的基础上，采用定性与定量相结合的方法，利用相对较少的定量信息使决策问题的思维过程数学化。下面介绍如何运用层次分析法来分析突发事件应急管理诸多影响因素对应急管理影响程度的步骤和过程。

第一步，详细列出应急管理战略各影响因素，确定应急管理战略影响因素的评价指标体系。

按照客观性、全面性、一致性的原则，通过建立以下几个方面的评价指标，形成了确定应急管理战略影响因素的指标评价体系，如表2-1所示。

——影响国内外应急管理宏观环境（C_1）的主要指标包括国内应急管理宏观环境影响因素（C_{11}）、国外应急管理宏观环境影响因素（C_{12}）。

——影响国家应急管理战略重点发展方向（C_2）的主要指标包括应急体系完善发展方向（C_{21}）、应急预警发展方向（C_{22}）、应急决策与处置发展方向（C_{23}）、应急恢复保障发展方向（C_{24}）。

——影响国家应急管理综合能力评估（C_3）的主要指标包括应急体系完善能力评价（C_{31}）、应急预警能力评价（C_{32}）、应急决策与处置能力评价（C_{33}）、应急恢复保障能力评价（C_{34}）。

——影响应急管理资源整合与调配（$C4$）的主要指标包括应急管理资源整合情况（C_{41}）、应急管理资源使用情况（C_{42}）、应急管理资源调配情况（C_{43}）、应急管理资源增长情况（C_{44}）。

——影响社会动员（C_5）的主要指标包括社会应急管理知识普及情况（C_{51}）、应急管理专家与应急人才队伍建设情况（C_{52}）、社会民众参与情况（C_{53}）、国际协同合作情况（C_{54}）。

表 2-1 应急管理战略影响因素的综合评价指标体系

评价目标	一级指标	二级指标
应急管理战略影响因素的综合评价指标体系	应急管理宏观环境影响因素（C_1）	国内应急管理宏观环境影响因素（C_{11}）
		国外应急管理宏观环境影响因素（C_{12}）
	国家应急管理战略重点发展方向影响因素（C_2）	应急体系完善发展方向（C_{21}）
		应急预警发展方向（C_{22}）
		应急决策与处置发展方向（C_{23}）
		应急恢复保障发展方向（C_{24}）
	国家应急管理综合能力评估影响因素（C_3）	应急体系完善能力评价（C_{31}）
		应急预警能力评价（C_{32}）
		应急决策与处置能力评价（C_{33}）
		应急恢复保障能力评价（C_{34}）
	应急管理资源整合与调配影响因素（C_4）	应急管理资源整合情况（C_{41}）
		应急管理资源使用情况（C_{42}）
		应急管理资源调配情况（C_{43}）
		应急管理资源增长情况（C_{44}）
	社会动员影响因素（C_5）	社会应急管理知识普及情况（C_{51}）
		应急管理专家与应急人才队伍建设情况（C_{52}）
		社会民众参与情况（C_{53}）
		国际协同合作情况（C_{54}）

第二步，比较两两元素的重要性，构造比较判断矩阵。

建立层次分析模型后，就可以在各层元素中进行两两比较，构造出比较判断矩阵。层次分析法主要是判断每一层次中各因素的相对重要性，这些判断通过引入合适的标度值表示出来，写成判断矩阵。判断矩阵表示针对上一层次因素，本层次与之有关因素之间相对重要性的比较。判断矩阵是层次分析法的基本信息，也是进行相对重要度计算的重要依据。

对于 n 个元素来说，通过元素之间的两两比较得到判断矩阵 $C=(C_{ij})n×n$，其中 C_{ij} 表示因素 i 和因素 j 相对于目标重要值。一般来说，构造的判断矩阵形式如下：

$$\begin{pmatrix} B_k & C_1 & C_2 & \cdots & C_n \\ C_1 & C_{11} & C_{12} & \cdots & C_{1n} \\ C_2 & C_{21} & C_{22} & \cdots & C_{2n} \\ \vdots & \vdots & \vdots & \vdots & \vdots \\ C_n & C_{n1} & C_{n2} & \cdots & C_{nn} \end{pmatrix}$$

显然，矩阵 C 具有如下性质：

① $C_{ij} > 0$；

② $C_{ij} = 1/C_{ji} \, (i \neq j)$；

③ $C_{ij} = 1(i, j = 1, 2, \cdots, n)$。

这类矩阵 C 为正反矩阵，对正反矩阵 C，若对于任意 i, j, k 均有 $C_{ij} \times C_{jk} = C_{ik}$，此时称该矩阵为一致矩阵。若在实际操作中构造的判断矩阵不具有一致性，则需要进行一致性检验。本书引入 1-9 标度法，如表 2-2 所示。

表 2-2 指标两两比较的评分标准

序号	重要性等级	C_{ij} 赋值
1	i, j 两元素同等重要	1
2	i 元素比 j 元素稍重要	3
3	i 元素比 j 元素明显重要	5
4	i 元素比 j 元素强烈重要	7
5	i 元素比 j 元素极端重要	9
6	i 元素比 j 元素稍不重要	1/3
7	i 元素比 j 元素明显不重要	1/5
8	i 元素比 j 元素强烈不重要	1/7
9	i 元素比 j 元素极端不重要	1/9

注：C_{ij} = {2, 4, 6, 8, 1/2, 1/4, 1/6, 1/8} 表示重要性等级介于 C_{ij} = {1, 3, 5, 7, 9, 1/3, 1/5, 1/7, 1/9}。这些数字是根据人们进行定性分析的直觉和判断力而确定的。

第三步，对判断矩阵进行一致性检验。

设 λ_1，λ_2，$\cdots$，λ_n 是矩阵 B_k 的特征根，当矩阵具有一致性时，$\lambda_1 = \lambda_{\max} = n$，其余特征根为零；而当矩阵不具有完全一致性时，则有 $\lambda_1 = \lambda_{\max} > n$，其余特征根满足 $\sum_{i=2}^{n} \lambda_i = n - \lambda_{\max}$。当判断矩阵不能保证具有完全一致性时，相应判断矩阵的特征根也将发生变化，这样可以用判断矩阵特征根的变化来检验判断的一致性程度。因此，在层次分析法中引入判断矩阵最大特征根以外的其余特征根的负平均值，作为度量判断矩阵偏离一致性的指标，即用 CI 值检查判断决策者判断思维的一致性。CI 值越大，表明判断矩阵偏离完全一致性的程度越大；CI 值越小（接近0），表明判断矩阵一致性越好。如公式 2-1 所示。

$$CI = \frac{\lambda_{mac} - n}{n - 1} \tag{2-1}$$

对于不同阶的判断矩阵，判断的一致误差不同，CI 值的要求也不同。衡量不同阶判断矩阵是否具有满意的一致性，还需要引入判断矩阵的平均一致性指标 RI 值。对于 1-9 阶判断矩阵，RI 的值如表 2-3 所示。

表 2-3　平均随机一致性指标

阶数	1	2	3	4	5	6	7	8	9
RI 值	0.00	0.00	0.58	0.90	1.12	1.24	1.32	1.41	1.45

当阶数大于 2 时，判断矩阵的一致性指标 CI 与同阶平均随机一致性指标 RI 之比称为随机一致性比率，记为 CR。当 CR < 0.10 时，即认为判断矩阵具有满意的一致性，否则调整判断矩阵，直到使之具有满意的一致性为止。即

$$CR = \frac{CI}{RI} < 0.10 \tag{2-2}$$

第四步，以加权求和的方式递阶推算出应急管理各影响因素对应急管理

工作成效的最终权重。

求解判断矩阵的方法主要有方根法、特征根法、最小二乘法等方法，其中方根法简单易行，利用方根法可以较为容易地对各判断矩阵进行计算和一致性检验。

（1）计算判断矩阵每一行的乘积 M_i。

$$M_i = \prod_{j=1}^{n} a_{ij} \quad i = 1,2,\cdots n \tag{2-3}$$

（2）计算 M_i 的 n 次方根 $\overline{W_i}$。

$$\overline{W_i} = \sqrt[n]{M_i} \tag{2-4}$$

（3）对向量 $\overline{W_i} = \left[\overline{W}_1, \overline{W}_2, \cdots, \overline{W}_n\right]^T$ 进行归一化处理。

$$W_i = \frac{\overline{W_i}}{\sum_{j=1}^{n} \overline{W_j}} \tag{2-5}$$

则 $W = \left[W_1, W_2, \cdots, W_n\right]^T$ 即为所求的特征向量。

（4）计算判断矩阵的最大特征根 λ_{max}

$$\lambda_{max} = \sum_{i=1}^{n} \frac{(AW)_i}{nW_i} \tag{2-6}$$

其中 $(AW)_i$ 表示向量 AW 的 i 个元素。

（5）通过对权重值进行加和，求平均，确定各项评估指标的最终权重。

通过层次分析法，根据对国内外应急管理研究成果的总结，在影响应急管理的众多因素之中，应急管理宏观环境、应急管理综合能力以及应急管理战略重点发展方向这三者对应急管理工作的成效影响最大。应急管理宏观环境是从事应急管理工作的背景因素，应急管理综合能力是从事应急管理工作的能力因素，应急管理战略发展方向是从事应急管理工作的指向因素，三者分别从应急管理所处的外部环境状况、应急管理当前的能力发展状况以及应急管理一定时期内的行动指向等三个方面表征了应急管理战略的发展状况。三者相互关联，相互制约，共同构成了三维结构的应急管理战略工程。应急管理战略的三维结构体系也主要是基于应急管理宏观环境、应急管理综合能力以及应急管理战略重点发展方向这三个方面进行划分。后面四节将逐一具体地探讨应急管理这三方面的关键影响要素。

第二节　应急管理宏观环境分析

应急管理宏观环境的构成要素是指对应急管理工作的开展与实施具有战略性影响的环境变量，是一切应急管理活动得以运行的共同空间。它是应急管理中一个比较广泛的方面，决定应急管理工作成效的许多因素都存在于宏观环境中。因此，对应急管理宏观环境进行分析是制定相应的应急管理战略所必须进行的一项基础性研究工作。应急管理宏观环境的分析就在于如何确认和评价政治法律、经济、科技、文化、社会物资等宏观环境因素对应急管理战略的影响。

一、应急管理宏观环境要素

（一）政治法律环境

政治法律环境因素是指对应急管理工作具有现存的和潜在的作用与影响的政治力量和对应急管理工作加以约束和要求的法律、法规等。主要包括：开展应急管理工作所在国家或地区的政治稳定状况，政治经济制度与体制，执政党所要推行的基础政策和这些政策的稳定性与连续性以及开展应急管理工作所在国家或地区的法律法规等。这些因素常常制约和影响着国家或地区应急管理工作的开展与实施。

就一国内部来看，国家或地区的政局与社会稳定状况往往是应急管理工作得以顺利开展的基础条件之一。内战、罢工以及与周边地区的武装冲突都会影响应急管理工作的正常实施，甚至是难以开展。同时，一个国家的政治经济制度与体制也是应急管理活动的基本影响因素，其直接决定了应急管理的制度和组织结构，进而影响到应急管理的工作机制。作为一股重要的政治力量，一个国家或地区执政党的路线、方针和政策又会影响和制约本国或本地区应急管理工作。就我国而言，国家确定的重点应急管理事项往往处于优先建设和发展的地位。具体而言，诸如地震、洪涝以及食品安全等发生较为频繁或危害较大的应急管理事项，在国家应急管理体系中居于主导地位，相应的应急管理制度和组织建设也较为完善。此外，一个国家或地区法律法规的变更可能直接影响到本国或本地区应急管理工作的开展和建设。

就一国外部而言，从事海外应急救援活动的组织，还要重点研究所在国家或地区的政治、法律、政局状况等。近来，我国赴日本参与因地震、海啸引发的核泄漏事故应急救援的工作团队，就积极而妥善地将日本应急管理的相关法律法规与自身应急救援行为密切地结合起来，从而有效地开展应急救援工作，提高了应急救援效率。此外，南美洲和非洲的一些发展中国家经常处于政局动荡、内战频繁的状况，这种状况对于从事海外应急救援活动常常会产生一些难以预料的困难。

政治法律环境因素对于应急管理来讲是不可控的，带有明显的强制性和约束性，只有适应这些环境的要求，使应急管理的活动努力符合所在国家或地区的政治路线、政策、法律和法规的要求，应急管理工作才能得以顺利开展，进而发挥应有的功效。

（二）经济环境

经济环境是指一个国家的宏观经济的总体状况，是国民经济发展的总概况，包括社会经济状况以及国家经济政策。社会经济状况涉及经济要素的性质、水平、结构变动趋势等多个领域。国家经济政策是国家履行经济管理职能、调控宏观经济、实施国家经济发展战略的指导方针，对应急管理经济环境具有重要影响。

应急管理经济环境是一个多元化的动态系统，主要由国家经济发展水平、国家经济体制、国家经济结构和宏观经济政策等四个要素构成。

经济发展水平是指一个国家经济的发展规模、速度和所达到的目标。常用的衡量指标有国民生产总值、国民收入、人均国民收入和经济增长速度等。对于应急管理而言，从这些指标中可以看到国家经济的发展状况和水平，进而可以从中认识到宏观经济形势对应急管理工作的影响，对应急管理活动的开展具有帮助和指导意义。

经济体制是国家组织经济的形式，经济体制体现和规定了一个国家各经济部门之间的关系，调控和影响社会经济资源流动的范围、内容和方式。因此，经济体制对应急管理部门的存在和发展形式、内容、途径等都系统地提出了基本规则和条件。

经济结构主要包括产业结构、分配结构、消费结构和技术结构等。应急管理作为一项社会公共活动，应当时刻关注经济结构的变化及动向，从而主动适应变化的经济结构环境，进而安全、健康地推动应急管理向前发展。

经济政策是国家在一定的时间内，为实现国家经济发展目标而制定的战略和产业政策、国民收入分配政策、价格政策、对外贸易政策、物资流通政策、全面货币政策等。经济政策规定了应急管理活动的范围和原则，引导和规范应急管理的工作方向，有效地协调应急管理部门与其他社会组织之间的关系。因此，应急管理工作必须严格遵守国家制定的各项经济政策，将应急管理工作的切实开展与社会经济的正常运转有机地结合起来。

综上所述，以上四种要素构成了应急管理的经济环境，它们共同影响着应急管理工作的开展，为了进一步优化应急管理的经济环境，就必须充分识别那些最能够影响应急管理战略决策的关键性经济力量，增强对应急管理宏观经济环境分析的意识。

（三）科技环境

科技环境要素是指目前社会技术发展水平及其变化趋势，不仅指那些引起时代革命性变化的发明，而且也包括与应急管理工作相关的新技术、新工艺、新材料的出现、发展及应用前景。它具有变速快、变化大、影响面广等特点。

技术的发明和进步不仅会影响应急管理工作的组织、筹划和发展，而且还会影响国家应急管理战略的选择。因此，目前世界上许多国家都对应急管理的技术创新及其利用给予了极大的重视。技术力量主要从以下两个方面影响国家应急管理战略的选择。

一方面，技术革新为应急管理工作的进步提供了机会。这一点表现在：其一，技术的发明和进步为应急预警、应急救援以及善后处置等应急管理活动提供了良好的外界环境和可利用的便利条件；其二，技术的发明和进步可使国家应急管理部门通过利用先进的应急预警设施、应急救援装备以及科学的组织方法等各种途径来提高应急管理工作的质量和效益。

另一方面，新技术的出现也使得应急管理工作面临着挑战。在技术不断进步和革新的同时，各类新的突发事件也日益突出。近年来，医学技术获得了飞速发展，人们的健康得到了进一步的保障。然而，一系列新型医疗事故的频发却为应急管理工作敲响了警钟。因此，新技术的不断出现在一定程度上对应急管理工作构成了威胁。另外，各种对环境造成破坏的新技术可能会增加应急管理工作的难度或使得应急管理工作的成本上升。因此，在制定应急管理预案时，要认真分析技术革命对应急管理工作带来的影响，密切关注应急管理对新技术和新方法的需求，认清当前应急管理在技术因素上的优势与劣势，从而使得应急管理工作从技术发明和技术创新中获取帮助。

（四）文化环境

文化环境始终以一种潜移默化的方式影响着应急管理工作，影响着应急管理目标和宗旨的确定，进而影响着应急管理部门对于社会责任的态度。因此，研究应急管理战略决不能忽视文化环境对应急管理的影响。只有全面而深入地了解应急管理所处的文化环境，才能真正把握应急管理战略与文化环境的内在联系。

要充分认识到文化在社会经济发展中的作用，认识到文化对于人们认识经济发展规律、社会发展规律、调整人们的行为活动具有重要意义。一般来讲，社会文明发达，人民文化水平高，则有利于社会经济的发展，进而促进应急管理工作的开展。相反，社会文明落后，人民文化水平低，则不利于经济发展，进而阻碍应急管理工作的开展。文化环境在很多时候对于应急管理工作具有潜移默化的影响。此外，应急管理的一切行为活动都会受到环境文化价值观念的检验。因此，在从事应急管理工作时不仅要了解环境中文化方面的相关知识，而且必须对文化环境具有非常深刻的感受力，能够及时捕捉文化环境中对人们的价值观、人生观等有影响的抽象文化理念，充分认识到其对应急管理工作所具有的影响，这样才能够客观地评价和理解应急管理工作所处的文化环境，并以此作为制定应急管理战略的重要依据和参考。

（五）社会资源环境

任何社会组织，大到国家、小到企事业单位乃至于个人的应急管理活动都与社会资源环境息息相关。因为无论何种应急行为都需要一定的原料、物资、劳动力以及能源等。随着工业生产活动范围的不断扩大，加之我们对环境保护的忽视，我国的资源环境在过去的几十年间遭受了很大程度的破坏。在今后一段时期内，各种资源的短缺与匮乏将会对应急管理工作的开展和实施带来很大的制约。与此同时，有关环境保护的立法在一定程度上也会对应急管理工作提出很多新的要求。当前我国资源环境面临的主要问题有：土地超载和耕地锐减，森林赤字，淡水资源紧张，不可再生有限资源的短缺，环境污染严重等。

上述几个方面的问题将会严重地影响和制约应急管理工作的正常开展。在从事应急管理活动时，必须充分意识到资源环境的改变可能会给应急管理工作带来的新影响以及相关的法律政策给应急管理工作带来的新制约。

二、应急管理宏观环境 SWOT 分析

在上述宏观环境要素分析的基础之上，对应急管理宏观环境进行 SWOT 分析。在对应急管理宏观环境进行 SWOT 分析时，主要是基于政治法律、经济、科技、文化、社会资源等五个宏观环境要素方面对应急管理当前存在的优势（Strength）与劣势（Weakness），以及未来所面临的机遇（Opportunity）与威胁（Threaten）进行全面、准确、系统的分析和总结。

（一）SWOT 分析原理

SWOT 分析法又称静态分析法，它是于 20 世纪 80 年代初由美国旧金山大学的管理学教授韦里克（Heinz Weihrich）提出的，具有准确、客观、易于使用等特点且多被用于企业自身生存发展的综合评定、战略管理和竞争情报分析等。

优劣势分析主要是将企业自身的资源和能力与相关竞争对手进行比较，以识别出自身内部环境相对于竞争对手的优势与不足。而机会与威胁分析主要着眼于外部环境的变化及对企业可能带来的影响分析。在分析过程中，应罗列、集中所有的内部环境因素（优势与劣势），然后运用外部的力量对这些因素进行评价分析。

1. 优势与劣势分析（SW）

优劣势分析有利于企业扬长避短，能够为战略制定提供外部依据。每个企业应定期通过"企业经营管理检核表"的方式对自身的优劣势进行检查。其中，每一要素都可按照特强、稍强、中等、稍弱及特弱划分等级。

竞争优势是指一个企业的发展超越其竞争对手的能力。也就是说，当处于同一市场环境下的两个企业，在向同一顾客群体提供产品或服务时，如果其中一个企业有更高的利润率或盈利潜力，那么，就认为这个企业比另外一个企业在市场中更具有竞争优势。值得注意的是，竞争优势并不只是完全体现在较高的利润率上，因为有时企业希望更多地奖励管理人员或雇员，或者增加市场份额。

从消费者的角度来说，竞争优势可以指一个企业或其产品与服务有别于其竞争对手的任何优越的东西，它可以是产品的大小、适用性、质量、风格、可靠性和形象，也可以是产品线的宽度、积极主动的服务等。虽然竞争优势实际上指的是一个企业在某些方面比其竞争对手更能带来利润或效益的优势，但是，在实际生活中，明确企业究竟在哪一个方面具有优势更有意义，因为只有这样，才可以采取一些针对性的改进或避让措施，从而既发挥了优势又规避了威胁。

企业作为一个庞大的系统和整体，其竞争优势来源路径十分广泛，因此，在对企业优劣势分析过程中，必须将企业与其竞争对手在整个价值链的每个环节上做全面、详细的对比。如制造工艺流程是否复杂，产品是否新颖，价格是否具有竞争性，销售渠道是否广而顺畅等。如果某一个企业的关键成功要素正是该企业在某一个或多个方面的优势来源，那么，该企业的综合竞争优势也许就强一些。另外值得注意的是，衡量一个企业及其产品是否具有竞争优势，只能站在现有潜在用户层面上，而不是站在企业层面上。

企业在维持自身竞争优势的过程中，必须对自身所拥有的资源与能力有一个深刻、全面的认识和了解，并采取适当的措施。因为一个企业如果在某一方面拥有竞争优势，势必会引起竞争对手的关注。通常情况下，企业经过一段时期的努力，建立起某种竞争优势；然后就处于维持这种竞争优势的态势，竞争对手开始逐渐做出反应；而后，如果竞争对手直接进攻企业的优势所在，或采取其他更为有力的策略，就会使这种优势受到削弱。

而企业竞争优势的持续时间主要受到三个关键因素的影响，它们分别是建立这种优势需要多长时间、能够获取多大的优势、竞争对手需要多长时间才能做出有力反应。如果企业想要明确自身在建立及维持竞争优势中所处的地位，就必须对上述三个因素有着清晰的认识与了解。

2. 机会与威胁分析（OT）

随着世界经济全球化进程的不断加快，社会经济、科学技术等得到了迅猛发展，使得社会信息化程度越来越高，消费需求多样化越来越明显，企业所处的环境显得更为开放和复杂多变。而这种变化几乎对所有企业的日常管理工作或战略规划等方面产生了一定程度的影响。因此，环境分析作为企业的一种职能，将会显得越来越重要。

环境发展趋势包括环境机会与环境威胁两类。环境机会是指有利于公司发展和竞争力提升的因素或趋势。环境威胁指的是对企业发展形成不利影响或挑战的因素或趋势，如果不采取果断的战略决策或相关措施，将会导致企业在市场环境中的竞争地位受到削弱。对环境可以从不同角度进行分析，较常见的分析方法有波特的五力分析和 PEST 分析方法等。

3. SWOT 分析步骤

SWOT 分析的基本步骤如下：

（1）确认当前战略。

（2）确认企业外部环境的变化。

（3）根据企业资源组合情况，确认企业的关键能力和关键限制。

（4）按照通用矩阵或类似的方式打分评价。把识别出的所有优势分成两组，分组的时候以两个原则为基础：它们是与行业中潜在的机会有关，还是与潜在的威胁有关。用同样的办法把所有的劣势分成两组，一组与机会有关，另一组与威胁有关。

（5）将结果在 SWOT 分析图上定位或者用 SWOT 分析表，将识别出的优势和劣势按机会和威胁分别填入相应的表格。

（二）基于 SWOT 分析法的应急管理宏观环境分析

1. 政治法律要素

在政治法律方面，目前应急管理凸显的优势主要表现在国家政治法律是应急管理工作得以顺利开展和实施的强力保障和根本保证。然而，相关的应急管理政策方针、法律法规的缺失或相对落后是当前应急管理工作存在的主要劣势，在未来一段时间，应急管理相关法律法规将会日趋完善，应急管理组织机构的设置也将日益合理，这是应急管理在政治法律方面可以把握的良好机遇。与此同时，总体和平、局部冲突不断的政治格局会给应急管理的发展带来潜在的威胁。

2. 经济要素

在经济方面，目前应急管理所具备的优势是经济的高速发展为应急管理奠定了坚实的物质基础。应急管理急需克服的劣势与不足主要表现在区域经济发展的不平衡，使得应急管理发展水平参差不齐。在将来的一定时期内，伴随着国民经济的持续高速发展，应急管理的有利机遇就是将获得更多的财力与资金投入。然而，经济一体化进程中的各种经济风险为应急管理工作的开展与实施带来了难以预计的威胁。

3. 科技要素

在科技方面，新技术、新工艺、新材料的不断涌现为应急管理工作提供了更为便利、更为快捷的条件和更为先进完善的设施装备，构成了目前应急管理的技术优势。但另一方面，我们应当清楚地看到目前高新技术在应急管理中的运用还处于较低水平，应急管理与高新技术的结合尚处于粗糙状态。这也是今后一段时期应急管理应当予以重视的一个不足之处。科技从来都是一把双刃剑，一方面，科学技术的日新月异使得应急管理在未来实现跨越式的发展成为可能；另一方面，一些新型突发事件在将来也会伴随着科学技术的发展而日益凸显出来。科学技术的发展使得应急管理在将来面临着机遇与威胁并存的局面。

4. 文化要素

在文化方面，传统文化中的忧患及其防范意识构筑成了应急管理的强大内在精神动力，形成了应急管理文化层面上的强大优势。但是，现阶段关于文化对于应急管理人员影响机制的研究尚处于比较初级的阶段，研究深度有待提高。因此，要有意识地利用文化力量引导应急管理人员以更加合理有效的方式开展应急管理工作。在今后一段时期，文化的持续繁荣发展，会进一步增强人们对于突发事件的预防及其应对的认同感，从而为宣传应急管理知识和提高应急管理意识带来良好的机遇和契机。当今世界是个多元文化并存的世界，因此，文化融合过程中的文化冲突以及外来文化的冲击势必会对今后应急管理工作施加不确定的文化影响力。

5.社会资源

应急管理工作得以顺利开展和正常实施依赖于社会资源的有效分配、运输、整合和利用。社会资源的合理调配、切实运用是现阶段应急管理在社会资源层面上的巨大优势。社会资源的有限性决定了提高资源的利用效率和有效合理利用社会资源是永恒主题。当前，应急资源的利用效率普遍处于较低水平，应急管理工作中资源利用率的亟待提高是当前应急管理工作必须高度重视的一个方面，也是长期以来应急管理工作的一个软肋。随着资源节约型社会理念的提出，在将来，应急管理工作将沿着资源的低消耗、高利用以及节能环保的趋势发展，这就为应急管理工作在资源方面带来了发展机遇。同时，环境的日益恶化以及社会资源的相对匮乏将在未来严重制约应急管理工作的开展。

以应急管理目前的优势与劣势以及将来所面临的机遇与威胁作为研究对象，在上述政治法律、经济、科技、文化以及社会资源等五种宏观环境要素的基础之上，对应急管理进行 SWOT 分析，可以形成应急管理宏观环境SWOT 分析图，如图 2-1 所示：

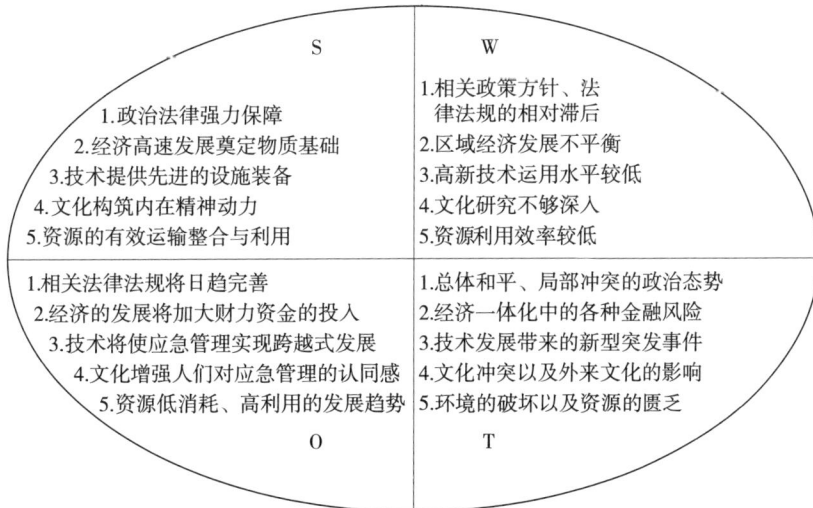

图 2-1 应急管理宏观环境 SWOT 分析图

以应急管理宏观环境的政治法律、经济、科技、文化以及社会资源这五种宏观环境要素作为考量对象，以应急管理目前存在的优势与劣势以及将来面临的机遇与威胁作为衡量指标，可以得到应急管理宏观环境 SWOT 分析表，如表 2-4 所示：

表 2-4　应急管理宏观环境 SWOT 分析表

SWOT 要素	S	W	O	T
政治法律	政治法律强力保障	相关政策方针、法律法规的相对滞后	相关法律法规将日趋完善	总体和平、局部冲突的政治态势
经济	经济高速发展奠定物质基础	区域经济发展不平衡	经济的发展将加大财力资金的投入	经济一体化中的各种金融风险
科技	技术提供先进的设施装备	高新技术运用水平较低	技术将使应急管理实现跨越式发展	技术发展带来的新型突发事件
文化	文化构筑内在精神动力	文化研究不够深入	文化增强人们对应急管理的认同感	文化冲突以及外来文化的影响
社会资源	资源的有效运输整合与利用	资源利用效率较低	资源低消耗、高利用的发展趋势	资源的破坏以及物资的匮乏

第三节　国家应急管理战略重点发展方向

通过以上一些关键要素分析，从全面应急管理战略理论架构视域下的宏观环境关键要素出发，针对一个国家或地区的应急管理背景，可以分析进而明确这个国家和地区应急管理战略的一些重点发展与建设的方向和内容。

一、应急管理战略发展方向的概念及作用

应急管理战略规划的目的在于预防和减少突发事件的发生，控制、减轻以至于消除突发事件引起的严重社会危害，规范突发事件应对活动，保护人民生命财产安全，维护国家安全、公共安全、环境安全和社会秩序。应急管

理战略发展方向是应急管理战略的基本内容，离不开政治法律、经济、科技、文化和社会资源等关键要素，所表明的是应急管理在实现其使命、追求其远景的过程中所要遵循的行动路线。

正确的战略发展方向对应急管理的行为活动具有重要的指导作用：其一，它是应急管理组织机构制定方案的基本依据和出发点，战略方向明确了应急管理在一定时期内的努力方向，体现了应急管理的具体期望，表明了应急管理的行为纲领。其二，它是应急管理战略实施的指导原则，战略发展方向必须能够使开展应急管理工作的各项资源和力量集中起来，减少组织内部的冲突，提高管理效率和经济效益。其三，它是应急管理战略制定的评价标准，战略发展方向必须是明确的和具体的，以便对应急管理行动路线是否得到了切实的履行进行比较客观的评价考核。因此，制定应急管理战略发展方向是制定应急管理战略的前提和关键。如果一个应急管理组织没有合适的战略发展方向，则势必使应急管理工作陷入盲目的境地。

二、应急管理战略发展方向的制定原则

在正确而合理的应急管理战略规划的指导下，应急管理组织制定出科学全面的战略发展方向，才能促进应急管理活动正常有序地开展和进行。因此，在制定应急管理战略发展方向的过程中应当遵循以下基本原则：

（一）关键性原则

这一原则要求应急管理组织确定的战略发展方向必须突出关系应急管理工作成败的关键性问题及关系应急管理全局的问题，切忌把次要的战术发展方向作为应急管理的战略发展方向，以免因滥用资源而造成因小失大的局面。

（二）定量化原则

定量化原则，顾名思义，即要求应急管理的战略发展方向必须用数量指

标或质量指标来表示，而且最好具有可比性，以便检查和评价其履行和实现的程度。

（三）平衡性原则

平衡性原则亦称一致性原则，它要求战略发展方向组合中的各个分方向之间应当相互协调、相互支持，在横向上形成一个系统；同时，总体战略发展方向与各职能战略发展方向协调一致形成纵向系统，而且不能相互矛盾和脱节。

（四）激励原则

在制定应急管理的战略发展方向时，既要从现有的实际出发，又要充分考虑到它的前瞻性。所谓前瞻性，就是要求在切实遵循和履行制定的战略发展方向时，要有经过不断的努力能够实现的应急管理远景目标。只有那些可行而又具有前瞻性的战略发展方向，才具有激励和挑战作用，才能挖掘出人的巨大潜能。

（五）稳定性原则

应急管理战略发展方向一经确立和实施，就要保持稳定，不可轻易改变以免引起应急管理战略的改变。当然，这种稳定是指相对稳定，而非绝对稳定。如果应急管理的活动环境发生了显著变化，那么应急管理的战略发展方向就应当做出相应的调整，涉及的所有职能部门的短期战略发展方向也要做出相应的调整。

（六）权变原则

权变原则要求应急管理组织机构根据环境状况的不同，制定多种目标方案。应急管理战略发展方向是基于对特定环境条件的假设而制定的。当环境状况发生变化时，战略发展方向必须做出相应的调整，这就是战略发展方向制定过程中的权变原则。权变的观念要求识别环境变化中的关键变量，并对它做出灵敏度分析。一旦这些关键变量的变化超过了一定的范围，原定的战略发展方向就应当调整并准备相应的替代方案。也就是说，应急管理组织应该对可能发生的变化及其对应急管理工作产生的后果以及应急替代方案都要有足够的了解和充分的准备，以使应急管理有充分的应变能力。

（七）连续性原则

战略发展方向的适应性和连续性是战略发展方向的两难选择，同时也是战略发展方向的两大课题。战略发展方向的本质就是适应外界环境的发展，这一特性决定了战略发展方向要随着外在环境的改变而改变，要求快速及时地适应环境的变化。但是，由于战略发展方向直接关系到应急管理各个阶段和各个方面的决策以及行动，同时，应急管理战略发展方向的切实履行和相应资源的积累配置往往都需要应急管理组织机构进行巨大而持续的投入，所以它们不能也不允许轻易改变，否则，会打断应急管理战略发展方向的实施过程，使得应急管理工作陷入混乱状态。

三、应急管理战略发展方向体系

应急管理是一项复杂而庞大的社会系统工程。应急管理工作的复杂性和系统性等特点决定了应急管理战略发展方向呈现多元化的态势。因此，制定战略发展方向的有效方法是构造战略发展方向体系，使战略发展方向之间相互联合，相互制约，纳入到一个系统之中，从而使战略发展方向体系整体优化，反映应急管理战略的整体要求。

应急管理战略发展方向是应急管理在实现其远景目标的过程中所要遵循的行动路线和指南。因此，应急管理战略规划是制定应急管理战略发展方向的根本出发点和最终落脚点，必须在科学而合理的应急管理战略规划的基础之上制定应急管理战略重点发展方向。为了保证战略重点发展方向的切实履行，就必须对其做层次分解，依据应急管理全过程的特点，将应急管理战略重点发展方向划分为应急体系完善发展方向、应急预警发展方向、应急决策与处置发展方向以及善后处置发展方向这四个职能性的战略发展方向。

（一）应急体系完善发展方向

1. 预案保障体系发展完善

对目前应急管理预案保障体系进行科学而全面的分析，并在此基础上修改、完善各级别、各类型的应急预案，形成一套科学完善的应急管理预案保障体系。要适应应对复杂化突发事件的需要，修改并完善目前的《国家突发公共事件总体应急预案》，使其更具有针对性、可操作性，提高整体应急响应能力；同时，要进一步完善各类型应急预案，要涵盖自然灾害、公共卫生、事故灾难、社会安全四大类突发事件应急预案系统；要不断完善省部级、市（县）级、乡（镇）级、社会基层（村）级等各级别突发事件应急预案系统。

2. 组织指挥体系发展完善

应急管理组织是为了保障区域公共安全，有效预防和应对突发事件，减少、减缓进而避免突发事件造成的危害，消除其对社会产生的负面影响，而形成的以所在区域政府为核心力量和公众有效参与的有机整体。组织指挥体系发展完善的内容主要是要适应应对复杂化突发事件的需要，不断完善组织指挥体系正规化程度、组织指挥体系结构紧凑化程度、组织指挥体系结构模块化程度、组织指挥体系职责多重化程度、组织指挥体系角色多样化程度等。

3. 法律法规体系发展完善

应急管理法律法规是针对突发事件及其造成的紧急状态所制定的各种法律、法规、制度、法令、条例、办法和标准的总称，是对紧急状态下各种权利和各种社会关系的调整和规范。要在评价目前应急管理法律法规体系完整性的基础上，不断适应新形势需要，进一步完善应对突发事件的各种法律、法规、制度、法令、条例、办法和标准，从而形成一个科学的应急管理法律法规体系，为科学高效地应对突发事件提供全面、完整的法律保障体系。

4. 资源保障体系发展完善

应急管理资源保障是指在区域公共应急管理体系中为有效开展应急管理

活动，保障应急管理体系正常运行所需要的人力、物资、资金、设施、信息和技术等各类资源的总和。资源保障体系发展完善的内容主要有完善人力资源保障体系、物资保障体系、资金保障体系、设施保障体系、信息保障体系和技术保障体系。它能进一步增强资源保障体系的整体能力，为高效应对突发事件提供强劲的资源保障。

(二) 应急预警发展方向

1. 突发事件征兆监测

突发事件征兆监测的主要内容包括：收集相关信息，设定危机预警监测（监控）指标以及选择恰当的突发事件预警方法。除了完成这三项任务，还要做好突发事件预警的需求分析，其目的是掌握突发事件风险控制和事故预警所需要的各项资源，为设定突发事件预警监测指标提供依据。

2. 突发事件风险评估

突发事件风险评估主要包括两方面的内容：其一，突发事件预警管理资源分析，包括现有资源分析、突发事件预警管理的需求资源分析、提出突发事件预警管理资源不足的解决办法。其二，突发事件预警能力评估，突发事件预警能力评估与突发事件应急处置可能产生的效果紧密相关。因此，突发事件预警能力评估也是风险评估管理的重要环节。预警能力评估的对象主要是应急管理人员，主要考察他们的意识和能力是否适应突发事件预警管理的要求，如果不适应，要提出增强其意识和提高其能力的办法，如可通过培训、训练、演练等途径实现。

3. 突发事件风险干预

对于突发事件预警管理而言，需要进行两个方面的努力。第一，要能够及时识别可能存在的风险并提前预警；第二，更为重要的是要通过实施一系列管理方面和技术方面的措施，使风险能够得到合理规避。对于无法规避的突发事件风险也需要通过对人员和物资进行有效调配，并运用相应的管理和技术手段，使突发事件得到及时有效的处置，从而将损失降到最低。

（三）应急决策与处置发展方向

1. 应急决策体系发展完善

要建立科学高效的应急决策组织体系及运行机制，确定各职能部门决策责任权限，不断增强应急决策的高效性和科学性；要构建高效的应急决策辅助体系及运行机制，为应急决策系统的正常运行提供决策辅助咨询，增强应急决策的科学性；要构建高效的综合决策信息平台，第一时间传递、报告、发布、执行决策信息等，确保决策信息传递、报告、发布、执行的真实性和高效性。

2. 应急处置体系发展完善

要建立科学高效的应急处置组织体系及运行机制，界定各职能部门应急处置责任权限，不断增强应急处置的高效性；要建立科学的应急救援体系，制定应急救援预案，建立包括应急管理小组、专业和资深的救护队伍、应急专家咨询系统、医疗以及后勤、保卫等必要的机构人员在内的强有力的应急救援队伍，不断增强应急救援能力；要做好应急器材及设施建设，主要包括信息处理设施、应急动力装备、通信设备、消防器材、紧急照明设备、个人防护用品、疏散通道、安全门、急救器材与设备等。

3. 应急协调体系发展完善

应急协调体系发展完善内容主要有决策协调体系及运行机制建设、处置协调体系及运行机制建设、应急救援体系及运行机制建设等。

（四）善后处置发展方向

1. 灾后危机评价机制

危机总是存在的，企图一劳永逸地消灭公共危机只是一种不切实际的幻想。因此，要不断总结经验教训，因势利导，变危机为机遇，战胜纷繁复杂、千变万化的危机。关键在于认真汲取经验教训，不断改进现有的危机管理体系，对危机管理中存在的各种问题综合分类，分别提出整改措施，并责成有关部门逐项落实，从而提高对今后危机的防治能力。

2. 灾后恢复与重建机制

突发事件对社会稳定的破坏力是巨大的，会造成社会整体或某一局部的失衡和混乱，从而使一定范围内的人群失去了和谐安定的社会环境。尤其是一些社会重要基础设施的破坏，使得正常的生产生活无法进行。因此，政府应尽快帮助进行生产自救，以便尽快推动正常生产活动和商业经营秩序的恢复。这些活动主要涉及以下内容：提供企事业单位必要的经济援助，在一定程度上弥补其在危机中遭受的损失，启动生产、组织调节供销渠道，及时提供民众生活的日常和急需物品，保障公众的正常生活，强化相关的社会福利政策的执行力度等。

3. 灾后救济与心理援助机制

危机往往会带来人民财产的损失、健康的损害甚至是生命的消亡。在灾后重建时，政府或者造成危机的责任者应该对受害者进行适当的补偿或赔偿。而且，当前要更加重视个体为集体利益所做的牺牲，对其补偿或赔偿要从过去象征性的帮助向实质性的帮助进行转变，灾后的救济更应当注重人性化。这样不仅有利于实现社会公平，而且适当夸大危机的成本，有利于引起公众对危机的重视，从而认真汲取经验教训，防止危机的重复发生。

由于突发事件往往会造成巨大的人员伤亡和财产损失，对社会生产、生活带来极大的震荡和破坏，因而灾后社会公众的心理往往呈现不稳定和低落的状态，表现为"创伤后紧张综合征"。遭受突发事件的严重创伤后，他们往往会表现出各种方式、各种程度的恐惧心理及紧张状态。因此，要建立和健全灾后心理援助制度，稳定社会公众心理，帮助社会公众树立面对灾害的信心。与此同时，给予受灾人员一定的物质补偿，可以帮助民众摆脱危机阴影，重建安全感以及恢复对政府的信任和支持。

从纵向上看，应急管理战略发展方向体系可以分解为一个树状图，如图2-2所示：

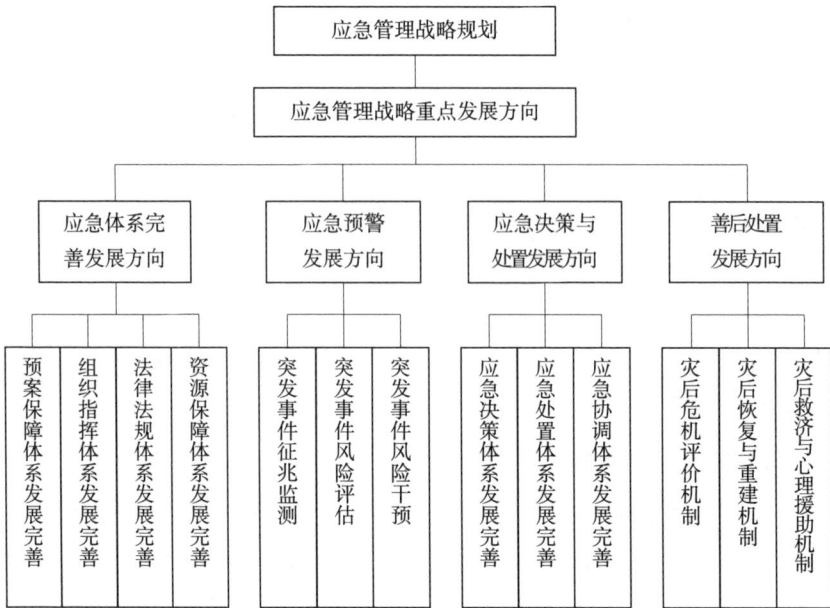

图 2-2 应急管理战略发展方向体系树状图

从图 2-2 中不难看出，基于应急管理战略规划制定应急管理战略重点发展方向，为保证战略重点发展方向的切实履行，必须将其做层次分解，将应急管理战略重点发展方向划分为应急体系完善发展方向、应急预警发展方向，应急决策与处置发展方向以及善后处置发展方向这四个战略发展子方向。在应急管理各战略发展子方向之下又设定各职能性的战略发展方向。也就是说，应急管理战略重点发展方向是应急管理的主体方向，各职能性的战略发展方向是保证性的方向，是为了保证应急管理战略重点发展方向这一主体方向的切实履行。但是，归根结底，无论如何确定我们的战略发展方向，均离不开前面分析的几个方面关键要素，即政治法律、经济、科技、文化与社会资源或物资等。基于这些关键要素考虑，可以更加清楚了解到应急管理战略重点发展方向的主要内容、建设关键难点等。

第四节　国家应急管理综合能力评估

实施全面应急管理战略工程的绩效质量取决于应急管理综合能力的高低，因此，加强综合能力建设成为应急管理战略工程的重要组成部分。

一、应急管理综合能力的含义

随着公共危机应急管理制度的建立和发展，"应急管理综合能力"这一概念，逐渐引起国内外众多专家学者的广泛关注。一般来讲，应急管理综合能力取决于应急管理所在区域的自然环境状况与致灾成灾条件下的公众应对能力与体制发挥能力。

应急管理综合能力是指政府在应对突发事件时，充分调动人力、物力、财力等各种应急保障资源，通过对应急预案和应急体制、应急机制、应急法制（"一案三制"）的全面运用，力求在较短时间内最大化地减少突发事件所造成的人员伤亡和财产损失，使其对社会所造成的负面影响降到最低，保证社会生活正常运行的一种综合应急处理能力。一般认为应急管理综合能力包括应急体系完善能力、灾前预测预警能力、灾中应急决策与处置能力、灾后恢复保障能力四部分子能力系统。

二、开展应急管理综合能力评估的意义

一是全面而深入地开展应急管理综合能力评估，对于培养和增强区域防灾减灾能力，切实改善应急管理综合能力建设具有重要的指导意义。

二是围绕建立应急管理机制这一重大现实问题开展调查研究，设计科学合理的应急管理综合能力指标体系及评价标准，有利于使应急管理工作走上更为科学化和规范化的道路。用科学的标准促进应急管理工作水平的提升，进而切实引导应急管理综合能力的建设。

三是通过社会评价以及自我评价可以使得应急管理所在区域更加明确自身在应对突发事件时所具备的机遇与威胁，深入地了解在应急管理综合能力建设方面的优势与劣势，进而为培育和增进突发事件应急管理工作注入新的动力。

三、应急管理综合能力评估的主要内容

通过上述应急管理能力内涵分析，应急管理综合能力是由应急体系完善能力、灾前预测预警能力、灾中应急决策与处置能力、灾后应急恢复保障能力四个能力单元所组成的一个完整的应急管理能力体系（如图2-3所示）。这四个能力单元对危机每个阶段的影响大小和重要性各不相同，四个能力单元的影响大小与重要性在危机四阶段中的具体体现如图2-4所示。其中，应急预警能力在危机潜伏期居于核心地位，并且是在危机潜伏期需要加强建设的系统；应急决策与处置能力在危机爆发期居于核心地位，在危机持续期、危机解决期和危机潜伏期居于重要地位，需要在四个阶段特别是在危机爆发

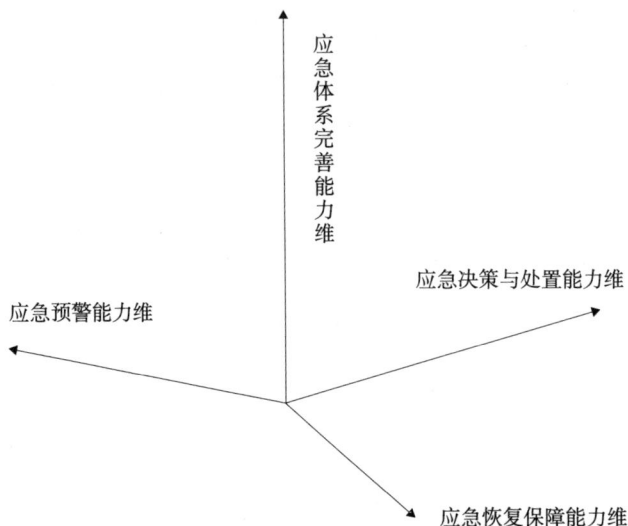

图2-3 应急管理综合能力要素的四维构成图

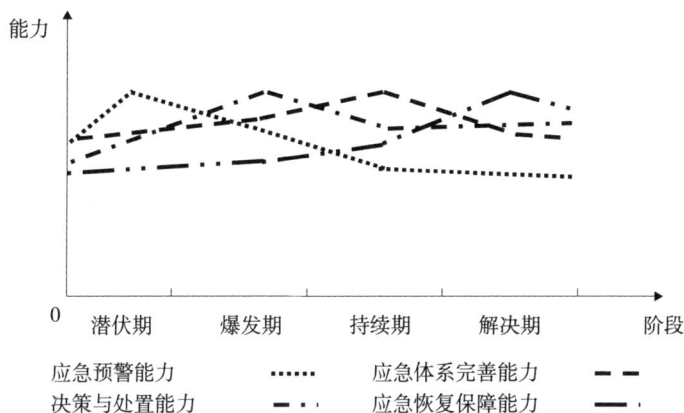

图 2-4　危机四阶段中四个能力单元的影响大小与重要性示意图

期加强建设的系统；应急体系完善能力在危机持续期居于核心地位，在危机持续期、危机解决期和危机潜伏期居于重要地位，需要在四个阶段特别是在危机持续期加强建设的系统；应急恢复保障能力在危机解决期居于核心地位，并且是在危机解决期需要加强建设的系统。通过运用高端科技，加强应急体系完善能力、应急预警能力、应急决策与处置能力、应急恢复保障能力建设，并有效地运行，从而不断增强对危机周期四个阶段灾害形态的有针对性的处置能力，减少四个阶段灾害形态所造成的各种社会损失，提升整体应急管理能力。

国内外应急管理的实践经验和相关理论成果表明，应急管理综合能力评估主要应该包含上述四个方面的内容，即应急体系完善能力评价、应急预警能力评价、应急决策与处置能力评价、应急恢复保障能力评价。

应急体系完善能力评价。应急体系完善能力评价包括预案保障体系评价、组织指挥体系评价、法律法规体系评价、资源保障能力评价等。

应急预警能力评价。应急预警能力评价包括灾害信息检测评价、风险辨识能力评价、风险控制能力评价、灾害预警能力评价等。

应急决策与处置能力评价。应急决策与处置能力评价包括灾害紧急救援能力、指挥协调能力评价、通信保障能力评价、政府部门应急反应能力、决策支持能力评价、信息披露能力评价等。

应急恢复保障能力评价。应急恢复保障能力评价包括社会保障系统评价、灾害损失评估能力评价、灾害恢复重建能力评价等。

四、应急管理综合能力评估的基本途径和方法

突发事件应急管理综合能力评价研究作为一项社会系统工程，具有涉及面广、评价指标繁多、全过程评估等特点。这些特点决定了突发事件应急管理综合能力评价指标体系应当从系统的角度，在对应急管理所在区域的致灾环境，当地人文地理以及经济特征和所在区域防灾减灾政策措施等方面的综合分析评价的基础之上，全面系统地反映所在区域突发事件应急管理工作中存在的优势与尚需完善的薄弱环节。其评价结果可以作为应急管理阶段性的反馈信息，借以提高所在区域的应急管理水平。

就突发事件应急管理综合能力评估的一般流程而言，评估工作一般会涉及相关数据的采集与汇总，评价指标的设定与采用，评价模型的建立与运用，评价结果的留存与反馈。其一般路径如图 2-5 所示：

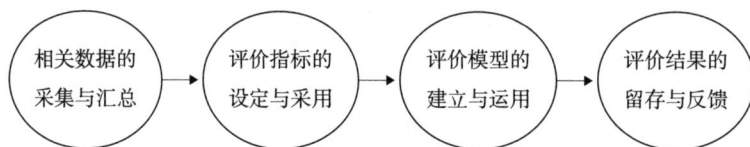

图 2-5　应急管理综合能力评估的一般路径

管理学上常用的综合评价方法大体上有以下五种：层次分析法（AHP）、模糊综合评判法、数据包络分析法（DEA）、灰色系统综合评价法和人工神经网络分析法。具体到应急管理综合能力评估，通常情况下选取层次分析法（AHP）与模糊综合评判法作为评估方法。

层次分析法（Analyti Hierarchy Process，AHP）作为一种定性分析与定量分析相结合的多目标决策方法，于 20 世纪 70 年代由美国匹兹堡大学运筹

学家托马斯·萨蒂（T.L.Saaty）教授提出的。该评价方法的基本原理是将决策问题分解为递阶层次结构（目标层、准则层、方案层），然后根据专家打分建立各层级相应的判断矩阵并求其特征向量，求得每一层次的因素相对上一层次某因素的相对重要性权重，最后再利用加权和的方法递阶求得最低层各因素相对最高层目标的重要程度权值，并通过计算总权重和比较求得各备选方案的排序，从而选取最佳方案。层次分析法的特点是把人的思维过程层次化、定性与定量相结合、系统灵活、结构化和层次化结合。层次分析法特别适用于诸如应急管理综合能力评价指标这样多层次、多因素相互作用下难以全部量化的定量描述的决策问题。

基于层次分析法的应急管理综合能力评估的基本步骤有：

第一步，构建应急管理总能力指标、各子能力指标之间的递阶层次结构。

第二步，在各层次中，运用专家打分法确定同一层次中的每两个元素相对于评估目标的重要程度，制定成两两打分矩阵表，并运用和积法求各矩阵的特征根与特征向量，然后进行一致性检验。

第三步，用加权和的办法递阶推算，以求得各子能力指标对总能力指标的最终权重。

应急管理综合能力的评价指标纷繁复杂，且大多难以量化，因此，在运用层次分析法评估应急管理综合能力时，要在整理和综合众多专家们的经验判断和在对大量的、分散的咨询意见进行数量化和集中化的基础之上，对应急管理综合能力各考核指标进行两两比较并就其重要程度进行判断评分。利用计算得出的判断矩阵的特征向量确定下层能力指标对上层能力指标的贡献程度，进而得出基层能力指标对总体能力指标重要性的排列结果。

模糊综合评价法（Fuzzy Comprehensive Evaluation，FCE），是在模糊环境下，运用模糊数学和模糊统计方法，对受到多种因素制约的事物作出综合决策的一种方法，其基本原理是借助模糊数学的隶属度理论，对某一评价对象边际不清等模糊且不易定量的因素定量化，从多个因素对被评价事物隶属等级状况予以综合性的评价。

运用模糊综合评价法评估应急管理综合能力的一般程序是：首先，利用模糊综合评价方法，分别对突发事件的危险性评价指标和易损性评价指标进行系统分析，以统一规定的评价标准，推算出从属于各个等级的隶属分布，在此基础之上，按照隶属度最大的原则，确定突发事件的危害性等级和脆弱性等级。其次，确定承灾能力评价指标群中的各子指标的理想状态值，然后求出各子指标值集合与理想状态值之间的相对线性差距，并在此基础上构造相应的模糊选择矩阵。再次，利用模糊数学中的模糊相似选择法，量化应急管理工作的承灾能力评价指标。最后，在上述步骤程序的基础之上，构建突发事件应急管理综合能力的总评价模型，据此对应急管理综合能力予以定量化的评价。

第五节　应急管理战略的三维关联分析

本章前面四节对应急管理的宏观环境进行了分析，并在此基础上阐述了国家应急管理综合能力的评估内容，阐明了国家应急管理战略重点发展方向，建立了应急管理战略发展方向体系。本节将在前面四节内容的基础之上，从应急管理宏观环境、应急管理综合能力以及应急管理战略发展方向这三个方面，对应急管理战略展开三维关联分析。

一、三维关联分析

综观诸多战略理论和实践，应急管理战略的确定和战略目标的实现主要由应急管理宏观环境、应急管理战略发展方向和应急管理综合能力三维向量因素所决定。

应急管理宏观环境是应急管理工作的背景因素，是应急管理活动所处的外部状况特征。应急管理综合能力是应急管理工作的能力因素，是当前应急管理活动动员与组织状况。应急管理战略发展方向是应急管理工作的指向因素，是一定时期内应急管理活动的建设路线和发展方向。这三者相互关联、制约与影响，共同构成了具有三维结构的应急管理战略工程。应急管理战略工程作为一项复杂的社会化系统工程，需要建立和完善系统化的综合评价机制。应急管理宏观环境、应急管理综合能力以及应急管理战略发展方向三者有机地构成了应急管理战略工程的三维指标评价体系。

应急管理战略的确定和战略目标的实现与上述三维向量因素的关系为：

$$E = f\ (S,e,d,a) \tag{2-7}$$

其中，E：应急管理战略效果（应急管理战略目标的实现）；

S：战略；

e：应急管理宏观环境；

d：应急管理战略发展方向；

a：应急管理综合能力；

f：函数规则，指战略实施过程（包括战略评价、战略调整等）。

实践中，S同时又是三维变量即应急管理宏观环境、应急管理战略发展方向和应急管理综合能力的函数：

$$S = S\ (e,d,a) \tag{2-8}$$

即战略随着应急管理宏观环境、应急管理战略发展方向、应急管理综合能力的变化而进行相应的制定、调整或转移，应急管理宏观环境的变化要求应急管理战略管理进行范式转变。

由上可知：

$$E = f\ (S\ (e,d,a)\ e,d,a) \tag{2-9}$$

进行简化得到：

$$E = F\ (e,d,a) \tag{2-10}$$

公式2-10中，F综合了S和f的函数，它可以用来表示三维变量影响战略效果的函数表达式，即所有决定战略实施效果的规则，如应急管理组织结构、应急管理文化等。与应急管理战略不适应的因素对战略实施有着负的强化作用，而与应急管理战略相适应的应急管理组织结构和应急管理文化等对战略实施有着正的强化作用。为了最大限度发挥应急管理组织结构和应急管理文化等因素对战略的潜在作用，在制定和实施战略前，应该提前采取相应的措施使它们与战略相适应。

因此，应急管理宏观环境、应急管理战略发展方向和应急管理综合能力是影响战略实施效果的主要变量，且这三个主要变量之间存在一定的互动关系。如图 2-6 所示，应急管理宏观环境按与应急管理战略发展方向的关系以及其自身的变化大小，在良性与恶性之间变化；应急管理战略发展方向按与应急管理战略发展目标和其他两维向量的关系，在模糊与明确之间变化；应急管理综合能力在强和弱之间变化。环境是一种变动最大的外生变量，对应急管理战略发展方向的确定以及应急管理综合能力的提高有影响。应急管理战略发展与建设的国内外宏观环境尤其是国内环境能够改变环境的变动趋势，但是它在一定程度上还受到一定时期内的应急管理战略发展方向与应急管理综合能力及两者为应急管理战略发展与建设所带来的经营成果的影响。

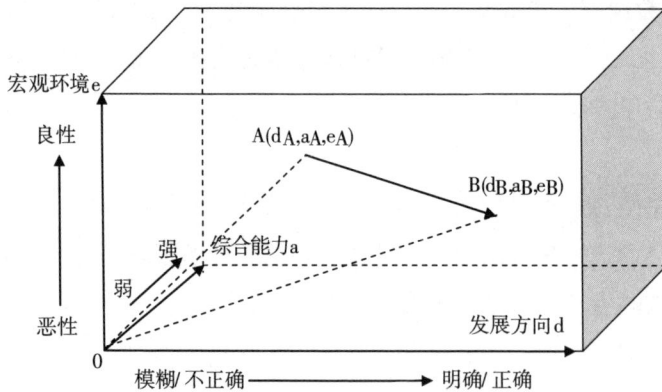

图 2-6　三维关联的战略预警功能图

二、三维关联的战略定位功能

传统的战略管理理论在假定整个行业内外部环境及关系是稳定可预测的前提下，认为战略就是给一个组织或单位在其行业中进行定位。因此在战略分析的过程中，人们应更多地关注已存在的稳定环境。战略模式的制定，通常是基于对各种技术经济关系的线性假定和比较静态分析，因为结构参数的微小变化将导致最终平衡状态结果的小的改变。但在现实生活中，经济系统是实时动态变化的、混沌不定的，战略效果要实现长期预测是不可能的，以上所有公式都是隐含时间变量的动态非线性的系统，具有动态特征。

因此，应急管理战略的制定者、实施者以及评价者都应该认识到战略的这些非静态性、复杂性、非线性，同时为了保证战略与应急管理战略的目标一致，对战略问题的处理应充分利用应急管理战略发展与建设的国内外宏观环境、应急管理战略发展方向和应急管理综合能力的三维关联分析方法，从而为应急管理战略发展与建设创造巨大的效益，同时为战略的创新准备条件。

（一）两极点的战略定位

从三维图中可以发现，在靠近原点的地方，应急管理战略发展与建设的国内外宏观环境复杂性与非静态性程度较高，对应急管理战略发展与建设而言，这是一个恶性的宏观环境，反映出应急管理战略发展方向不定或与应急管理战略的目标不一致，应急管理综合能力弱。为了更好应对这样严峻不利的情况，应急管理战略发展与建设所采取的战略应该是一种紧缩性的战略，当应急管理战略发展与建设已采取非紧缩性战略时，应该向紧缩性战略转移。

三维向量分别沿正向方向达到良性、明确或正确、强的位置时，三维坐标（良性、明确或正确，强）所确定的区域是另一个极端，这种状况应该采取一种扩张性的战略，即应急管理建设实施扩张发展战略。

（二）战略定位与三维关联互动

在现实情况中，应急管理战略发展与建设的三维向量所确定的战略更多地处在上述两个极端之间。现实中的应急管理战略发展与建设的国内外宏观、微观环境处在一种变化不定的无序状态，应急管理战略发展方向也不是永久不变的，应急管理综合能力在强与弱之间变化。因此，必须以动态演变的指导思想来监控和管理应急管理战略，在制定和实施应急管理战略时，要时刻掌握和认识三维向量的走向与变动，根据应急管理战略发展的目标适时对战略进行调整或转移，使战略和应急管理战略发展的目标达成一致。

从图2-6中，我们看到（良性、明确或正确，强）所确定的区域是应急管理战略发展和获得最优社会效益的最佳时机，因此应当采取措施，改变变量的变动趋势，使之向（良性、明确或正确，强）位置靠近，为战略的顺利实施和创造良性效果准备条件。

总的来说，战略目标的实现效果是由战略与应急管理战略发展方向、应急管理宏观环境和应急管理综合能力等三个变量共同作用的结果。

第三章　国家应急管理战略模式

第一节　国家应急管理战略的内容和层次

一、国家应急管理战略基本思想

国家应急管理战略是国家机关或应急管理决策部门以高度宏观的视角，统筹规划、立足全局，通过大量历史数据资料分析全国范围内突发事件发生的频率和种类基础上，结合具体国情，综合制定的一种应对突发事件的战略管理模式。

从战略的角度研究应急管理，国家应急管理建设应该是一系列资源、一系列活动的集合及维持安排资源和活动组合运转的应急管理体系的集合。国家应急管理的核心思想应该是通过国家应急管理体系的建设，使得各种应急资源和应急活动能得到最佳配置，发挥其最大效力。具体来说，突发事件前期各级应急管理职能部门能通过信息平台和应急专家的高度研判拟合，达到一定程度上预警的效果；突发事件中期，应急管理职能部门能通过强大的应急资源储备、应急物流、应急队伍的有效配合，最大限度地减少灾害损失；突发事件后期，应急管理职能部门能依托应急战略规划成功有效地做好善后处置工作。考量一个国家应急管理战略的标准就是它所控制的各种应急资源以及综合运用这些资源的效率和效果。一个优秀的国家应急管理战略表现为能够集中足够的应急资源进行应急处置活动，并能够快速、科学和有效地应对大型的突发事件。

二、国家应急管理战略的内容

目前，全球范围内各种突发事件日益增多，应急管理的研究已受到学术界越来越多的关注，学者纷纷从战略管理的层面对突发事件应急管理战略展开了探讨与研究。除了军事上的战略思想对应急管理战略思想形成的影响之外，系统学中的"系统论""最优化"的思想对国家应急管理战略体系的建立和发展也有着深刻的影响。

当前国内对于从国家宏观角度出发的应急管理战略研究尚处于起步阶段，往往仅仅借鉴和总结先进发达国家的应急管理体系和制度。目前在国家应急管理中运用"战略"这一词，主要是指国家做出维护整体稳定和长远发展所做的系统的、全局性的应急管理谋划。国家应急管理战略涉及国家未来应急管理建设的发展道路与模式、总体发展方向、发展目标和发展行动等四方面的问题。

——应急管理建设的发展道路与模式：从战略宏观层面研究、谋划国家应急管理建设发展的路线图，以期更好地实现国家既定的重大应急管理建设发展战略指导思想和战略意图，维护社会稳定发展和社会民众安全。

——应急管理建设的总体发展方向：在应急管理建设发展战略指导思想的指导下，为了更好地实现国家既定的应急管理建设战略意图，在科学把握应急管理发展与建设规律的基础上，科学规划应急管理发展与建设的指导方向和行动方针，如此作为应急管理发展与建设的行动纲领。

——应急管理建设的发展目标：拟定应急管理建设所要实现的近期发展任务和长期发展任务，以及加强国家应急管理建设所要实现的近期发展效果和长期发展效果。

——应急管理建设的发展行动：为了实现既定的应急管理建设发展目标而采取的一系列的包括确定发展重点、明确建设任务及优化应急管理资源配置等工作在内的具有可操作性的具体行动。

三、国家应急管理战略的层次

（一）从行政区划的角度划分国家应急管理战略层次

一般来说，对于国家应急管理体系建设，国家的战略管理可以按照行政区域属性的角度分为三个重要的层次：国家层面的应急管理总体战略，也称为国家应急管理战略；省部级层面的应急管理战略，也称为省部级应急管理战略；市（县）级层面的应急管理战略，也称为市（县）级应急管理执行战略。

1.国家应急管理战略

国家应急管理战略是国家应急管理战略规划建设的最高层次的战略。它需要根据国家的应急管理理念、应急管理原则和应急管理目标，选择最适合国家的应急管理战略模式，合理配置国家应急管理所必需的各项资源，充分协调发挥各级各部门的应急管理能力，提高应急处置效率。通俗而言，从国家应急管理战略布局到省部级、市（县）级应急管理职能部门之间的相互支持、相互协调，从国家应急管理战略物资的储备到国家应急管理救援体系的建设，都是国家应急管理战略规划的主要内容。因此，国家应急管理战略就是国家配置应急资源和协调应急活动的谋划。

通常，国家应急管理战略主要解决的问题有：国家应急管理的工作组织体系建设，国家应急管理的规划布局，国家应急管理法律法规体系建设，国家应急管理活动参与者的协调。

国家应急管理主要具有如下特点：

（1）从形成的性质上看，国家应急管理战略是有关国家全局安全的、整体性的、长期性的战略管理活动。

（2）从参与应急管理战略形成的人员来看，国家应急管理战略的制定与实施部门和人员主要是国家高层次的应急管理职能部门和专业应急管理人员。

（3）从对国家发展的影响程度来看，国家应急管理战略与国家往期的突发事件发生的频率和种类、政府应急组织结构有着密切联系。如当一个国家的大型自然灾害发生频率高时，国家在制定应急管理战略规划时，应侧重于自然灾害类型灾害的预警救治；当国家面积大、范围广时，各省可以结合当地的灾害类型制定部分有别于国家应急战略的子战略。

2. 省部级应急管理战略

省部级应急管理战略是在国家应急管理战略之下，贯彻国家应急管理思想、细化国家整体战略的局部战略，它起到承前启后、上下衔接的作用，是由相对于国家战略管理因素的若干子集或其中部分组合成的一个个应急管理单位。每个应急管理单位一般都有自己独特的政治、经济、人文、自然环境和差异化的突发事件类型。对一些国土面积大、人口多的国家，为了提高应急管理专业性，增强部门和区域间的协同，加强应急战略实施与控制，常常采用这种应急管理组织形式。对于我国面积辽阔、地势复杂、民族众多的现实状况而言，应急管理单位差异化呈放大性趋势，因此，我国的应急管理适宜采用这种形式。一般而言，省级应急管理战略和部级应急管理战略之间是有区别的，省级应急管理战略特指在一个区域范围内实施，部级应急管理战略特指在部门的权限管辖范围内实施，因此，省部级应急管理单位均可制定和实施自己独特的应急管理战略，但两者同时又具有一定的交叉重叠性，往往需要相互的配合协调才能完成应急管理过程。

因此，省部级应急管理战略是国家行政区划下的地方和部门应急管理单位的应急管理战略。所谓省部级应急管理战略就是各个应急管理行政区划单位在各自的行政管理领域，合理利用国家配置的应急资源，建立和培育可持续发展的应急管理战略谋划。省部级应急管理战略是在国家应急管理战略的制约下，为实现国家整体目标，对省、部级行政管辖下应急管理活动的指导和管理。因此，国家应急管理战略是对省部级应急管理的指导，而省部级应急管理战略是对国家应急管理的细化，也是对实现国家应急管理的支持和支撑。

省部级应急管理战略要回应以下问题：

（1）如何保持和国家应急管理战略目标的一致性？

（2）如何在自己的行政管辖区域内形成独特和行之有效的应急管理战略？

（3）如何实现和下一层级应急管理的衔接？

（4）如何实现区域内应急管理的高效性和应急管理能力的可持续性？

（5）如何做到应急管理的区域针对性和部门联动协同？

3.市（县）级应急管理执行战略

市（县）级应急管理执行战略又称执行层战略，是国家应急管理活动的最小执行职能部门和短期应急管理战略计划，它使各市（县）级政府的管理人员能清晰地认识到其在实施国家应急管理战略和支持省部级应急管理战略中的责任和要求，具体深入分析本行政区域范围内的突发事件应急管理特点，有效利用应急管理组合手段，保证市（县）级应急管理战略目标的实现。因此，市（县）级应急管理执行战略就是省部级行政区域管辖范围内最小执行层战略，是对国家应急管理战略和省部级应急管理的具体战略规划的实现。

以上三个层次的应急管理战略在国家内部构成了一个有机的、统一的、分层次的战略体系，三个层次的战略相互联系、相互作用和制约，彼此之间的协调一致和紧密结成一体是国家在应急管理活动中取得成功的重要条件。上一层次的应急管理战略将成为下一层次的战略环境，如国家的应急管理战略构成了省部级应急管理的战略环境，省部级应急管理战略又成为市（县）级应急管理的战略环境；下一层次的战略将成为上一层次战略的支撑。三个层次中省部级应急管理战略是国家应急管理战略体系的核心，是整个国家应急管理目标实现的关键，为国家应急管理战略提供了支撑和基础，为市（县）级应急管理战略指明了方向。

（二）从应急管理职能角度划分国家应急管理战略层次

按照我国目前已经颁布实施的《突发事件应对法》，突发事件主要分为自然灾害、事故灾难、公共卫生事件、社会安全事件四类。依据应急管理战略职能角度的不同，国家应急管理战略可以划分为自然灾害应急管理战略、事故灾害应急管理战略、公共卫生应急管理战略和社会安全事件应急管理战略。其中，国家应急管理战略是包含四类突发事件的总体目标和中远期的规划，四类子战略是对于国家总体应急管理战略的进一步完善和细化。

1. 自然灾害应急管理战略

自然灾害主要因大自然的变异引起，很少受人为因素影响，自然灾害应急管理战略的主要内容是对自然灾害准确预警、高效救援和灾后恢复重建等。自然灾害应急管理战略是指负责自然灾害应急管理处置的部门联合制定的在未来一段时间内应对自然灾害的预警科学技术、救援队伍体系建设、灾后恢复重建、相关法律机制建设的完善等方面的规划和设计。

自然灾害应急管理战略从突发事件发生发展的过程来分类，可以分为自然灾害的预防与应急准备战略、监测与预警战略、应急处置与救援管理战略以及灾后恢复与重建战略等四阶段内容。其中，预防与应急准备战略主要包括自然灾害应急管理组织设计、制度设计、应急物资和装备保障、防灾减灾工程与技术准备、演练与宣传；监测与预警战略的主要工作内容是信息网络的布局和信息平台建设及预警信息发布途径完善；应急处置与救援管理战略是自然灾害应急管理最核心的环节，既是一系列极为复杂的、社会性的、半军事化的紧急行为，同时又是一个高速运转的复杂动态系统，主要工作内容为应急预案的设计、救援资金的筹措、救援队伍组织体系建设等方面；灾后恢复与重建战略是实现灾后常态化的过程，核心工作任务是各种灾后重建任务和资金扶持策略的制定。

按照自然灾害所包含的种类来分类，自然灾害应急管理战略应设计包含气象灾害、水旱灾害、地质灾害、地震灾害、海洋灾害、森林灾害、生物灾害等七类自然灾害的子应急管理战略。以上各种灾害的应急管理战略的制定应结合灾害自身的特点，由主管该类灾害的应急管理部门，针对国家和地域的实际情况，合理布局规划，力求将各类灾害的损失降到最低。

2. 事故灾难应急管理战略

安全事故是安全生产领域内的突发事件，由于这些事件所处的领域不同，造成不同突发事件的发生发展规律不同，给安全事故应急处置工作的展开带来了困难。不论何种类型的事故灾害，事故灾难应急管理战略主要涉及安全事故隐患源的识别战略、安全事故隐患源的适时监测战略、安全风险评估与预警战略、安全事故应急预案管理战略、安全事故应急处置战略、安全事故应急资源管理战略、安全事故事后处理战略等七部分子战略。

事故灾难应急管理战略制定的依据是国家历年来事故灾难发生的频率、次数、地域，同时找出事故灾难的主要类型，根据事故灾难发生的特点，制定相应的应急管理战略。比如对于我国而言，交通事故和煤矿安全生产事故频繁发生，应急管理部门就应制定出针对交通事故和煤矿安全生产事故类的应急管理战略，从而对此类事故灾难的应急管理工作起到指导作用。

3.公共卫生事件应急管理战略

突发公共卫生事件是指突然发生、造成或者可能造成社会公众健康严重受损的重大传染病疫情、群体性不明原因疾病、重大食物和职业中毒以及其他严重影响公众健康的事件，也指突然发生、造成或者可能造成严重社会危害、需要政府立即处置的危险事件。突发公共卫生事件涉及的受众群体往往数量庞大，需要应急管理部门迅速协同参与救援，突发公共卫生应急管理战略因此具有重要作用。

公共卫生事件应急管理战略具体可以划分为生物病原体所致疾病应急管理战略、食物中毒应急管理战略、有毒有害因素污染造成的群体中毒应急管理战略、自然灾害引起传染病疫情应急管理战略、意外事故引发死亡应急管理战略、不明原因引起的群体发病或死亡应急管理战略等六类子战略。每一个子战略在制定和规划中，要明确应急管理的工作目标和确定对应的应急管理职能部门，通过完善的应急管理组织体系设计和制度保证，实现各自相应的应急管理战略目标。

4.社会安全事件应急管理战略

社会安全事件一般是指参与群体较大的一类事件，除小部分是敌对矛盾外，大部分是人民内部矛盾。这类事件一旦发生可能会造成人民生命财产巨大损失和对部分地区的社会经济发展、政治安定构成重大威胁，并有重大社会影响。社会安全事件应急管理主要从社会保障和法制完善角度构建预警机制、建立以人为本的及时应对机制、建立多元渠道的善后教育和处置体系等三方面来实现对此类事件的有效管理预防和处理。

对社会安全事件应急管理战略而言，具体包括重大刑事案件应急管理战略、重特大火灾事件应急管理战略、恐怖袭击事件应急管理战略、涉外突发事件应急管理战略、金融安全事件应急管理战略、规模较大的群体性事件应急管理战略、民族宗教性群体突发事件应急管理战略、学校安全事件应急管理战略。

（三）从应急管理战略应用的范围、深度的角度划分国家应急管理战略层次

一般来说，从战略管理运用于应急管理领域的范围和深度来研究，应急管理战略可以分为一般应急管理战略、全面应急管理战略、应急管理核心能力战略、国际协同合作应急管理战略、动态应急管理战略五个层面。

1. 一般应急管理战略

国内外许多应急管理领域的专家、学者在众多的研究成果中，已经有了初步用战略思维研究应急管理的思想，如斯蒂文·芬克（Fink）的应急管理四阶段划分理论，米特罗夫（Mitroff）的应急管理五阶段划分理论，薛澜等学者的《危机管理：转型期中国面临的挑战》一书均从不同程度反映了战略管理在应急管理战略中的运用。但这些研究没有全面性地将战略规划的理念运用于应急管理。

2. 全面应急管理战略

近年来，笔者将战略管理理论成功地运用于应急管理领域，并逐步形成了一套系统化的全面应急管理战略理论。2006 年 8 月，笔者首次提出突发事件"全面应急管理（TEM）理论"。[①]2009 年至今，笔者在借鉴国内外有关应急管理理论研究成果的基础上，对全面应急管理理论开展进一步深入研究，并得到了国家社会科学基金的支持，形成了全面应急管理战略理论，丰富与发展了全面应急管理理论，为国内外政府加强应急管理建设与发展提供理论指导，开启了应急管理研究进入战略研究的发展阶段。该理论认为全面应急管理战略是政府为了科学应对新形势下复杂多变的国际化、非传统、非

---

① 宋英华. 突发事件应急管理导论 [M]. 北京：中国经济出版社，2009.

常规突发事件的需要，科学规划全面应急管理的总体发展方向、长期目标、发展重点及优化应急管理资源配置，并在全面应急管理总体发展规划的指导下，规划确定全过程管理战略、全系统管理战略、全方位管理战略、全面应急响应战略、全手段管理战略、全社会管理战略（"六全"管理战略）的一系列规划活动。

3. 应急管理核心能力战略

笔者在提出全面应急管理战略理论之后，着重研究了国内外应急管理研究发展趋势，在全面应急管理战略的基础上进一步发展并提出了应急管理核心能力战略这一新概念，认为应急管理核心能力战略是指政府基于全面应急管理理论，科学规划和建立基于全过程管理的应急管理核心能力战略、基于全系统管理的应急管理核心能力战略、基于全方位管理的应急管理核心能力战略、基于全面应急响应的应急管理核心能力战略、基于全手段管理的应急管理核心能力战略、基于全社会管理的应急管理核心能力战略（基于"六全"管理的应急管理核心能力战略）的一系列规划与实施活动。

4. 国际协同合作应急管理战略

国际协同合作应急管理战略是指基于全面应急管理理论，国际上两个或两个以上的国家为了共同应对国际化、复杂化突发事件的需要，协同合作，科学规划确定国际协同合作应急管理战略发展与建设的共同长期目标、发展方向和建设的重点任务，在协同合作应急管理总体发展规划的指导下，规划确定基于全过程管理的国际协同合作应急管理战略、基于全系统管理的国际协同合作应急管理战略、基于全方位管理的国际协同合作应急管理战略、基于全面应急响应的国际协同合作应急管理战略、基于全手段管理的国际协同合作应急管理战略、基于全社会管理的国际协同合作应急管理战略（基于"六全"管理的国际协同合作应急管理战略），采取联合行动应对突发事件，减少突发事件给事发国带来的损失和不良国际影响的一系列规划活动。

5. 动态应急管理战略

动态应急管理战略是指政府基于全面应急管理理论，为了应对复杂多样、动态变化的突发事件需要，根据应急管理的内外部环境变化而进行动态调整应急管理策略与方针，科学、合理地规划确定基于全系统管理的动态应急管理战略、基于全方位管理的动态应急管理战略、基于全面应急响应的动态应急管理战略、基于全手段管理的动态应急管理战略、基于全社会管理的动态应急管理战略（基于"六全"管理的动态应急管理战略），并落实实施，有效预防或减少突发事件给全社会带来的各种损失的一系列规划活动。

第二节　国家应急管理战略模式的分类

国家应急管理战略模式是指为了最大限度地降低国家的突发事件所造成的损失，保证社会经济秩序稳定与发展，维护国家政治稳定而建立起来的一种突发事件应急管理方式和程序。它是一种基于一定先进技术平台上的集决策与指挥活动、救助与处置活动于一体的模型化的管理组织规则或管理体系。可以认为采用某一种危机管理体系就为采纳某一种模式创造条件。不同国家和地区选择怎样的应急管理模式取决于其经济发展水平、规模大小、管理水平。

根据划分的依据不同，国家应急管理战略模式可以分为下列几种类型：

1. 按政府在应急管理战略模式中发挥的作用大小分类

集权型管理模式、分散型管理模式、民众互助型管理模式。集权型管理模式是指整合政府和社会所有的资源，成立一个统一的应急机构并全权代表政府行使应对突发事件的应急指挥权的一种危机管理模式；分散型管理模式是指各个机构分散实施政府应对突发事件应急管理的权力的一种危机管理模式，该模式与集权型管理模式相反；民众互助型管理模式是指应对突发事件时，以民众互救互助、政府协调指导为主要力量的一种危机管理模式。

2. 按管理模式所要实现的目标高低分类

民主型管理模式、稳定型管理模式、安全型管理模式。民主型管理模式是指为了构建公平正义、和谐民主与繁荣发展的社会而建立的一种危机管理模式；稳定型管理模式是指为了保证经济社会的发展与稳定而建立的一种危机管理模式；安全型管理模式是一种最基本的危机管理模式，它是指为了保障社会最基本的安全而建立的一种危机管理模式。

3.按管理模式应对的主要灾害类型分类

自然灾害型管理模式、治安型管理模式、社会危机型管理模式。自然灾害型管理模式是指主要应对社会自然灾害而构建的一种管理模式；治安型管理模式是指主要应对社会公共治安而构建的一种管理模式；社会危机型管理模式是指主要应对社会综合性公共危机而构建的一种管理模式。

4.按突发事件应急管理的思路与方向分类

原因型管理模式、结果型管理模式、循环型管理模式。原因型管理模式是指按突发事件的种类、诱因与特点分别由相应的行政机关或部门负责的一种突发事件应急管理体系；结果型管理模式是指按突发事件所带来的影响与结果由相应的行政机关或部门负责的一种突发事件应急管理体系；循环型管理模

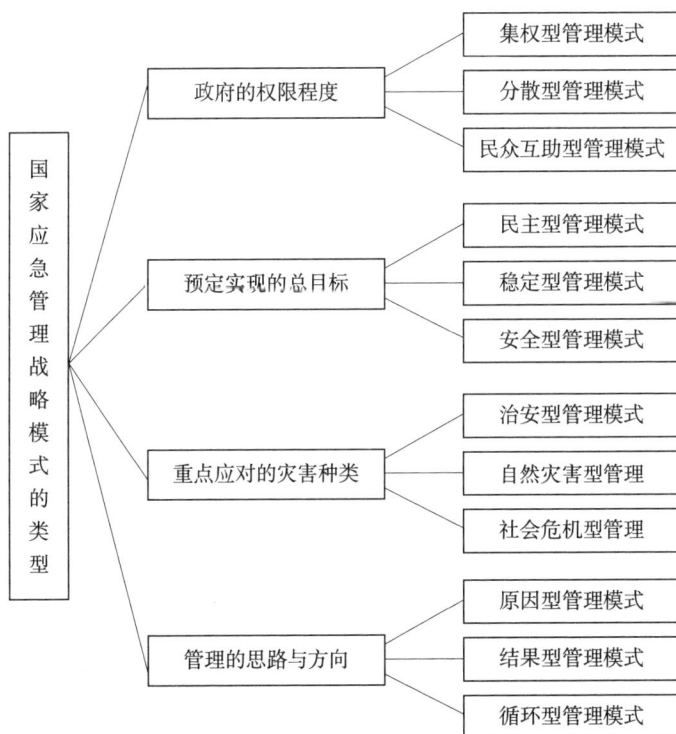

图 3-1 国家应急管理战略模式的类型

式是指应对突发事件的思路与方向不仅是针对突发事件的种类、诱因、特点
与造成的结果,同时更侧重于灾前预警预防与灾后快速恢复重建的一种突发
事件应急管理体系,循环型管理模式是一种全过程科学管理模式,它是一个
不断反复进行和改善的循环发展过程。

第三节　国家应急管理战略模式的选择

一、应急管理战略模式选择的基本原则

(一)统一指挥原则

突发事件发生后,当地政府或国家应立刻指定一名领导人作为总指挥来
专门负责突发事件应急管理的全面指导工作,从而避免令出多门、多重管理
造成的混乱现象。同时,在对外联络和沟通方面,也要遵循一致性的原则,
应急管理机构要用一个声音通报应急管理情况,保持口径的一致性,避免由
于口径不一致而在国际社会和国内民众中引发不信任情绪的被动局面。

(二)预防为主原则

对于任何突发事件都要抱有"有备无患,防患未然"的态度,只有做到
了实用有效的事前预防,才能在最大限度上降低突发事件造成的人员伤亡和
财产损失,因此,突发事件应急管理战略模式应具有高效预防的功能。

(三)灵活性原则

由于突发事件的诱因很多,突发事件的形式及其造成的危害也是多种多
样的,因此,应急管理模式必须能适应多种灾害所衍生的复杂情况,在突发
事件的不同阶段、不同环境下能够灵活调整,适应不同情况情势下的需要。

（四）多元主体参与原则

突发事件涉及面广、影响范围大，只依赖于政府的应急处置，往往显得力不从心。政府在应急的及时救援、善后处置、经济补偿等方面由于受到技术设备、自然环境和资金调度等因素的制约，难以在应急处置工作中面面俱到，势必需要借助非政府资助、社会民众的社会力量协同合作、优势互补，共同开展应急管理工作。

（五）公共利益至上原则

国家有义务和责任为民众创造和提供安定的生活环境，因此，应急管理战略模式的制定要充分考虑到广大人民群众的公共利益，这也是应急管理工作的核心理念。应急管理战略模式的选择要以大局观的角度，纵览全局而不拘泥于局部地区、地方政府或少部分人的利益，做到局部利益服从整体利益，最大限度保证人民的生命财产安全。

二、国家应急管理战略模式的选择划分

根据不同国家和地区的实力强弱和地区规模大小，依据平面坐标法，可以把世界各国分为先进发达国家（Ⅰ）、工业发达国家（Ⅱ）、欠发达国家（Ⅲ）、新兴发展国家（Ⅳ），如图3-2所示。先进发达国家在第一象限（Ⅰ），主要是指人口众多、规模庞大、经济实力很强的国家，如美国、加拿大等；工业发达国家在第二象限（Ⅱ），主要是指人口众多、工业基础雄厚、经济实力较强的工业国家，如德国、日本等；欠发达国家在第三象限（Ⅲ），主要是指人口较少、地区规模较少的国家，如非洲国家等；新兴发展国家在第四象限（Ⅳ），主要是指人口较多、具有一定规模，但经济发展迅速的新兴发展地区，如巴西、印度等。由于各国自身所处的位置、国家的规模、国家面对的主要突发事件种类不同，所以在选择国家应急管理战略模式时，理应因地制宜，有所侧重地选择符合自身具体情况与经济实力且科学可靠的国家应急管理战略模式。

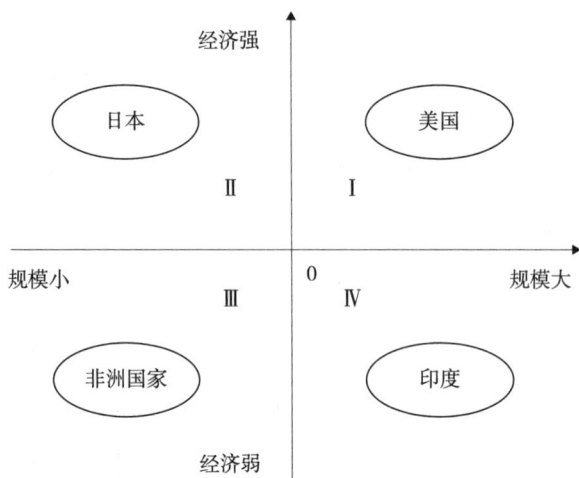

图 3-2　国家应急管理战略模式选择图

本书创造性地提出，依据平面坐标法，从国家经济实力强弱、地区规模大小的角度来研究不同国家和地区的应急管理战略模式的选择。

（一）先进发达国家的应急管理战略模式选择

先进发达国家（如图 3—2 第一象限〈Ⅰ〉所示）的特点是人口众多、规模大、社会财富雄厚；民众应对公共危机的基本常识和技能强，自救互救意识很强；政府的主要职能是服务型政府，提高民众生活水平和安全保障；同时，这些国家经过多年的发展，具有较完善的应急管理体制；政府工作人员的专业素养和应急管理能力较高，能迅速地开展应急管理工作；应对各类突发事件的设备装置健全，科技发达。

根据以上分析，先进发达国家对于自然灾害等突发事件具有较强的防御能力，没有比较突出的自然灾害影响要素和重点公共危机类型。但是此类国家人口众多，并且人民都有很强的民主意识，所以在制定此类国家的应急管理战略时，战略规划的重点应该侧重于保护民生，以民为本；突发事件应急管理模式的具体形式应强调整体服务性能最优化下侧重于保护民生、民权。

对于先进发达国家的应急管理战略而言，可以选择政府引导的民主型突发事件应急管理战略模式，其国家应急管理战略的主要内容是：科学发挥政府的服务职能，全面调动广大民众参与国家应急管理建设的积极性，强化突发事件应急管理模式的社会动员机制建设；坚持保护民生、以民为本的服务原则，强化突发事件应急管理系统平台技术体系建设，提高政府相关部门或组织应急救助的快速反应能力；加强和完善突发事件法制建设，借助法律工具确保民众应对突发事件的权利和自由。

（二）工业发达国家的应急管理战略模式选择

工业发达国家（如图 3—2 第二象限〈Ⅱ〉所示）的特点是社会财富雄厚，人均 GDP 位居前列；民众应对公共危机的基本常识和技能比较强，自救互救意识比较强；公共危机预警与应急管理体制机制建设较为健全，政府应急管理部门工作人员的应急能力和素养较高；应对各类突发事件的设备装置较健全。此类国家的应急管理战略规划制定，应重点防范大型的突发事件，同时贯彻以民为本的思想，防范公共治安犯罪和自然灾害；侧重应对公共治安犯罪和自然灾害的处置与救助工作。

对于工业发达国家而言，可以选择政府主导的自然保护型突发事件应急管理战略模式，其国家应急管理战略的主要内容是：重点防治重特大型的突发事件，保障民众的生命财产安全；加强政府应急管理职能建设，充分调动民众积极参与突发事件应急管理建设，强化突发事件应急管理模式的社会动员机制建设；以民为本为服务原则，强化突发事件应急管理系统平台技术体系建设，提高应急救助的反应能力；加强公共危机立法建设，侧重发挥公共危机管理模式应对公共治安犯罪和自然灾害的处理救助工作。

（三）欠发达国家的应急管理战略模式选择

欠发达国家和地区如非洲国家（如图 3—2 第三象限〈Ⅲ〉所示），这些国家的国土面积较小，经济发展缓慢；民众应对公共危机的基本常识和技能不强，自救互救意识的观念淡薄；民众众多，宗教意识分化严重，很容易受到国际宗教冲突、国内外分裂势力的影响与利用，从而极易引起各类恐怖活动；公共危机预警与应急管理体制机制建设非常不到位；根据危害要素轻重的层次分析法，可知此类国家和地区的危害要素的影响比较特殊，刑事犯罪、恐怖主义犯罪、民族分裂活动、自然灾害等要素极为突出，因此，在选择突发事件应急管理模式的具体形式及其建设的过程中应以此为重点，防范各危害要素所带来的影响；侧重应对刑事犯罪、恐怖主义犯罪、民族分裂活动的处置与救助工作。

对于欠发达国家而言，选择以政府主导的稳定型突发事件应急管理模式较为合适，其国家应急管理战略的主要内容是：强化政府的公共安全管理职能，充分调动民众积极参与突发事件应急管理建设，强化突发事件应急管理模式的社会动员机制建设；以民为本为服务原则，强化突发事件应急管理系统平台技术体系建设，提高政府相关部门或组织应急救助的快速反应能力；加强和完善公共危机法制建设，侧重发挥突发事件应急管理模式应对公共治安犯罪、恐怖主义、分裂主义的暴力活动的处理和救助工作。

（四）新兴发展国家的应急管理战略模式选择

当今新兴发展国家的典型如"金砖四国"（中国、巴西、俄罗斯、印度），如图3—2第四象限（Ⅳ）所示，这些国家的普遍特点是国家规模较大，人口众多，经济高速发展；处在经济发展转型期，民众应对公共危机的基本常识和技能比较强，自救互救意识也较强；国民经济发展及建设迅速，政府的职能也不断从行政管理型向公众服务型过渡转变；国家的突发事件较多，特别是由经济发展不平衡所导致的群体性事件或民族问题等较为突出；公共危机管理制度不断建立和完善，但也存在许多薄弱的环节；应对各种突发事件的资源充足；大型突发事件的应急处置能力较强，应急管理人员的工作技能与效率较高；此类国家和地区的危害要素的影响大致均等，自然灾害和大型的社会群体事件是发生频率较高和处置难度较大的突发事件，所以此类型的国家在选择应急管理战略模式的具体形式及其建设的过程中，应以民为本，强调突发事件应急管理模式的整体服务性能的最优化，而不是侧重应对某种突发事件的处置与救助工作。

对新兴发展国家而言，各类突发事件较多，容易激发并恶化社会矛盾，因此，此类国家选择以政府引导的整体最优型或社会危机型突发事件应急管理战略模式较为合适，其国家应急管理战略的主要内容是：发挥政府的服务职能，充分调动民众积极参与突发事件应急管理建设，强化突发事件应急管理模式的社会动员机制建设；以民为本为服务原则，强化突发事件应急管理系统平台技术体系建设，提高政府相关部门或组织应急救助的快速反应能力；加强和完善公共危机法制建设，充分发挥突发事件应急管理模式整体性能。

发达国家（Ⅰ）、工业国家（Ⅱ）、欠发达国家（Ⅲ）、新兴发展国家（Ⅳ）这四类不同国家和地区的突发事件应急管理模式的选择如图 3-3 所示。

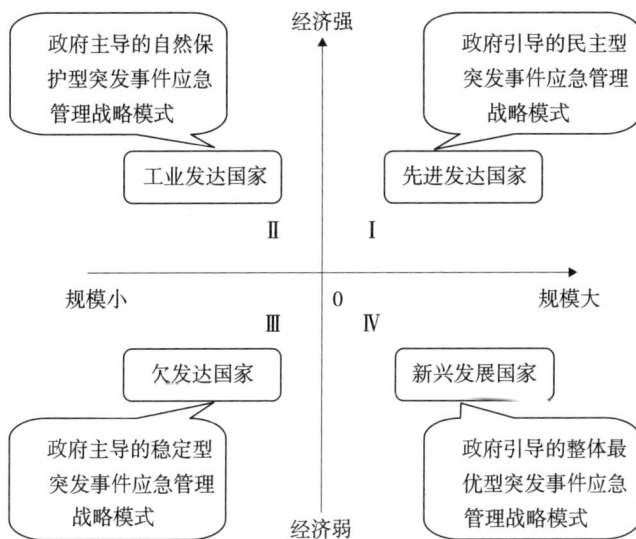

图 3-3　各国应急管理战略模式选择图

我国的应急管理战略模式选择应立足于国情，科学合理地构建创新型的应急管理战略模式，而不能生搬硬套其他国家的模式。近年来，通过在中国国情视域下的应急管理理论研究与实践，笔者于 2006 年率先提出了一种不同于以往的全新应急管理模式即全面应急管理 TEM 模式。①

———————————————

① 宋英华．突发事件应急管理导论 [M]．北京：中国经济出版社，2009.

第四章 全面应急管理战略

第一节 全面应急管理战略概述

一、全面应急管理

（一）应急管理的内涵

应急管理是指为了控制突发事件的潜在风险，降低突发事件的危害程度，政府和有关组织通过动员社会有效资源，制定相关法律法规，对事发前预防预警、事发时响应处置以及事发后恢复重建等一系列措施进行动态管理的过程。

（二）全面应急管理（TEM）的内涵

根据突发事件应急管理"一案三制"（即应急预案以及应急管理中的体制、机制、法制）的总体构想，我国颁发了《中华人民共和国突发事件应对法》和《国家突发公共事件总体应急预案》。同时，一些地区通过建立突发事件应急管理系统平台，有效地支持应急决策工作，提升了应急处置的科学水平。为了进一步提高政府的突发事件应急管理能力，保障公共安全，加快政府职能转变的步伐，促进经济社会全面、协调、可持续发展，在借鉴美国、日本等发达国家经验的基础上，笔者提出在我国开展突发事件"全面应急管理（TEM）"[①]研究。

---

① 宋英华.突发事件应急管理导论［M］.北京：中国经济出版社，2009.

　　全面应急管理是指以科学发展观为指导，以构建社会主义和谐社会为目标，以现代科学技术为手段，以科学管理为支撑，前瞻我国国民经济和社会发展的长远需求，综合运用安全科学的研究成果，以人为本，更新观念，全方位思考，系统规划，分步建设实施，完善应急管理制度，对突发事件实施"六全"管理模式。"六全"管理是指全过程管理、全系统管理、全方位管理、全面应急响应、全手段管理、全社会管理。

二、全面应急管理（TEM）战略

（一）全面应急管理战略的内涵

　　战略这一概念最早来源于军事领域，是指某组织为了实现其长远发展的全局可持续性目标而制定的方略或规划。具体来讲，是在对本组织综合发展环境分析判断的基础上，科学预测影响本组织全局长远发展的各种潜在因素，制定战略方针、战略原则和战略计划，指导应对策略，筹划应对方案，实现本组织的可持续性发展。

　　全面应急管理（TEM）战略是指政府为了科学应对新形势下复杂多变的国际化突发事件的需要，合理配置国家应急管理所必需的各项应急服务资源，增强应对突发事件的能力，最大限度地减轻突发事件所带来的威胁、损失以及不良的国际影响，基于"一案三制"的重大政策方针，科学规划全面应急管理的总体发展方向、长期目标和发展重点，优化应急资源配置，并在总体发展规划的指导下，确定全过程管理、全系统管理、全方位管理、全面应急响应、全手段管理、全社会管理（"六全"管理战略）的一系列战略规划活动。

（二）全面应急管理战略的特征

TEM 战略具有以下六大特点：

1. *以人为本*

TEM 战略以政府为社会公众提供良好公共服务为目标，充分体现了以人为本、构建社会主义和谐社会的精神实质。在常态下，TEM 战略通过公众服务平台，服务于社会公众的日常需求；在危机状态下，通过应急指挥平台，保障人们生命财产安全，最大限度减少灾害损失。

2.快速反应

TEM战略借助现代监控预警等信息技术，通过监测系统，实时监控公共事件所处状态，判断风险级别，并向指挥中心传递异常信息。一旦出现灾害状况，指挥中心可通过监控系统掌握现场状况，并及时作出应急响应。

3.统一指挥

TEM战略可根据突发公共事件的实时状况和事件级别，启动相应级别的应急预案，成立现场指挥中心，实行统一指挥和调度，从而避免因职责不清造成的相互推诿与协调困难。

4.科学决策

TEM战略强调专家智库的作用，一是通过建立专家信息库，收录各类突发事件所属专家的信息资料，一旦灾害发生，可迅速通知专家到位，为事件处置提供专业意见；二是突出决策辅助系统的支撑作用，专家可以通过事先建立的应急决策支持系统，采用人机互动的方式生成突发事件的处置备选方案，供决策参考，从而大大提高决策的科学性。

5.整合资源

TEM战略强调"物理分散、信息集中、上级调度、协调配合"的机制。"物理分散"是指各分指挥中心根据应急需要建立本系统突发公共事件的应急体系，并为上级指挥中心提供接口。"信息集中"是指按照信息报送原则，各级分指挥中心分析突发事件的相关信息，包括突发事件影响范围信息、当地社会与经济状况信息、应急资源信息、基础设施信息、地理与气象信息、重点危险源和防护目标综合信息、建筑物现状信息、管线信息等，并通过数据交换，与同级别相关指挥中心和上一级指挥中心实现共享，实现资源的统一分配和调度，从而避免系统的重复建设，大大提高资源使用的效率。"上级调度"是指在突发事件应急处置中采用权威模式进行集中式的管理。"协调配合"是指各分指挥中心在上级指挥中心的统一指挥下协调配合，共同完成应急处置工作。

6. 全面协同联动

突发公共事件应急处置往往涉及多部门的协调配合与应急联动。TEM战略以综合应急平台建设为基础，以建立应急预案体系为保障，通过统一指挥，可实现突发公共事件相关部门的全面联动，避免单一部门处置突发事件时出现的救援力量不足、专业性不强、物资缺乏等问题，也可避免因部门协调不力而造成的时间延误。

第二节　全面应急管理战略的结构体系

一、全面应急管理的要素结构体系

根据上节的概念界定与特征分析，全面应急管理（TEM）的要素结构可以表述为全过程、全系统、全方位、全面应急响应、全手段、全社会的"六全"管理组成的一体化结构体系（如图4-1所示），通过将"六全"管理要素进行科学集成与有效实施，从而实现全面应急管理，提升应急管理能力和水平，有效地预防突发事件发生或减少突发事件造成的各种损失。

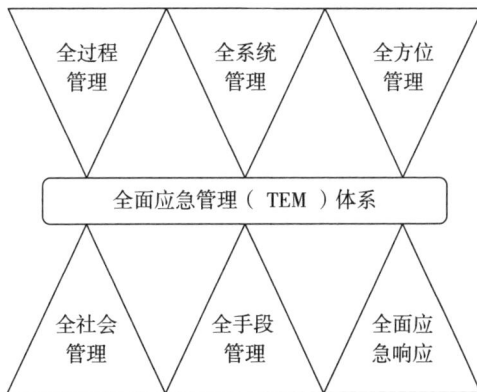

图4-1　全面应急管理要素结构图

二、全面应急管理战略的要素构成

通过全面应急管理战略的总体结构体系分析，可知全面应急管理战略是基于"一案三制"的重大政策方针，是由全过程管理战略、全系统管理战略、全方位管理战略、全面应急响应战略、全手段管理战略、全社会管理战略等"六全"管理战略有机组成的一体化结构体系（如图4-2所示）。TEM战略在全面应急管理总体发展规划的统一指导下，全面实施六大子战略，通过各子战略间相互影响及共同协作，有效推进全面应急管理战略的发展和完善，不断增强突发事件应急管理能力，积极应对新形势下日益复杂化、国际化、多样化的突发事件。

图4-2　全面应急管理战略的要素构成图

全面应急管理战略体系作为一个有机综合体，"六全"中的任一要素都是该战略体系不可或缺的组成部分，只有各要素之间紧密联系、相互协作，才能充分发挥全面应急管理战略体系统筹全局的作用。因此，从全面应急管理战略体系整体出发，剖析各要素之间的相互关系，弄清各要素之间相互作用的机理，有利于深刻理解每个要素在全面应急管理战略体系中的地位和作用，真正领会每个要素的本质和内涵。其中，全过程管理、全系统管理、全方位管理三大战略始终贯穿于全面应急管理战略的整个体系，全面应急响应战略是科学实施全面应急管理战略的核心，全手段管理战略是实现全面应急管理战略目标的有效手段和方法，全社会管理战略是高效贯彻全面应急管理战略的重要切入点和着力点。

三、全面应急管理战略的功能与作用

（一）全面应急管理战略是指引全面应急管理建设发展方向、明确长远发展目标的纲领性规划

全面应急管理战略是具有全面性、权威性的全面应急管理决策规划。它关乎全面应急管理的整体建设与发展，涵盖全面应急管理建设与发展的重点任务、实施保障；既涉及应急资源的调配和使用，也涉及应急管理各职能部门的组织和协调。可以说，全面应急管理战略是全面应急管理建设与发展的蓝图，决定着全面应急管理建设与发展的一切活动。

（二）全面应急管理战略是对应急管理工作长远建设发展的一种谋划

目前的应急管理主要针对特定突发事件，注重追求在应急处置过程中减少人员生命财产损失等短期目标，尚未实现全面应急管理。由此导致现有应急管理战略多注重短期效益，忽视了对全面应急管理的长远建设规划。为此，笔者提出了全面应急管理战略。全面应急管理战略既考虑突发事件应急处置中的短期目标，又顾及今后相当长的一段时期内的建设目标和发展规划。例如，在湖北省荆江防洪的物资调配过程中，既要注重短期的经济成本目标，又要为可能发生的旱涝灾害应急处置工作预先做好准备。因此，制定并实施全面应急管理战略可以辅助各级政府更好地兼顾应急管理的短期目标和长期目标。

（三）全面应急管理战略是加大国家应急管理能力建设力度的有力推手

随着突发事件的多样化和复杂化，为确保国家社会的安定及人民群众的生命财产安全，世界各国家都日渐重视应急管理能力建设的发展。一般而言，国家应急管理能力建设的发展内容十分广泛，既要在安全科学与应急管理理论方面有所创新与突破，也要通过应急管理实践将应急管理的各个方面具体落到实处。全面应急管理战略的提出丰富和完善了现有的应急管理理论，健全应急管理机制体制，完善应急管理法律法规体系，创新应急管理模式。同时，有效地促进了应急管理实践的发展，优化应急资源的配置和调度，紧密结合监测预警技术，构建应急管理统一指挥平台，进而大力推进国家应急管理能力的建设。

（四）全面应急管理战略是提高国家综合竞争能力的重要体现

国家综合竞争能力中应将可持续发展能力作为基础，没有可持续发展就没有持久性的综合竞争能力提升。我国本身是自然灾害大国，又恰好处于社会转型期，突发事件的频繁发生无疑会对我国的可持续性发展建设造成巨大损失。随着经济全球化，许多国家在经济条件上差别已不大，在同等机遇下，安全、稳定、可持续发展的环境更能受到青睐，更能刺激经济发展。这种安全、稳定、可持续，需要完善的应急管理来保障和维系，而这种完善则取决于实施全面应急管理战略。全面应急管理战略可以不断提升应急管理综合能力，为国家经济社会的可持续发展保驾护航。

第三节 "六全"管理战略

一、全过程应急管理战略

（一）全过程应急管理

全过程管理是指对突发事件发生前、发生中和发生后的各个环节进行应对管理。传统应急管理主要是针对突发事件事中的应急处置而开展的，即为了能够及时有效地遏制突发事件的恶化势头，最大限度地减少突发事件给国家和社会带来的不良影响，而采取的一系列计划、组织、指挥、协调、控制等措施的管理过程。全过程管理则是指对突发事件爆发前、爆发时、爆发后整个时期内的每个环节进行科学管理。全过程管理强调"预警与应急并重"的理念，对突发事件的形成与演变机理进行科学分析，归纳总结出各类突发事件的演变规律和特性，进而对突发事件进行动态监测、风险评估及预警预报管理，同时编制详细科学且切实可行的应急预案，并对突发事件的应对处置、事后恢复进行全面系统的规划与调整，促使突发事件全过程管理形成一个良性循环，不断提升应急管理能力和改善应急管理效果，从而将突发事件造成的损失控制在最低限度。如图 4-3 所示，全过程管理包含四个环节，即应急预防、应急预警、应急决策与处置和事后恢复。

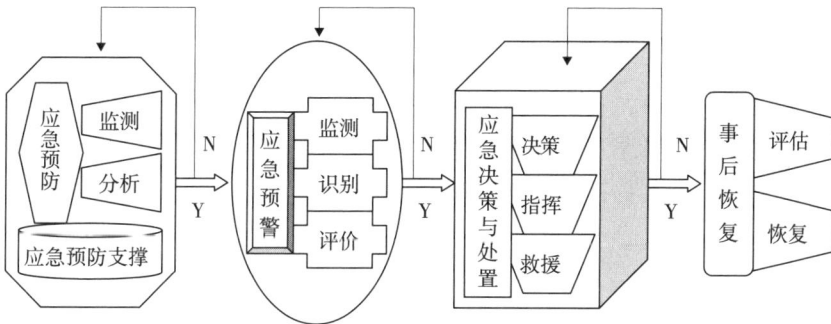

图 4-3　应急管理全过程示意图

（二）全过程应急管理战略

全过程管理战略是指政府基于"一案三制"重大政策方针，科学规划应急预防体系、应急预警体系、应急决策与处置体系、事后恢复处置体系等应急管理全过程的建设总体思路、建设重点及内容，以期提高应急管理能力，减少突发事件造成的各种损失的一系列规划活动。全过程应急管理战略的主要内容包括下面四个部分。

其一，应急预防体系建设内容包括制定应急管理法律法规及相关标准，建立和完善灾害保险制度，构建应急管理统一指挥平台，加强各应急管理部门间的联动，建立安全信息系统和突发事件案例数据库，进行安全系统规划，进行案例推演和风险评估，完善突发事件的监测预警与控制体系，做好应急管理宣传和教育培训工作，开展突发事件应对处置研究，建立完善的应急管理人才培养体系等。

其二，应急预警体系建设内容包括建立国家突发事件应急预警体系，构建突发事件预警预报系统，搜集风险信息，强化沟通能力，提供预警服务，建立应急服务资源保障系统，设立应急救援中心，编制并落实应急预案，强化应急救援队伍建设，开展应急演练与培训工作，制定国际与国家互助救援协议以及其他应急预警特殊计划等。

其三，应急决策与处置体系建设内容包括构建应急决策支持系统，启动应急指挥统一平台，启动应急服务资源保障系统，提供应急医疗资源和应急救援队伍，上报政府有关部门，做好应急救援信息的发布工作，做好组织群众疏散和避难工作，积极开展搜寻与营救行动等。

其四，事后恢复体系建设内容包括开展人员伤亡和经济损失评估，进行善后赔偿工作，开展灾后恢复重建工作，研究分析突发事件原因并总结应急救援行动的经验及不足，修订完善应急预案，不断提升突发事件应急管理能力。

二、全系统应急管理战略

（一）全系统应急管理

全系统管理是指协同各种应急系统，共享资源，共同应对突发事件。全系统管理是以"统一指挥、分工协作、综合协调、预防为主、平战结合、及时灵活、科学有效"为原则，建设集预警预报、指挥调度、处置实施、信息管理、决策辅助、资源保障、通信保障等多功能于一体的突发事件全面应急管理系统。其中，指挥调度子系统是全系统管理体系中的决策部分，其他子系统分别为指挥调度提供不同方面的支持，以保证指挥调度子系统做出及时有效的决策，同时各子系统之间也存在相互协作、相互支持的关系。以应急通信网络为例，应对突发事件时，就需要协调水利、交通、国土资源、公安、电力、质检、旅游等各部门共同工作，如表4-1所示。

表4-1　多部门应急通信网络系统

专业职能部门	通信系统类型
水利部门	语音数据传输系统、通信系统、信息传输系统
地震部门	卫星通信传输系统
国土资源部门	专用通信系统建设
农业和林业部门	重大病虫害、动物疫病、森林火灾信息通信系统
公安、民政、交通、铁道、电力、环保、气象、质检、旅游等专业部门	补充完善现有应急通信系统

（二）全系统应急管理战略

全系统管理战略是指政府基于"一案三制"重大政策方针和全面应急管理战略建设的总体思路，科学规划应急监测预警系统、应急响应指挥系统、应急管理信息系统、应急动员保障系统等系统，通过各系统建设提升应急管理能力，控制突发事件的发展态势，减少突发事件造成的各种损失的一系列规划活动。全系统应急管理战略的主要内容包括下面五个部分。

其一，应急监测预警系统建设内容包括危险源识别子系统、应急监测分析子系统、应急预警预报子系统等子系统建设。

其二，应急响应系统建设内容包括应急响应标准、级别及流程和应急响应系统的硬件设施、应急响应系统制度规范等方面内容建设。

其三，应急指挥与处置系统建设内容包括指挥调度子系统、救援处置子系统、综合协调子系统、决策辅助子系统等方面内容建设。

其四，应急管理信息系统建设内容包括综合信息共享平台、信息报告制度、信息发布制度及相应规章，与大众媒体建立良好合作制度等方面内容建设。

其五，应急动员保障系统建设内容包括资源保障子系统、通信保障子系统、人力保障子系统、财力保障子系统、法律或预案保障系统等方面内容建设。

三、全方位应急管理战略

（一）全方位应急管理

全方位管理是指整合应急服务资源，对突发事件进行多层次立体化的管理，政府、企业、社区、学校、乡村应从多视角出发，科学规划突发事件应急管理能力建设的具体内容。全方位管理要求以规划为先导，加强应急项目和应急系统的建设，科学编制突发事件的应急预案，重点解决处置突发事件的基本程序和责任分工问题，统筹考虑关键项目的布局和建设问题，强化应急响应中的薄弱环节。应急项目和应急系统是全面应急管理的落脚点，重点是构建应急管理统一平台。科学编制和实施应急体系建设规划，加强应急管理队伍建设，合理优化配置现有应急资源。深化和完善应急预案体系建设，做好专项应急预案和综合应急预案的配合工作，不断加强应急预案的全面性、针对性、具体性和操作性。加快推进应急联动平台建设，提升突发事件应对处置的效率和水平。

（二）全方位应急管理战略

全方位管理战略是指基于全面应急管理战略的总体建设思路，科学规划政府应急管理、企业应急管理、社区应急管理、学校应急管理、乡村应急管理及其他方面管理的具体建设内容，实现多层次立体化应急管理，进而提升应急处置效率的一系列规划活动。全方位应急管理战略的主要内容包括以下两个方面。

其一，政府、企业、社会、学校和乡村应急管理建设内容包括政府、企业、社会、学校和乡村的应急管理体系、运行机制、法律法规、应急预案等方面内容建设。

其二，全方位考虑、科学规划应对突发事件的各项工作，包括加强应急项目和应急系统的建设，应急平台的建设，国家应急预案编制及完善等方面内容建设。

四、全面应急响应战略

（一）全面应急响应

突发事件的分类分级管理、多部门应急联动管理和国际间合作与协调管理是全面应急响应战略的主要内容。在突发事件分类分级管理中，要做到突发事件的分类分级与应急处置机构的分类分级相对应、相匹配，从而构建精准直接的应急响应模式和快速高效的应急指挥机制。在突发事件多部门应急联动管理中，要优化与合理配置现有应急服务资源，突破传统条块分割、各自为政的应急指挥机制，构建统一指挥应急平台，实现通信手段和信息资源的共享，统一管理，联合行动，综合应急，为社会群众提供快捷高效的紧急救援服务。近来，重特大突发事件造成的后果呈现出越来越多跨国、跨区域的现象，表明突发事件的应对需要加强国际合作与协调。在突发事件国际合作与协调管理中，需加强区域合作与全球合作，积极参与全球救援行动，开展突发事件风险管理交流活动，包括人员培训、应急案例研究、国际交流等，借助国际组织在突发事件应急管理领域的先进经验，以形成全面有效的管理模式。

（二）全面应急响应战略

全面应急响应战略是指政府科学规划全面应急响应的标准、级别及响应流程，综合协调应急服务资源，实施应急联动管理等全面应急响应策略的总体建设思路、具体建设内容及重点的一系列规划活动。全面应急响应战略的主要内容包括下面三个方面。

其一，全面应急响应的标准、级别及响应流程的建设内容包括全面应急响应的标准制定、级别设置、响应流程设计等。

其二，综合协调应急服务资源包括人力资源、财力资源、物力资源、信息资源等，以及这些资源的整合及统一调动。

其三，应急联动管理的建设内容包括应急联动组织体系设置、职能部门职能确定、协调机制建立、联动流程设置等。

五、全手段应急管理战略

(一)全手段应急管理

全手段管理是指突发事件应急管理需综合运用行政、法律、技术及经济等各种手段,多管齐下,进而提升突发事件应急管理的效率。在行政手段干预和法律法规的制约下,充分发挥经济杠杆在应急管理中的调节作用,通过经济政策的调控与引导,以及在高新技术的强力支撑下,促进突发事件应急管理实现良性循环发展。

(二)全手段应急管理战略

全手段管理战略是指政府科学规划、综合运用行政手段、法律手段、经济手段和技术手段等全手段管理策略的总体建设思路、具体建设内容及重点的一系列规划活动。全手段应急管理战略的主要内容包括以下四个方面。

其一,行政手段体系建设内容包括行政手段的规范与选择,行政手段的运用,行政手段运用效果的评估、反馈、修正等内容。

其二,法律手段体系建设内容包括法律支撑体系的确立,法律手段的选择,法律手段的运用,法律手段运用效果的评估、反馈、修正等内容。

其三,经济手段体系建设内容包括经济手段的选择,经济手段的运用,经济手段运用效果的评估、反馈、修正等内容。

其四,技术手段体系建设内容包括高端技术支撑体系的确立,技术手段的选择,技术手段的运用,技术手段运用效果评估、反馈、修正等内容。

六、全社会应急管理战略

(一)全社会应急管理

全社会管理是指动员和利用全社会的力量应对突发事件。全社会管理要求建立全员参与、群防群治机制,加大宣传力度,提高群众应急意识,充分依靠群众,实施全员应急培训,强化应急演练,动员和鼓励全社会力量积极有序地参与突发事件应对工作，提高社会应急能力。利用社会资源和智力，大力培养应急管理专业人才，建立应急管理专家库，组建专业应急救援队伍和志愿者群体、团队，尽快适应当前突发事件应急管理与服务的迫切需求。

（二）全社会应急管理战略

全社会管理战略是指政府科学规划，全社会管理动员、参与、人力保障及相关支撑政策制度设置等全社会管理策略的建设总体思路、建设重点及内容，提升应急响应效率的一系列规划活动。全社会应急管理战略的主要内容包括以下四个方面。

其一，全社会管理动员体系建设内容包括全社会管理动员体系结构的建立、职能部门职责确定、动员权限设定等内容。

其二，全社会管理社会参与机制建设内容包括参与机制建立、参与标准及程度确定、参与流程设立、参与效果的评估等内容。

其三，全社会管理人力保障体系建设内容包括人力资源的分类分级管理、人力保障体系的构建、人力保障体系的运行管理、人力保障体系的运用与评估等内容。

其四，支撑政策制度建设内容包括动员政策制度支撑体系建设、参与制度支撑体系建设、人力保障支撑体系建设等内容。

第四节　全面应急管理战略规划

俗话说，兵马未动，粮草先行；运筹帷幄之中，决胜千里之外。这些都是讲在实施任何一项战略或决策前，必须做好详细可行的规划或策划；否则，任何好的战略设想均无法有效实施或达到良好的目的。因此，做好应急管理战略规划对于战略实施与开展具有十分突出的意义。

一、全面应急管理战略规划的基本原则

（一）统筹规划，突出重点

充分利用现有基础，兼顾长远发展要求，统筹规划，统一标准，突出重点，分步实施。

（二）因地制宜，合理布局

根据不同地域特点、现有装备水平，确定相关建设标准，实行分类指导。

（三）整合资源，提高效益

优化现有战略规划体系资源配置，提高资源利用率和投资效益。

（四）先进适用，标准规范

为确保全面应急管理战略规划高效、可靠地运行，选用国内外成熟标准和技术时首要考虑其先进性和适用性。建立和完善应急管理标准化管理体系，落实管理标准的实施和监督考核，规范战略规划体系的建设与运行，以取得最大的经济效益、社会效益和减灾效益。

（五）政府主导，社会参与

在市场经济条件下，切实发挥政府的引导作用，推动政府部门履行公共服务职能，鼓励和动员全社会力量参与应急管理战略体系的建设，充分调动和发挥社会力量的积极性。构建政府主导、社会参与的管理格局，促进应急管理工作快速发展。

二、全面应急管理战略规划的总体构想

以党的十八大精神为指导，全面落实科学发展观，坚持以人为本、平战

结合、预防为主，以保障群众生命财产安全为出发点和落脚点，以完善和落实应急预案为基础，以"六全"应急管理战略——应急管理的全过程管理、全系统管理、全方位管理、全面应急响应、全手段管理、全社会管理为主线，以落实规划重点任务项目为重点抓手，以增强突发事件应急管理综合能力为目标，以科学技术为支撑，认清国情，从实际出发，健全应急管理体制机制，完善应急管理法律法规体系，加大应急教育宣传力度，调动社会参与的积极性，切实提高社会民众的安全意识，最大限度地减少突发事件造成的损失，逐步提升政府和公众应对处置突发事件的能力，确保国家和社会稳定，保障公众的人身和财产安全，促进社会经济平稳快速发展。

三、全面应急管理战略规划的建设重点

（一）全过程应急管理战略的建设重点

全过程管理战略的建设重点包括规划构建准确高效的应急预防体系、科学高效的应急预警体系、快速高效的应急决策响应体系、迅速高效的恢复体系，从而构建与完善全过程管理战略体系（如图4-4所示），提高应对突发事件的能力。

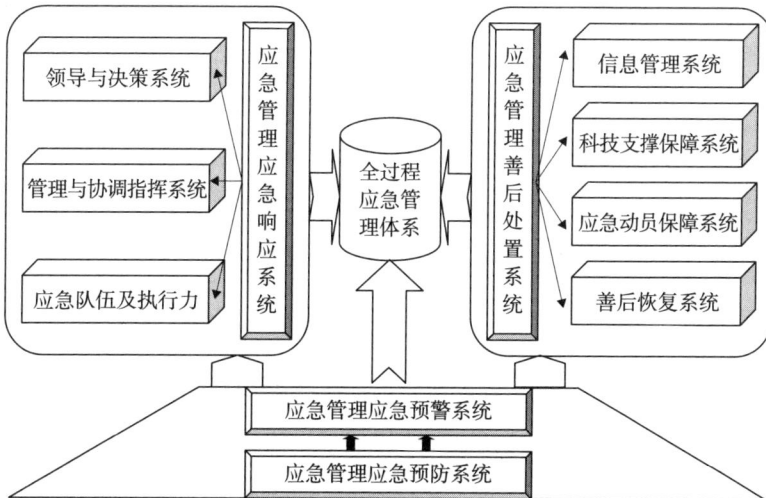

图4-4　全过程应急管理战略体系

1. 规划构建精准高效的应急预防体系

规划建立健全应急管理法律法规体系，科学编制各行业应急预案，建立完善的安全监测与防控体系，以先进预防技术为支撑，构建有效的风险评估系统，强化全民应急安全教育，提高民众应急意识，建立专业的应急管理人才队伍培养体系，组建应急管理专家库，逐步形成一套科学、高效、精准、行之有效的应急预防体系，大大提升全面应急预防能力。

2. 规划构建科学高效的应急预警体系

规划建立完善的基础信息数据库，建立精准的预警预报系统，构建高效的应急信息综合发布平台，建立健全应急资源保障体系，加强应急通信系统建设，提升应急信息传递能力，不断强化全面应急预警能力。

3. 规划构建快速高效的应急决策响应体系

建立完善的应急组织结构体系，合理分工，明确责任，相互配合；构建高效的应急决策支持系统，增强快速准确决策应急能力；建立健全科学合理的应急决策体系，包括领导与决策子系统，指挥与协调子系统以及执行力量与应急队伍管理子系统，进而形成一套衔接顺畅的包括应急决策、指挥协调和现场救援在内的完整应急响应体系。

4. 规划构建迅速高效的善后恢复处置体系

建立健全突发事件原因、处置过程及事后跟踪监测分析机制，总结应对处置经验与教训，修改与完善应急预案；建立由应急服务资源保障体系、信息传递体系、科技支撑体系等构成的善后综合处置体系，强化与公众媒体平台的沟通，加大事故灾区救援的宣传力度，号召国内外社会力量的援助；快速恢复社会秩序，推动灾区生产和生活恢复正常；开展心理救援活动，给予灾区群众心理抚慰；加强政府的政策倾斜与帮助，促进灾区快速恢复重建。

（二）全系统应急管理战略的建设重点

全系统管理战略的建设重点包括规划应急管理系统的设计目标、设计应急联动管理系统体系结构、规划应急管理系统层级结构以及应急管理系统组织结构。

1.规划应急管理系统的设计目标

应急管理系统的总体设计目标是以 TEM 模式进行应急管理，应对处理各类突发事件，最大限度地减少灾害人员伤亡和经济损失，保障社会和谐稳定，促进经济平稳快速健康发展，如图4-5所示。

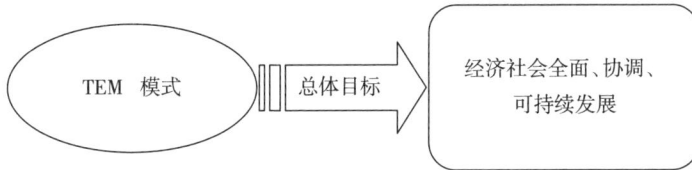

图4-5　全面应急管理模式下应急体系总体目标

基于总体目标，应急管理系统的具体目标是，通过应急平台的建设达到快速响应的目的，通过应急资源的整合达到联动应急的目的，如图4-6所示。

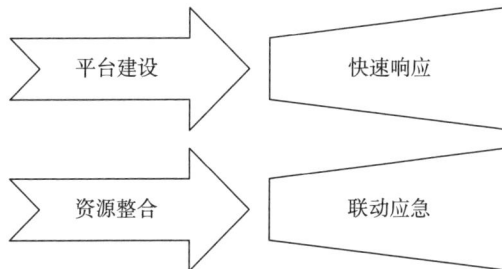

图4-6　全面应急管理模式下应急体系目标

2.设计应急联动管理系统体系结构

应急联动管理系统体系结构如图4-7所示。

应急联动管理系统是面向应急预警事件及其对应的应急联动部门而设计的。系统核心为操作数据存储 ODS（Operational Data Store）和企业应用集成 EAI（Enterprise Application Integration），即可操作数据系统和用户应用集成。目前我国的公共安全指挥系统主要围绕应急预案而展开，应急联动

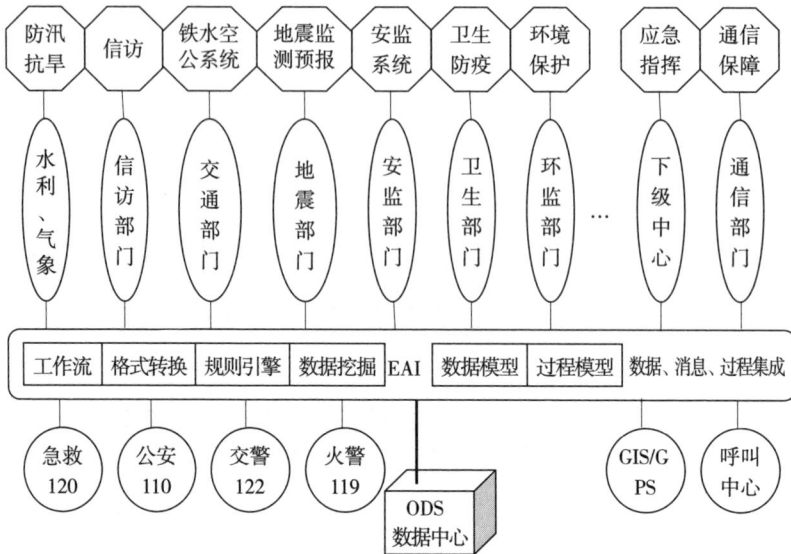

图 4-7　应急联动系统体系结构

管理系统提供优秀和成熟的以 ODS+EAI 为基础的 CAM（计算机辅助管理）体系结构，符合常规公共安全指挥系统和非常规管理的需求。

应急联动管理系统是基于对现有应急资源进行整合协调而建立起来的，该系统不仅可以实现实时响应、快速沟通、即时调度、及时救援的目标，同时能够保持原有系统的独立性，增强综合系统的灵活性，提高应急响应效率，降低突发事件风险，高度融合集成现有应急资源信息，使应急指挥综合平台真正地成为应急联动资源的网络连接中心、信息交互中心、数据备份中心、决策支持中心、命令传达中心、救援指挥中心和数据统一中心。

3. 规划应急管理系统层级结构

应急管理系统包括四个主要层次，依次为联动层、应用层、支持层和数据层。应急管理系统的层级结构详细内容如图 4-8 所示。

联动层提供各种人机界面接口，提供多渠道和系统平台应用层交互。

应用层集多种功能于一体，具有收集与发布信息、自动预警、应急指挥、为决策者提供资讯、为公众提供服务等功能。

支持层是系统平台的核心，为系统平台的各种应用提供物理保障。

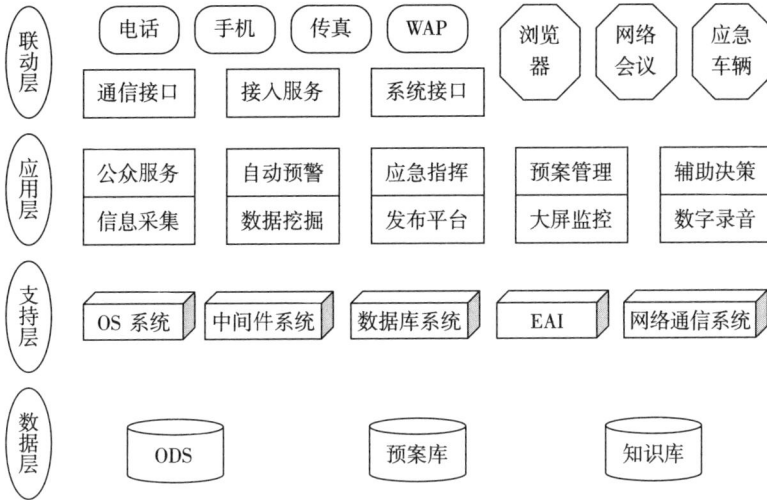

图 4-8　应急联动系统层级结构

数据层负责系统平台数据的安全存储。

4.规划应急管理系统组织结构

基于全面应急管理模式的应急管理系统的组织结构如图 4-9 所示。应急联动系统组织结构是指针对突发事件设立国家或区域应急指挥中心，应急指

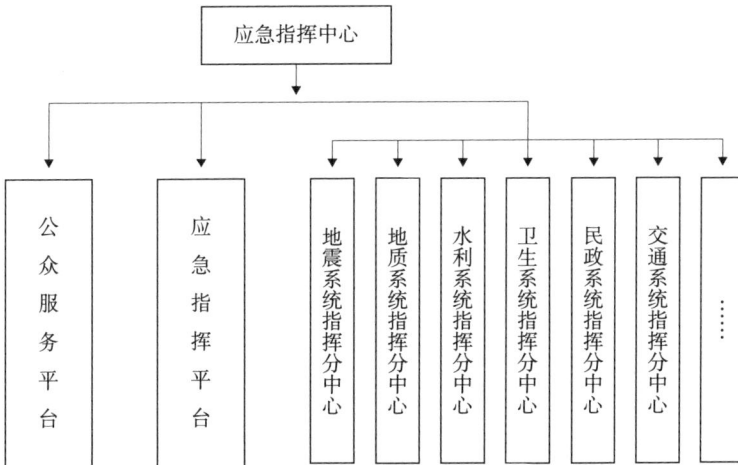

图 4-9　应急联动系统组织结构

挥中心下又设地震系统、地质系统、水利系统、卫生系统、民政系统、交通系统等指挥分中心。应急指挥中心下设两个重要的平台：公众服务平台和应急指挥平台。公众服务平台和应急指挥平台各自执行不同的功能和作用。

公众服务平台主要执行非紧急救助服务功能，通过整合后的 110 报警系统，负责接受公众在水、电、气、市政、城管、环境、医疗救助等具有公共服务性质的各种求助，通过指挥中心的信息分检系统，借助计算机网络系统，向相应的职能部门、行业管理部门、企业等下达服务指令信息，并通过建立"一事一档、三级（用户、行业管理部门、应急指挥中心）考核、百分之百回访"的管理和考核机制，监督服务质量。

应急指挥平台是为保障各种预案的实施而建立的包括监测预警系统、应急指挥调度系统、决策辅助系统在内的系统平台。监测预警系统收集各种公共事件状态的数据，或接受公众关于突发事件的报警，通过风险评估，判断风险状态，自动或人机结合判断应急处置的级别，并启动相应级别的应急预案；应急指挥调度系统是借助大屏幕显示系统、视频会议系统和计算机指挥系统把握突发事件现场状态，调度各种应急资源，对突发事件进行应急处理的计算机、通信与网络系统；决策辅助系统包括全球定位系统 GPS（Global Position System）、地理信息系统 GIS（Geographic Information System）、遥感 RS（Remote Sensity）、应急基础数据库等数据系统和专家系统，为指挥调度决策提供支撑。

（三）全方位应急管理战略的建设重点

1. 按应急管理责任主体划分的全方位应急管理体系建设

包括政府应急管理体系、企业应急管理体系、社区应急管理体系、学校应急管理体系、乡村应急管理体系等体系的建设，如图 4-10 所示。

2. 按应对灾害事件类别划分的全方位管理体系建设

规划建设分别应对自然灾害、事故灾难、公共卫生事件、社会安全事件等四类灾害事件的全方位管理体系，如见表 4-2 所示。各级政府要成立应急管理领导小组（含临时性的领导小组等），由包括地震部门、民政部门、公

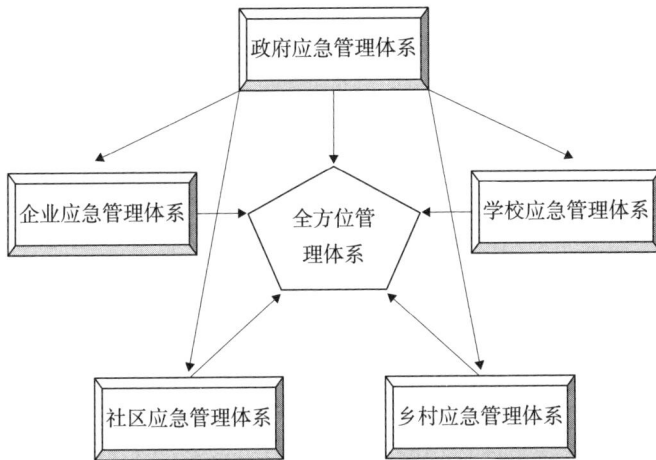

4-10　按应急管理责任主体划分的全方位管理体系结构

安部门、安监部门、交通部门、通信管理部门、水利部门、建设部门、环保部门、卫生部门、国土资源部门、气象部门、环保部门、铁路部门等职能部门在内的部门组成；各级政府要根据四类灾害事件，明确应急责任部门和应急协调管理部门，确定专职或兼职人员负责应急管理工作，形成一套应对四类灾害事件的全方位管理体系，随着应急管理体制的健全和实际情况的变化，突发事件的应急主管部门和协管部门将不断补充、调整和完善机构。

表 4-2　全方位应急管理组织体系

类别	突发事件	应急主管部门	应急协同部门
自然灾害	地震灾害	地震管理部门	防震减灾工作领导小组成员单位
	地质灾害	国土部门	交通部门、建设部门、水利部门、民政部门、卫生部门、气象部门等
	气象灾害	气象部门	气象部门、地震管理部门等
	水旱灾害	水利部门	政府防汛抗旱指挥部成员单位
	森林火灾	林业部门	政府防火指挥部成员单位
事故灾难	道路交通事故	公安部门	政府预防道路交通事故联席会议制度成员单位
	工矿商贸企业事故	安监部门	卫生部门、工信委等
	火灾事故	公安部门	安监部门等

类别	突发事件	应急主管部门	应急协同部门
公共卫生事件	传染性疾病	卫生部门	政府传染病防治工作协调小组成员单位
	重大动物疫情	农业部门	政府防治动物疫病指挥部成员单位
	食品药品安全	食品药品监督管理部门	贸易部门、卫生部门、农业部门、粮食部门、质监部门、工商部门等
社会安全事件	群体性事件	公安部门	信访部门等相关职能部门
	恐怖袭击	公安部门	政府反恐工作协调小组成员单位

（四）全面应急响应战略的建设重点

1.按应对灾害事件类别划分的全面应急响应体系建设

规划建设分别应对自然灾害、事故灾难、公共卫生事件、社会安全事件四类灾害事件的全面应急响应体系，如表4-3所示。各级政府要明确应对四类灾害事件的监测预报、防灾抗灾、救灾、援建工作的各个责任部门，并建立一套全面性的应急响应标准、级别及应急响应流程，确保对四类灾害事件的科学应急响应，提升应急响应效率。

表4-3 全面应急响应体系

项目	气象灾害	地质灾害	地震灾害	生产事故	社会安全	公共卫生事件
监测预报	气象部门	国土资源部门	地震部门	安全生产监督部门	公安部门	卫生部门
防灾抗灾	各级政府、有关职能部门					
救灾	各级政府、民政部门、公安、武警、部队					
援建	各级政府					

2.基于应急响应流程的全面应急响应体系建设

规划建设全面应急响应的标准、级别及响应程序；规划整合综合应急服务资源，规划应急联动组织体系设计、职能部门职能确定、协调机制建立等，形成一套全面应急响应体系，提升应急响应效率。

（五）全手段应急管理战略的建设重点

1.规划建设行政手段

建设内容包括建立灾害警报发布机构，建立发布灾害警报的制度，运用公共关系手段调节社会传闻，有效引导新闻媒体等。

2.规划建设法律手段

建设内容包括完善《防震减灾法》《防洪法》《矿山安全法》，制定各级应急预案等。

3.规划建设经济手段

建设内容包括拓宽资金来源渠道、保障应急资源等。

4.规划建设技术手段

建设内容包括通信系统、计算机网络、视频会议、移动应急平台等。全面应急的全手段管理体系如图4-11所示。

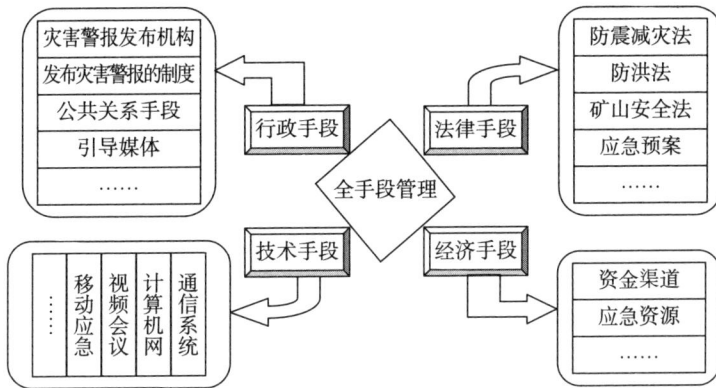

图4-11 全手段应急管理体系

（六）全社会应急管理战略的建设重点

1.规划建设全面应急管理的人员构成体系

全社会应急管理的人员体系建设主要包括三方面：专业应急救援队伍、应急管理专家队伍、应急志愿者团体，如图4-12所示。

2.规划建设全社会应急管理的社会动员与参与体系

建设内容包括全社会管理动员体系、组织体系、动员流程；参与机制建

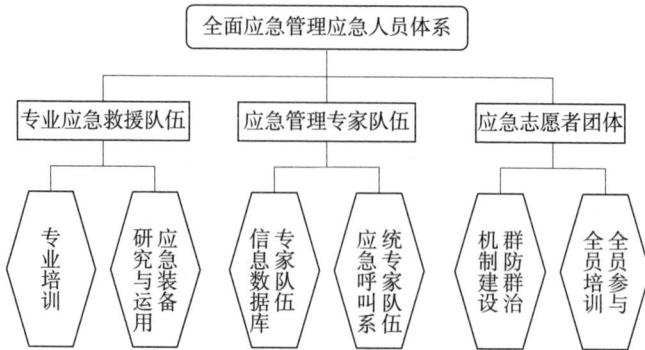

图 4-12　全社会应急管理的人员体系

立、参与标准及程度确定、参与流程等。全社会管理动员体系流程见图 4-13 所示。

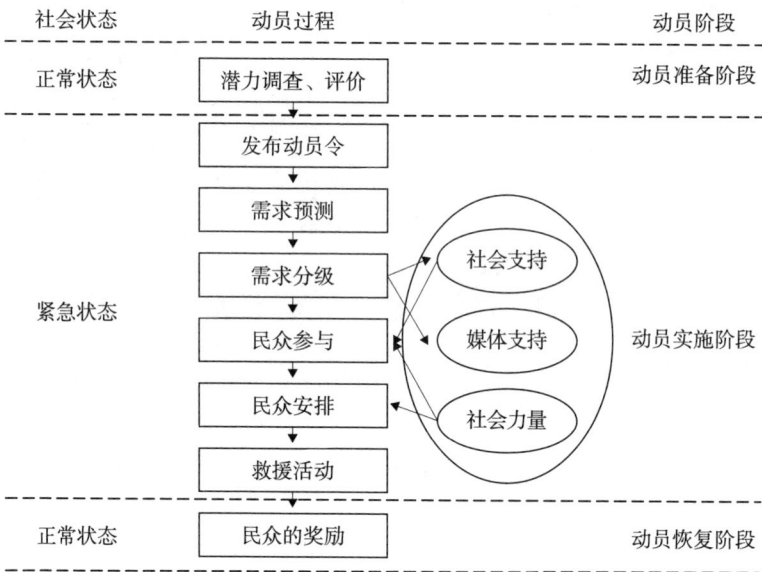

图 4-13　社会动员过程示意图

3.规划建设全社会应急管理支撑政策体系

建设内容包括动员政策制度支撑体系建设、参与制度支撑体系建设、人力保障支撑体系建设等。

第五节　全面应急管理战略实施内容

一、战略实施的保障体系建设

（一）组织保障体系建设

各级政府要按照全面应急管理战略的总体思路、发展目标及建设重点，建立统一、高效的组织领导机构，在机构设置、人员编制、设施建设上提供支持，加强全面应急管理战略建设重点任务的统一领导及有效管理，确保建设重点任务按期推进和全面应急管理战略规划目标的实现。各级政府应急管理领导机构应督促、检查、指导属地专业职能部门以及企事业单位的应急管理机构和体系建设，明确其应急主管、执行和联动支援等相关部门的具体职责、任务和工作流程，逐步稳健地推动全面应急管理战略建设任务的进行，确保战略规划目标顺利如期完成。

（二）政策保障体系建设

各级政府要在国家"一案三制"的总体思路指导下，进一步完善相关应急管理法律、行政法规、应急预案及起草出台应急管理相关政策，为全面应急管理战略规划目标的实现和战略建设重点任务的如期完成提供政策保障。

加强对应急预案的动态管理，强化应急培训和演练，及时发现预案漏洞与不足，不断总结经验和教训，修订与完善应急预案，逐步形成覆盖各省（区、市）、各地区、各企事业单位的完善的应急预案体系。

建立健全应急管理相关法律法规，做到突发事件应对处置时有法可依、有章可循，加大制度落实和监督力度，对应急管理机构的组织设置、责任义务及运行程序等做出明确规定，对各级政府应急体系建设的规划做出明确要求，加大应急知识的全民宣传力度，培养公众公共安全、风险防范、应急处置的意识，提高全民突发事件自救和互救能力，确保全面应急管理战略目标与建设任务能顺利完成。

（三）资金力量保障

充足的资金是完善应急管理机制的重要支撑点，各级政府要处理好投入与发展的关系，要加大公共财政对应急公共管理的投入，全力支持全面应急管理战略规划的建设。依据现有事权与财权划分的原则，根据应急管理体系建设的项目和任务，科学制定应急管理资金预算制度，落实应急管理预算，运用财政税收优惠政策增强应对突发事件的能力，确保战略规划建设所需配套条件和设施能及时到位。

积极探索融资的渠道，充分发挥金融、保险等行业强大的资金筹措能力，探索建立多主体、多层次、多渠道的灾害保险制度，与政府形成有效的风险共担、收益共享的共同体。同时建立健全全民应急捐赠的管理制度，完善慈善捐赠机制，引导群众正确认识慈善事业，营造和谐的慈善捐赠环境，鼓励有能力的社会成员积极参与应急捐赠，以减轻国家财政压力，逐步形成多渠道、多主体的应急资金筹措方式。

二、战略实施的过程管理

（一）监督管理

任何战略、规划或计划在实施过程中都会遇到预料之外的问题，因此需要对实施过程进行监督管理。监督和控制管理是各级政府进行应急管理不可或缺的重要环节，管理者需要依据制定的标准对实施过程中出现的偏差进行衡量比较，若超出规定偏差范围应进行调整和纠正，确保战略规划顺利按时完成。各级政府需将战略建设监督管理工作纳入日常行政管理中，制定详细的监督管理方案和实施计划，指定专人负责，定期督查战略建设进展情况及任务完成情况，及时发现存在的问题，并采取有效措施加以解决，确保全面应急管理战略目标的实现。

（二）控制管理

战略规划在建设过程中出现问题是不可避免的，各级政府通过监督管理及时发现问题后，针对实施过程中出现的偏差错误需采取现代管理方法进行干预和控制，及时将偏差错误扼杀于萌芽状态。若通过实际值与标准值的衡量比较，发现偏差程度较大，应作认真调查分析，必要时可考虑调整战略；若综合分析结果表明只是战略运行过程中出现的细节问题，而不是战略本身问题时，可邀请政府高层与该领域专家进行联合诊断，确定具体调整方案。为更好地控制战略规划建设的实施过程，一要加强战略规划建设的预算管理，依据战略目标提前制定好预算计划，使各个工作环节衔接顺畅，减少战略执行过程出现问题的概率；二是各级政府要实行目标管理，各部门依据总体战略目标的要求，将部门工作目标分解为若干个子目标，规定完成期限，并对各业务部门成果进行公开评价，确保战略目标和建设重点按时按期保质完成。

（三）协调管理

各级政府要建立常态化的应急综合协调机构，形成部门间、地区间的定期会商制度，统筹条块之间、全面应急管理体系规划、总体预案与各专项规划之间的相互关系，确保全面应急管理战略规划的重点建设任务稳步推进，按期完成战略规划项目建设，以期实现应急管理快速响应，应急联动。

三、战略实施的效果评估及修正管理

（一）加强效果评估管理

各级政府要建立全面应急管理战略规划实施的专家指导和评估机制，把全面应急管理战略规划实施效果评价纳入各级政府工作绩效的考核体系，将规划实施效果与应急预案的落实有效衔接起来，适时跟踪规划实施情况，加强即时效果评估、阶段性效果评估，及时了解规划实施的最新情况及规划建设重点任务推进的最新动态。

（二）强化修正管理

各级政府要建立全面应急管理战略规划，实施修正管理机制，加强对规划实施修正管理工作。要开展即时效果评估、阶段性效果评估，及时了解规划实施的最新情况，规划建设重点任务推进的最新动态以及规划实施进度与原计划目标的偏差、规划实施存在的问题。在全面了解国内外综合环境以及战略管理过程的基础上，经过综合分析，找出偏差原因，提出改进、修正措施，确保全面应急管理战略目标和建设任务顺利保质完成。

第五章　全面应急管理核心能力战略

第一节　全面应急管理核心能力战略概述

一、全面应急管理核心能力体系

我国应急管理核心能力体系是"一案三制","一案"指突发事件应急管理预案,"三制"分别是指应急管理体制、应急管理运行机制、应急管理法制。在应急管理过程中,预案用于指引方向,体制用于明确权责,机制用于运转整个应急管理工作,法制用于确保规范,构成了"四位一体"的核心体系。应急管理的核心能力取决于"一案三制"。具体来说,应急管理预案体系建设的目的在于通过制定预案来规避应急管理过程中可能存在的不合理因素,更加科学地规范应急管理工作,从而提高应急管理能力;我国实行"依法治国",任何工作的开展都必须有法可依,应急管理法制建设为应急管理工作的落实提供了法律上的保障;应急管理体制的核心是权责关系,科学地明确权责关系并加以执行,能够将应急管理工作中的很多干扰因素排除,从而提高工作效率;应急管理机制中各个组成部分必须协调运作,以免发生内外部冲突。

舆情监控和技术保障是应急管理核心能力体系的有机组成部分,为促进我国应急管理能力的全面提升起到了不可替代的作用。应急管理舆情应导向正确、信息畅通。政府应将信息公开透明政策贯彻落实于应急管理工作中,应急管理部门应积极准确地将所获知的突发事件性质、救援现状等真实信息第一时间通过官方媒体向公众发布，确保公众的知情权，避免公众在不了解实情之时信谣传谣，产生不安和恐慌情绪，引发骚乱，产生恶劣的社会影响，增加突发事件应急救援工作的难度和效度等。

应急装备与技术也在应急管理核心能力体系中发挥着重要的支撑作用。例如，在专业医疗救援队设备配置方面，不仅需要根据国际救援队的救援设备标准进行配置，还需要结合灾区实际的受灾和救援情况对资源进行合理的分配和利用，配置时需要充分考虑设备与现场面积的匹配度。救援设备既要满足于大型空旷场所的救援，也要适用于空间狭小的区域。举例来说，野战医疗方舱适用于地震；大型挖掘机、生命探测仪、搜救犬等装备在生命搜救行动中发挥了不可替代的作用；通过海事卫星系统，可以实现现场救援实况直播，及时将救灾现场的第一手资料和视频信息输送到决策部门；综合应急信息平台通过应急网络为远程实施救灾指挥调度提供了信息设施基础。

二、全面应急管理核心能力的形成机制

为了形成以"一案三制"为核心的应急管理体系的核心能力，需要对应急管理全过程进行动态控制，并设计相应的应急管理工作机制。因此，突发事件应急管理工作机制的有效运行是构建应急管理核心能力的基础。根据突发事件的发生、演变过程，其生命周期大致概括为征兆期、爆发期、持续期、愈合期。与之对应的应急管理过程是预备阶段、响应阶段、善后阶段、解决阶段，应急管理工作机制的重点则依次对应为预警机制、决策机制、补救机制、评估机制。此外，应急管理工作机制的正常运行除了上面提到的四项主要机制外，还包括三项必要的辅助机制，分别是保障整合机制、信息披露机制和社会参与机制。三项辅助机制用来协调配合四项主要机制的运作，它们共同形成了应急管理全过程机制，为应急管理工作服务。因此，应急管理全过程机制是在基于突发事件预备阶段、响应阶段、善后阶段、解决阶段为循环过程的基础上，建立起来的以预警机制、决策机制、补救机制和评估机制为主要内容，以保障整合机制、信息披露机制和社会参与机制为辅助支

撑点，两部分相互支撑，相互依存，适用于各种突发事件应急管理的普遍方法，如图5-1所示。

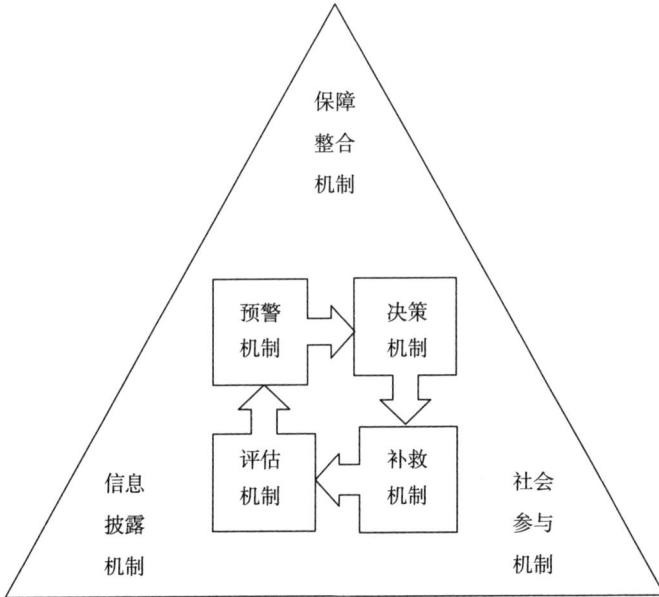

图5-1　应急管理核心能力的形成机制

应急管理核心能力形成机制中的四项主要机制与三项辅助机制的共同作用密不可分，具体分析如下：

（一）预警机制

完善的保障整合机制是应急管理预警机制的重要依据，主要包括应急管理过程中的信息、资金和技术的保障，以及确保信息的完整性、资金的充裕性和技术的可行性。信息披露机制是应急管理预警机制的重要保证，应急管理部门要迅速及时地通过官方媒体来发布信息，确保信息的准确性和及时性，稳定公众情绪。社会参与机制是应急管理预警机制的重要支撑，要构建以政府管理为主体、以社会公众参与为辅助手段的社会参与机制，形成突发事件预警网络，调动全员参与的积极性。

（二）决策机制

应急管理决策机制的制定与保障整合机制密切相关。完善的保障整合机制在为应急管理提供专业决策的同时，可确保信息的准确性和及时性。信息披露机制则在应急管理中起着传递决策信息的作用，决策监控系统在信息披露系统中对决策过程进行适当监管控制，同时确保信息的真实性和合法性。应急管理决策的实施需要社会参与机制，政府通过社会动员令来组织公众的隐蔽和隔离。

（三）补救机制

保障整合机制是应急管理补救的前提条件，突发事件难免造成人员伤亡和物资损害，这就需要保障整合机制做好全面的医疗救援准备和物资保障，以便及时迅速地对突发事件造成的破坏进行补救。信息披露机制在应急管理补救中起着推动作用，通过采取合理有效的沟通方式，共享事件过程中的可靠信息，实现信息对称，进而更加准确地界定事故的一切参与人，如受害者、反应者和旁观者，从而便于对症下药。应急管理补救的效果需要社会参与机制，突发事件常常会引发公众的担忧和紧张，这种事故后的创伤情绪往往会持续相当长的一段时间，让人觉得后怕，政府、非政府组织、基层志愿者、非营利机构和慈善机构等都应该重视这个状态带来的影响，应及时通过媒体宣传、志愿活动、心理咨询等方式来缓解公众的担忧情绪，确保公众的身心健康。

（四）评估机制

应急管理预警中需要对突发灾害的风险进行评估。保障整合机制是应急管理评估的基础条件，应急管理工作的检验评估离不开专业技术人员、专业技术设备和专项资金的支持，而这些都是保障整合机制所涉及的。信息披露机制是应急管理评估过程中不可或缺的条件，评估检验过程需要通过不断更新的信息间的相互交流来进行动态的评估和检验，以便查漏补缺，适用于突发事件的动态发展。应急管理评估检验工作的顺利有效进行也离不开社会公众的共同参与，公众客观公正地对应急管理工作提出意见和建议，才能不断改进和完善评价检验机制，因而社会参与机制也是应急管理评估过程中不可缺少的部分。

三、全面应急管理核心能力战略的概念界定与内涵

应急管理核心能力是指政府在突发事件应急处置中为了能够在较短时间内最大化减少由突发事件所造成的人员伤亡和财产损失，使所造成的负面影响降到最低，保证社会生活正常运行，通过"一案三制"的全面运用来建设的应急能力。应急管理核心能力战略则是为建设应急管理核心能力而制定的战略规划。

全面应急管理核心能力战略是指基于全面应急管理理论，政府为了科学应对新形势下复杂多变的国内外突发事件的需要，科学规划应急管理核心能力建设的总体发展方向、长期目标、发展重点及优化应急管理资源配置，并在其指导下，规划确定的基于全过程管理的应急管理核心能力战略、基于全系统管理的应急管理核心能力战略、基于全方位管理的应急管理核心能力战略、基于全面应急响应的应急管理核心能力战略、基于全手段管理的应急管理核心能力战略、基于全社会管理的应急管理核心能力战略的一系列战略管理活动。

第二节　全面应急管理核心能力战略体系

一、全面应急管理核心能力战略体系的构成要素

通过对全面应急管理核心能力战略的分析，可知基于"六全"管理的应急管理核心能力战略包含基于全过程管理的应急管理核心能力战略、基于全系统管理的应急管理核心能力战略、基于全方位管理的应急管理核心能力战

略、基于全面应急响应的应急管理核心能力战略、基于全手段管理的应急管理核心能力战略、基于全社会管理的应急管理核心能力战略，如图5-2所示。基于"六全"管理的应急管理核心能力战略的六个要素相互联系共同作用，构成了基于"六全"管理的应急管理核心能力战略体系这一有机整体，每个要素都是基于"六全"管理的应急管理核心能力战略体系不可分割的一个组成部分，而且相互之间存在紧密的内在联系。实施基于"六全"管理的应急管理核心能力战略的战略意图、发展目标，能够以全面应急管理核心能力建设带动突发事件应急管理能力的整体提升，科学应对新形势下复杂多变的国内外突发事件，预防或减少突发事件造成的各种损失。

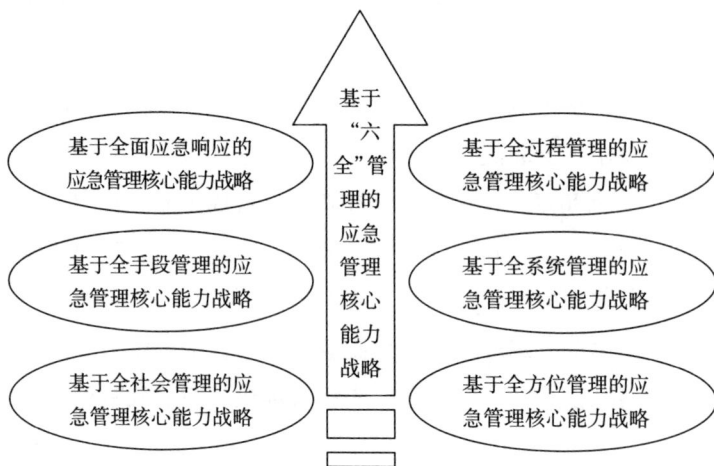

图 5-2　基于"六全"管理的应急管理核心能力战略的要素构成

二、基于"六全"管理的应急管理核心能力战略

（一）基于全过程管理的应急管理核心能力战略的内涵与建设内容

基于全过程管理的应急管理核心能力战略是指政府基于全过程应急管理理论，科学规划应急预防能力、应急预警能力、应急决策与处置能力、事后恢复处置能力等全过程的应急管理能力建设的总体思路、建设重点及内容，在此基础上通过科学分析研判和科学规划，通过应急预警、决策与处置能力

的建设来增强整体应急管理能力水平，减少因突发事件的发生而造成各种损失的一系列规划活动。基于全过程管理的应急管理核心能力战略的建设内容主要包括应急通告与警报能力建设、应急专业救援队伍及救援能力建设、应急决策能力建设、应急处置能力建设、应急救援能力建设、应急协调能力建设等。

（二）基于全系统管理的应急管理核心能力战略的内涵与建设内容

基于全系统管理的应急管理核心能力战略是指政府基于全系统应急管理理论，科学规划应急预警系统、应急响应系统、应急指挥与处置系统、应急管理信息系统、应急动员保障系统等全系统应急管理能力建设的总体思路、建设重点及内容，将应急指挥与处置系统作为应急能力建设的战略重点，通过建设应急系统来提升整体应急管理能力，减少突发事件造成的各种损失的一系列规划活动。基于全系统管理的应急管理核心能力战略建设内容包括应急响应系统硬件设施建设、应急响应系统软件设施建设、应急响应指挥调度系统能力建设、救援处置系统能力建设、综合协调系统能力建设、决策辅助系统能力建设等。

（三）基于全方位管理的应急管理核心能力战略的内涵与建设内容

基于全方位管理的应急管理核心能力战略是指政府科学规划政府应急管理能力、企业应急管理能力、社区应急管理能力、学校应急管理能力、乡村应急管理能力等全方位应急管理能力建设的总体思路、建设重点及内容，将政府应急管理能力作为全方位应急管理的建设重点，通过增强政府应急管理能力来提升整体应急管理能力的一系列规划活动。其中，政府应急管理核心能力提升的关键在于抓好政府应急管理预警能力、政府应急响应能力、政府应急决策与处置能力、政府善后处置能力等四个方面的建设。

（四）基于全面应急响应的应急管理核心能力战略内涵与建设内容

基于全面应急响应的应急管理核心能力战略是指政府科学规划应急响应

的标准、级别与设计能力，将应急联动管理作为全面应急响应的建设重点，科学规划全面应急响应管理能力建设的总体思路、建设重点及内容，通过增强应急联动管理能力来提升应急响应效率的一系列规划活动。其中，应急联动管理的建设内容包括应急联动组织体系优化设计、应急联动协调机制设计、应急联动流程设计等。

（五）基于全手段管理的应急管理核心能力战略内涵与建设内容

基于全手段管理的应急管理核心能力战略是指政府科学规划和综合应用行政、法律、经济和技术等手段，提升应急管理能力的一系列规划活动。其中，行政手段的选择、运用以及效果评估是基于全手段管理的应急管理核心能力建设的基础。

（六）基于全社会管理的应急管理核心能力战略内涵与建设内容

基于全社会管理的应急管理核心能力战略是指政府为提高社会公众参与度，科学制定人力资源保障政策制度、动员体系建设制度、社会参与机制，实现全社会应急协同合作管理，从而提升应急响应效率的一系列规划活动。

第三节　全面应急管理核心能力战略规划

一、基于"六全"管理的应急管理核心能力战略规划的基本原则

（一）整合资源、突出重点

充分利用现有资源进行有效整合，挖掘潜力，提高效率，实现各地区各部门各项资源在包括信息、队伍、装备、物资等方面的有机整合，提高整体应急反应能力，重点加强应急管理核心能力战略规划中薄弱环节的建设，将应急管理中的时效问题作为优先解决的重点问题，提高应急管理快速响应的

能力。

（二）协调统一、科学可行

建设规划要真正做到三个衔接，即与国家总体应急预案相衔接，与国家规划建设任务相衔接，与各省"十二五"规划中的建设项目相衔接。要在集成应急管理现有项目基础上，整合一批规划建设项目，争取建设一批国家支持项目，使项目建设切实可行，为应急管理核心能力战略规划顺利实施，提升整体应急管理核心能力提供项目基础保障。

（三）分级负责、分步实施

按事权合理性划分各级政府和相关部门的应急管理建设职能和任务，各司其职，各负其责。根据现实需要和实际能力确定建设的相关项目，分级分步组织实施，有针对性、有计划性地开展各项示范项目的建设工作。

（四）政府主导、社会参与

要发挥政府和相关应急管理部门在应急管理核心能力战略规划建设中的主导作用，在政策导向、人力、物力、财力上对应急管理核心能力战略规划建设方面进行倾斜；要充分发挥政府政策导向作用，在引入市场机制的同时，充分调动人民群众在突发事件应急管理核心能力战略规划建设中的积极性。

二、基于"六全"管理的应急管理核心能力战略规划的总体构想

基于"六全"管理的应急管理核心能力战略必须以党和国家应急管理战略思想为指针，坚持以保障民众生命财产为根本，以落实规划重点任务项目为抓手，以增强应急管理的综合能力为出发点，通过体制的建立，机制的健全，法制的完善以及强调依靠科技的观点，强化社会参与，最大限度降低突

发事件对人民生命财产造成的损害，全面提升应对突发事件的应急反应能力和处置能力，促进国家经济社会可持续发展。其具体内容包括基于全过程管理的应急管理核心能力战略、基于全系统管理的应急管理核心能力战略、基于全方位管理的应急管理核心能力战略、基于全面应急响应的应急管理核心能力战略、基于全手段管理的应急管理核心能力战略、基于全社会管理的应急管理核心能力战略。

三、基于"六全"管理的应急管理核心能力战略规划的建设重点

（一）基于全过程管理的应急管理核心能力战略的建设重点

1. 规划构建科学高效的应急预警能力系统

运用高端预警监控分析技术，以应急预警监控、分析和信息披露为基础，综合运用安全预警与态势感知体系，进行信息采集与分析模拟，从而构建应急预警能力系统。构建完善的安全监测与控制体系、预警分析体系，提升应急预警监测与分析能力；依据突发事件可能造成的危害程度、紧急程度和发展势态，明确预警级别及建设相应的预警能力判断体系；构建全方位的综合预警信息平台体系，对事故信息进行有效的收集、分析、报告以及信息披露。通过加强应急预警监控和分析，构建预警判断能力体系，在发生危机时有条不紊地进行信息收集、分析、报告以及信息披露工作，并不断对应急预警体系进行强化，进而提升整体应急预警能力。

2. 规划构建快速高效的应急决策处置能力系统

重视应急管理人才培养，依托应急管理人才的决策辅助作用，构建快速应急响应能力的组织体系，形成科学高效的决策层、指挥监督层和执行响应层，提升整体应急决策处置能力；加强支撑实施快速应急决策处置能力的法规与制度建设，为提升应急决策响应能力提供制度保障；明确职能部门责任，加强职能部门间的协同合作，增强决策处置综合协调能力；构建综合性的应急决策信息传送、交流、报告和发布平台，增强应急决策信息传输的效

率和质量，确保各职能部门第一时间掌握最新的应急决策信息，并第一时间做出相应的处置，从而实现应急决策处置能力高效化。

（二）基于全系统管理的应急管理核心能力战略的建设重点

1. 规划建设应急响应系统

科学确定应急响应标准与级别，并设计应急响应流程，加强应急响应系统硬件、软件设施项目建设，形成一套以硬件、软件设施项目为基础，以高端应急响应技术为支撑，以科学的应急响应标准、级别、流程为核心的高效的应急响应系统，增强应急响应能力。

2. 规划建设应急指挥与处置系统

规划建设应急指挥与处置组织体系及其运行机制，明确各职能部门的责任、权限；基于此组织体系，构建科学的指挥调度子系统、救援处置子系统、综合协调子系统及相应的运行机制，形成科学的应急指挥与处置系统。

（三）基于全方位管理的应急管理核心能力战略的建设重点

规划建设政府应急管理能力体系。规划构建由中央、省（区、市）部、地（州、市）、县（市、区）、乡（镇）五层级构成的政府应急管理体系，以此构成政府应急管理能力体系的硬件载体，各层级之间按权限设置实现互联互通、信息共享，形成上下对接、纵横贯通、协调统一、先进高效的信息共享机制，对突发事件进行有效的信息收集、分析，通过综合研判、协调决策、处置落实和总结经验提高综合应急管理能力。

（四）基于全面应急响应的应急管理核心能力战略的建设重点

规划应急联动管理体系的建设。应急联动管理体系的构建是应急联动管理能力体系的组织支撑；应急联动协调机制的构建，是全面应急联动管理正常运行的机制保障；应急联动流程的科学设计，是实现高效化全面应急联动管理的途径。

（五）基于全手段管理的应急管理核心能力战略的建设重点

1.行政手段

规划建设由科学高效的行政手段体系为载体的应急管理行政系统，并通过行政手段的科学选择、正确运用、效果评估等程序化活动来实现行政系统的运行。

2.技术手段

规划建设由高端技术手段体系为载体的应急管理技术体系，并通过技术手段的科学选择、正确运用、效果评估等一系列活动来实现将先进技术应用于应急管理。

（六）基于全社会管理的应急管理核心能力战略的建设重点

规划建设全社会管理动员能力体系。全社会动员组织体系的规划构建，是全社会管理动员能力体系的组织支撑；全社会动员流程的科学设计，是实现高效的全社会管理动员能力功能的途径；由全社会动员人员构成的应急动员体系的规划构建，是全社会应急管理能力的重要力量。

第四节　全面应急管理核心能力战略实施保障

一、加强对应急管理核心能力战略实施的组织领导，建立综合协调机制

要加强对应急管理核心能力战略实施工作的组织领导，将应急管理核心能力战略实施纳入全面应急管理发展与规划中；要加强统一领导，明确分工与责任，落实分级工作制度，以地方工作为主，建设应急管理核心能力战略实施机制，确保规划实施；要建立健全从省(区、市)、地(州、市)、县(市、区)、乡(镇)政府到有关部门的应急管理核心能力战略，使各项工作得到全面均衡展开；按照责权一致的原则，实行工作任务责任制，对工作任务要

明确到位，并落实到每一个规划工作的责任主体，明确直接负责人和间接负责人的责任，把应急管理核心能力战略实施的监管列入政府重大事项督查之列，对落实应急管理核心能力战略实施监管情况进行综合评价。

二、加快应急管理核心能力战略实施相关法律法规的建立健全

要进一步建立健全有关加强应急管理核心能力战略实施的法律法规体系，制定与《突发事件应对法》相配套的地方法规和规章，使应急管理核心能力战略的实施更趋法制化、规范化、科学化；要加大行政监督力度，以法促管，以法促治。推进应急管理法制建设，完善法律法规体系，为应急管理核心能力战略的实施提供法律保障；要加强对各级政府编制应急管理核心能力战略实施建设规划的指导，明确对各个应急机构的要求，从而使应急管理核心能力战略实施的规划落到实处。

三、建立应急管理核心能力战略实施的经费投入机制

各级政府要在自身职权范围内，将行事权与财政权划分开；应急管理核心能力战略实施的经费要实现分级分摊，在战略任务的划分上也要落实到各级政府，实现责任落实到位。各级政府要按照事权、财权划分原则，分级负担应急管理核心能力战略实施的重点建设任务和经费。中央、省级政府要将应急管理核心能力战略实施的经费纳入本级财政年度预算，逐年安排，建立应急管理核心能力战略实施专项基金。同时需要全面调动社会各阶层的积极性，拓宽投资渠道，丰富投资方式，鼓励和提倡社会救助，提供国家层面和国际社会的援助。

四、加强对应急管理核心能力战略实施的宣传力度

综合应用多种宣传手段，加大宣传力度，提高全社会对应急管理核心

能力战略实施的重视程度，加大社会舆论和监督力度，动员全社会广泛参与，努力营造人人关心重视应急管理核心能力战略实施工作的良好社会氛围。

五、建立健全规划监督评估机制

建立健全应急管理核心能力战略实施的监督评估机制，从而能够对工作规划进行实时跟踪，对规划进度以及具体项目的落实情况进行评价，根据评价结果提出针对性意见，根据工作进度的反馈信息，进一步完善工作激励机制，提高工作积极性，确保规划科学有序的推进。

第六章　应急管理国际协同合作战略

第一节　应急管理国际协同合作战略的动因分析

一、应急管理国际协同合作的战略理论

随着经济与社会的发展，世界各国所采用的突发事件应急管理战略正朝着从浅到深、从简单到复杂、从谢绝国际支援和被动援助的国内协同合作向接受国际支援和主动援助的国际协同合作的方向不断发展。本节通过总结现有应急管理国际合作战略的相关理论，为我国应急管理国际协同合作战略提供理论支撑。

（一）协同和协同合作概念的提出

"协同"这一概念最早出现在德国物理学家哈肯（Hermann Haken）关于激光理论的研究著作中，阐明了系统从无序到有序的演化规律。协同学研究系统在外部参量的驱动下和在子系统之间的相互作用下，以自组织的方式在宏观尺度上形成空间、时间或功能有序结构的条件、特点及其演化规律[①]。因此，协同被认为是一个可以导致合作行为、协调运转或和谐环境的过程，或者是一种目标一致的在协调方式下共同行动的状态。"协同"的经济学含义是战略学家伊戈尔·安索夫（H.Igor Ansoff）赋予的。他认为协同是指企

---

① 《协同学》，1973 年，国际会议论文集。

业通过识别自身能力与机遇的匹配关系来成功拓展新的事业，即为什么企业整体的价值有可能大于各部分价值的总和①。这一概念比较强调协同在经济学领域中的含义，并首次应用到企业。一直以来，协同是大型公司制定多元化发展战略、进行策划并购重组行动、建立跨国联盟或合资企业时所依据的最重要的基本原则。

日本战略专家伊丹敬之将协同简单而形象地定义为"搭便车"，并认为协同概念包括"互补效应"和"协同效应"。互补效应是通过对资源的充分使用来实现的，主要是指实体资源，也可以包括金融资产。协同效应指当公司某部分积累的资源可以被同时且无成本地应用于公司的其他部分所带来的收益。②

罗伯特·巴泽尔（Robert D.Buzzell）和布拉德利·盖尔（Bradley T.Gale）则是从企业群整合的角度来定义协同概念，他们认为协同是各相对独立组成部分的业务表现进行简单汇总而形成企业群整体的业务表现③。具体可表现为各个企业分担某种业务的成本，规模效益将使每个企业的成本都低于其单独运作时所要承担的成本，这种降低成本的效益可提高企业的盈利能力，从而有利于提升其竞争地位。总之，协同是管理及利用公司资源的一种方式，这种方式使公司原本具有不同功能的独立部分共同利用公司的有形和无形资源创造出的效益大于各独立部分单独创造的效益简单加总，进而提升公司整体的竞争力。

总的来说，协同就是指相对独立的两个或者两个以上的拥有不同技术、资源、信息并能够互为所用的集团或个体，协调一致共同完成目标并使利益达到最大化的过程，其中合作是实现协同效益的最好方式。

合作是指两个或两个以上的集团或个体，为共同的或各自的目标而采取

---

① 伊戈尔·安索夫著，邵冲译. 战略管理 [M]. 北京：机械工业出版社，2010.

② Hiroyuki Itami, Thomas W. Rochl. Mobilizing Invisible Assets. Masschusetts: Harvard University Press, 1991.

③ 罗伯特·巴泽尔、布拉德利·盖尔. 战略与绩效——PIMS 原则 [M]. 北京：华夏出版社，2000.

共同行动。合作是一个优劣互补、共同提升的过程，不是交换的过程。合作者并不是根据对自己和相对人的责任、义务进行计算而选择自己的行为，而是根据自己对地位平等的知觉而选择与相对人开展合作活动。合作者在合作过程中关注的是合作行动的总体收益而不是自己所获得的收益状况，他们不把自己所拥有的和所能提供的资源视为交换的筹码，而是将其作为促进合作的资源，这些资源在合作过程中发挥的作用越大，他们就越能够感受到自己在合作行动中的价值，并在这种价值得到证实时体验到作为合作成员的意义。

综上所述，协同的作用是从最大限度上消除阻碍两个或两个以上的集团或个体组合的障碍，减少各个环节的损失，提高资源利用率；合作的作用是能共同提高合作双方的核心能力。因此，本书对协同合作所下定义为：协同合作是指相对独立的两个或者两个以上的拥有不同技术、资源、信息并能够互为所用的集团或个体，为了实现利益最大化和提升各自核心能力的目标而采取共同行动的过程。

（二）应急管理国际协同合作战略的概念

基于前文对协同含义的阐述、分析可知国内协同和国际协同具有一些相同点，但是这两者仍然存在着很大的不同。例如国际协同组织在跨越国界经营活动中起了很大作用。同理，跨越国界的应急管理活动也需国际协同合作组织的参与，这也凸显了国内协同合作与国际协同合作的区别。首先，在应急管理活动中，国际协同合作比国内协同合作具有更大的政治风险。政治风险与国内外战争及政府的稳定性有关，战争与政府的不稳定会引起诸多问题，其中突出的问题主要是政府规制的不确定性及相互矛盾的司法体系等，如中东地区连绵不断的国与国之间的冲突即是政治风险的突出表现。其次，国际协同合作比国内协同合作存在更大的安全风险，这种安全风险与上文所述的政治风险是互相关联的。安全风险种类众多，其中最常见的是国际恐怖袭击、金融危机、流行疾病、信息安全等。最后，国际协同合作的管理更加复杂，跨越国界的应急管理活动将会增加应急机构设立、储备物资和人员协调的费用。正因为应急管理活动中的国际协同合作比国内协同合作存在更大的风险，所以跨越国界的合作也使得合作国获得更多的机会。在国际协同合作过程中，合作国之间可以互相学习引进他国的应急模式、先进技术、资源配置和信息传递手段等，从而提升合作国的应急管理能力，减少国家的灾害损失。

应急管理国际协同合作的主要战略目的是通过国家间对突发事件应急管理的协同合作创造协同效益、减少突发事件带来的损失和提升应急能力。因此，应急管理国际协同合作战略是指根据全面应急管理理论，国际上两个或两个以上的国家基于协同合作，共同应对国际化、复杂化的突发事件，科学规划和制定应急管理国际协同合作战略发展与建设的长期目标、发展方向、建设重点和应急管理资源配置，并采取联合行动来减少突发事件给事发国带来的损失和不良的国际影响的一系列规划活动。

二、应急管理国际协同合作战略的动因

应急管理国际协同合作战略的形成取决于国家所处的内外部环境。内部环境主要指国家面临的当前形势和应急管理体系的现状及存在的问题，外部环境主要指国外的应急管理现状以及先进的应急管理理论和技术。随着国家"一带一路"倡议的提出与深化，通过参与应急管理国际协同合作来提高我国处置跨国突发事件的应急管理能力，承担更多的国际责任和义务，提高我国的国际地位，维护和平稳定的国际环境。因此，应急管理国际协同合作战略的制定与国际应急管理环境有着密切的关系。

（一）国际动因分析

1. 全球化对突发事件扩展的影响

20 世纪 90 年代以来，全球化已成为人们耳熟能详的词汇，并已或为一个不可逆转的发展趋势。虽然起初被用于指经济方面的全球化，如全球经济市场化，但是正如英国著名学者吉登斯（Anthony Giddens）所说"就其性质、

原因和后果而言，全球化绝不仅仅是经济全球化，把全球化的概念局限于全球市场是一个基本的错误，它同时也是社会的、政治的和文化的"。不同研究领域的学者对全球化赋予了不同的内涵：经济学家认为，全球化是指商品、技术、劳务、信息、资本在全球范围内自由流动和配置，形成各国经济中你中有我、我中有你的相互利用、相互依存、相互融合的一种状态、过程和趋势；政治学家认为，全球化是现代化的某种制度在全球范围内的扩展或某一制度对其他制度的吞噬；哲学家认为，全球化是人类的各种文化、文明所要达到的目标，是未来文明存在的文化模式或是某种文化、文明对其他文化文明的同化；社会学家认为，全球化是人类在环境恶化、资源匮乏、疾病蔓延等共同问题面前所达成的共识；科学家认为，全球化是人类利用现代科学手段，克服时空限制，实现各种信息的快速和自由传递。全球化对于应急管理来说是一柄双刃剑，一方面全球化导致了突发事件的加剧和蔓延，使得应急管理的难度增加；另一方面全球化又为突发事件的快速解决提供了途径和选择，从而提升了国家应急管理的能力。通过开展国际协同合作，各国间可以获得更多的信息与资源，从而有效地缓和突发事件发生国的应对压力，降低突发事件处理的成本，尽快消除突发事件带来的不良影响，恢复社会稳定，提高国家应急管理效率。

突发事件与全球化密切相关，特别是灾害性公共突发事件。首先，由于"全球主义将伴随着普遍的不确定性"，全球化极大地增加了风险的来源。全球化的基本表现是人员、物资、资本、信息等跨大陆流动的加速以及各个国家、社会、人群相互联系和依赖的增强，这必然导致原仅限于一个国家或地区的风险扩散到别的国家和地区。这些风险在扩散的过程中，通过输入、渗入和诱发等各种形式增强了风险的效果。同时，各种风险之间还可能产生互动关系从而引发新的风险，这都将加大一个国家或地区所面临的风险。所以，全球化使人们处在核危机、化学危机等各种大风险和大灾难的风暴大潮中，增加了突发事件发生的频率，扩大了其影响范围。其次，全球化放大了风险的影响。风险影响范围的放大主要通过两种渠道来实现：一是全球各国相互依存关系的加深增加了风险的后果和承担者的数量；二是更多人通过发达的现代通信技术了解到各种风险的潜在后果，也容易因不完整、不准确、不对称的信息产生过度恐慌。正如吉登斯所言，全球化就是"世界范围内社会关系的强化，这种关系以这样一种方式将遥远的地方联系起来，一个地方发生的事情受到千里以外发生的事情的影响，反之亦然。这是一个辩证的过程。因为地方上发生的事情可能沿着与影响它们的延伸很远的关系相反的方向运动。地方性的变迁既是全球化的部分，又是社会联系跨越时间和空间的旁向延伸"。[①] 全球化对突发事件带来的负面影响主要体现在以下两个方面：

一方面，全球化导致公共卫生事件的蔓延。例如，从 1986 年英国出现疯牛病以来，疯牛病就像是一个恐怖的梦魇一样伴随着人类。目前疯牛病仍然以食物链的形式从各渠道向世界各国扩散，全球仍面临着疯牛病的严重威胁。主要原因就是在全球化的前提下，各国交往和商品贸易十分频繁，海陆空运输极为畅达，为病毒的传播打开了方便之门。

另一方面，全球化导致公共危机或灾害的影响加剧。在较为封闭的情况下，公共危机事件一般只能影响或到达某一个地区或多个地区，对国外的影响相对较弱。但是在全球化时代，人们的交往加速了突发事件的扩散和蔓延，一个地区爆发某一突发事件，随后这个消息会迅速向其他地区传播。若某些地区对突发事件处理不当，危机就可能迅速向外扩散。例如 SARS 疫情从 2002 年 11 月开始在广东出现，由于当地政府对这种可怕的疫情缺乏认识，并对公共突发事件的治理缺少充分的准备，在 SARS 爆发时显得措手不及，从而导致 SARS 疫情以广东、香港两地为中心向外扩散，并波及境内外的 30 多个国家和地区，全球 8000 多人受到感染，900 多人死亡（数据来自世界卫生组织公布的资料）。

2. 世界各国都开始重视应急管理的国际协同合作

在经济全球化这一大环境下，人流、物流、信息流加速流动，某个国家受地震、洪水、海啸、飓风等灾害的影响进而通过错综复杂的经济活动链直

---

① 安东尼·吉登斯著，田禾译. 现代性的后果 [M]. 南京：凤凰出版传媒集团译林出版社，2011.

接波及其他国家。如 2005 年"卡特里娜"等飓风袭击美国造成世界原油价格急剧上升。此外，受灾地区的传染疾病因灾民跨国界流动而流入世界各国，造成其他国家居民感染该类疾病，进而威胁其他国家的社会安全和国家稳定。因此，近年来世界范围频发的巨灾已引起国际社会的高度关注，国际化的防灾减灾工作已成为一个重要议题。在 1991—2000 年"国际减灾十年"活动之后，联合国《国际减灾战略》确立的防灾减灾目标是：提高公众对自然灾害、技术灾害和环境灾害对当代社会造成危险的意识，政府应对保障社会经济基础设施以及应对环境资源危险做出承诺，确保公众参与各级政府实施工作，增加减灾网络，建立抗灾社区。据统计，美、日、澳等 21 个国家制订了防灾减灾计划，积极响应联合国发布的《兵库宣言》及《兵库行动计划》(2005 年)，加强减轻灾害风险的国际合作，促进减灾活动和发展规划与实践的结合，提升区域和国家抗御灾害风险的能力，并确立了 2005—2015 年全球减灾工作的战略目标和行动重点，包括确保减灾成为各国政府部门的工作重心之一；识别、评估与监测灾害风险，增强早期预警能力；在各个层面上建设安全文化和减灾文化；减少潜在的灾害危险因素；增强灾害准备能力，确保对灾害做出有效反应。

从全球范围来看，世界各国普遍面临着新型传染病、恐怖主义、网络攻击、战争和自然灾害等各种突发事件。尽管国与国之间、地区与地区之间有着明显的边界限制，但很多突发事件并没有受到边界的限制，比如新型传染病和大型自然灾害等。面对共同的挑战和威胁，各国政府和人民应对的根本方法便是加强国际合作与交流，形成合力，共同应对。

"全球化问题，全球性解决"这是全世界在近几年经历了 SARS、禽流感、疯牛病等公共卫生事件以后，共同得出的结论。当代国际关系的主旋律已由国际冲突转向国际协同合作，非此即彼的零和博弈模式在减少，双赢式的非零和博弈模式逐渐成为主流，倡导积极对话与合作，突出共同利益和共同点正在成为处理国际关系的重要内容。中国作为有着 13 亿人口的发展中国家，在经济和科技相对落后，应对突发事件的经验、技术和条件等方面相对欠缺的情况下，尤其需要加强国际间的交流与协同合作，在交流中学习，在协同合作中提高，把中国融入到国际应急管理的大背景中去，中国应急管理能力必然会赢得更大的进步和提升。

3.国际机构的作用不断增强

国际机构的作用不断增强奠定了应急管理国际协同合作开展的组织基础。实践证明，国际突发事件没有国家间的协同合作难以解决。而国家间最有效的合作途径就是国际关系民主化，即各国的事务由各国人民自己做主，国际上的事情由各国平等协商，全球性的挑战和冲突由各国合作应对。只有实现国际关系民主化，各国才能通过协同合作实现共同利益，而国际机构为实现国际关系民主化提供了桥梁和纽带。随着国际交流的频繁，以联合国为代表的各种国际组织日益活跃，政治机能不断强化，在国际冲突处理和危机管理中发挥了重要作用。即使是像美国、日本这样的经济大国，在反恐和重大灾害等问题上也不得不积极向各种国际机构寻求支持与帮助。

日本阪神·淡路大地震后，日本政府积极利用国际和国内资源进行协调治理，重建灾区，恢复区域经济。目前，日本政府部门中的国际合作事业团、国际合作银行及外务省等组织在国际防灾领域发挥着巨大的作用，以日本红十字会为首的民间团体也积极参与世界性的抗灾救灾活动。为推进亚洲地区多边防灾合作工作，1998年7月，日本在神户市成立了亚洲防灾中心。随后，日本加强了与美国、韩国之间在地震、水灾方面的防灾合作。日美之间设立了"日美地震防灾政策会议"，确定了两国在防灾合作上的密切关系；与此同时，日韩之间的防灾合作也进展迅速。2005年1月18日，联合国"减少灾害问题世界会议"在日本兵库县、神户县举行，会议重申了开展国际合作与防灾及可持续发展、消除贫困等问题之间的内在联系。由此可见，日本在阪神地震后的快速恢复正是得益于国际组织的支持与协助。

（二）国内动因分析

1.开展国际协同合作是建设社会主义和谐社会的必要补充

目前，我国经济社会发展十分迅速，同时社会发展带来的许多新问题不断凸显。在此特殊的历史时期，党和政府审时度势地做出了建设社会主义和谐社会的重大决定。然而在当前和今后相当长的一段时间内，我国经济社会发展将要面临的困难和矛盾可能更加突出和复杂化。在当前不断发展的经济社会环境下，我国的工业化和城镇化速度加快，国内经济结构调整加速，社会组织形式和就业结构以及社会结构的变革也不断加快，我国也因此面临着许多突出的社会矛盾。资源和能源的紧缺对经济社会发展的制约日益突出，转变经济增长方式要求十分迫切。城乡和地区经济发展不平衡的矛盾突出，促进经济社会全面协调发展、缩小发展差距的任务艰巨。老百姓的物质和精神生活水平不断提高，需求趋于多样化，社会利益关系越发繁杂，经济和文化的发展水平带来的限制使得各方面利益诉求难以得到完全满足，兼顾各个方面利益的难度增加。深化改革，扩大开放，机制体制的创新必然触及更深层次的矛盾。社会经济全面发展使就业方式方向产生巨大变化，劳务人员流动性加大，大量社会成员由"单位人"变成"社会人"，社会组织和管理面临全新挑战。公众民主法制意识的增强使得社会主体政治参与积极性不断提高，依法治国和社会主义民主政治的基本方略面临更多的新要求。移动互联网时代的来临使得影响人们思想观念的渠道增多，多元的思想文化相互激荡使得人们思想意识的独立性、选择性、差异性、多变性不断增强。严重的违法犯罪活动和各种社会腐败现象也给社会和谐稳定带来了严重的负面影响。

纵观国际，当下世界格局错综复杂，各种不确定因素依然影响着世界和平，世界格局处于多元化过渡的重要时期。短时间内世界力量失衡的局面难以根本改变，世界多极化的发展趋势不会一帆风顺，围绕多极和单极的斗争会长期存在。因为过去旧的国际经济秩序没有从根本上改变，当下大的经济全球化趋势推动世界经济发展的同时，也不断给世界各国尤其是发展中国家带来严峻的挑战。传统和非传统安全的威胁相互交织，常规与非常规突发事件频繁发生，恐怖主义活动依然猖獗，民族和宗教矛盾日益加剧，边界和领土争端冲突不断，地区和国际安全形势不容乐观。以美国为首的众多西方国家早已在思想和意识形态方面对发展中国家进行"没有硝烟的战争"，企图向发展中国家灌输西方的政治制度和意识形态观念，并且在背后不断做小动作，通过扶植反对派和培养代理人等手段来制造国家动乱，以达到干预别国内政及扶持和培养亲西方政权的目的。西方国家从政治、经济、文化、信息、军事等各方面使发展中国家压力重重。当前，我国周边地区的民族分裂势力、宗教极端势力、国际恐怖势力仍相当活跃。

在这个国内矛盾突出和国际关系复杂的重要时期，为实现全面建成小康社会的宏伟目标，就必须利用好这个重要的战略机遇期，从真正意义上增强公共安全和防范风险的意识，建立健全突发事件应急预案和应急机制，大力开展国际协同合作并妥善处理国内外各方面的利益关系，正确处理各种矛盾，促进社会和谐。

2. 我国面临各种突发事件频发的严峻形势

在经济快速发展和全面深化改革的今天，我国的自然灾害、事故灾难、公共卫生和社会安全等问题日益突出。据统计，近十年来，平均每年因自然灾害、事故灾难、公共卫生和社会安全事件造成的非正常死亡超过 20 万人，伤残超过 200 万人。据民政部国家减灾中心的数据统计显示，2004 年，全国发生各类突发事故 561 万余起，造成 21 万人死亡，175 万人受伤。其中，自然灾害发生 255 起，造成 2250 人死亡，直接经济损失约 1602.3 亿元。事故灾难发生 80.4 万起，造成 13.7 万人死亡（其中，道路交通事故约占全国事故总数的 64.4%，死亡人数占 78.3%；工矿商贸事故占全国事故总数的 1.8%，死亡人数占 12.1%），直接经济损失约 2505 亿元。公共卫生事件发生 25462 起，造成 385 人死亡，6.3 万人发病。社会安全事件发生 478.8 万起，造成 7.2 万人死亡，直接经济损失约 444.8 亿元。随着经济社会快速发展和现代化进程加快，我国公共安全还将面临新的挑战。

第二节　世界各主要国家应急管理战略体系建设情况分析

国家应急管理战略是借助国家的人力、物力和财力来支持突发事件应急管理的国家总方略。这一战略的核心就是应急管理战略体系建设，主要体现在各个国家的"一案三制"（即应急预案、应急体制、机制和法制）之中。

一、美国应急管理战略体系建设情况分析

美国是世界上极为重视应急管理的国家之一，早在 20 世纪 60 年代就开始了以 911 为统一报警号码的紧急救援服务系统建设，在此基础上经过多年的发展，尤其是在"9·11"恐怖袭击事件之后，逐步形成了比较完善的应急管理体系——国家突发事件管理与处置系统（National Incident Management System，NIMS）。这套体系在构建整体治理能力的基础上，通过法制化手段，将完备的突发事件应对计划、高效的核心协调机构、全面的突发事件应对网络和成熟的社会应对能力包括在其中，从而使美国在国家层面上能够从容应对突发事件的预测与预警，做好应急处置和灾后恢复与重建。

20 世纪 60 年代，美国自然灾害的频繁发生促成了其应对突发事件管理机构雏形的形成和多项法律的颁布。1959 年蒙大拿发生的 7.1 级强烈地震、1964 年阿拉斯加发生的 9.2 级大地震以及 1960 年、1961 年、1962 年、1965 年和 1969 年发生的 5 次飓风灾害给美国社会经济的发展带来了极大的危害。在这种形势下，美国政府于 1961 年设立了专门应对自然灾害的紧急事态准备办公室。此外，美国政府还颁布了多项应对自然灾害的相关法律：国会于 1968 年通过了《全国洪水保险法》，并据此创立了全国洪水保险计划；1972 年通过新的《洪水保险法》，将参加保险计划与获得联邦抵押支持的住房贷款挂钩；1970 年通过的《灾害救济法》，使政府建立了关于临时住房、法律服务、失业保险和其他个人帮助计划；1971 年发生的旧金山大地震促成了 1974 年新的《灾害救济法》出台；1977 年颁布了《地震灾害减轻法》。美国政府通过制定和实行一系列的法律法规，有效地减轻各类自然灾害对人民生命财产的危害。

1979 年，卡特总统将与灾害管理有关的各个分散的机构如国家气象服务局、国家防火办公室、联邦救灾办公室、联邦保险办公室以及国防部下的

民防署等重新整合，成立了联邦层面最主要的突发事件管理机构——联邦紧急事件管理局（The Federal Emergency Management Agency, FEMA），其长官列入内阁成员，直接对总统负责。FEMA 的常设职能部门和机构有紧急救援指挥中心、地区紧急事务管理办公室、紧急救援队伍、重大灾害救援小组、联邦保险和减灾部、反应和恢复部、消防部、救援计划管理部、信息技术服务部、对外事务联络部以及联邦协调员部，其中联邦协调员部主要负责派遣成员代表总统到受灾区实施救援计划。在职能上，FEMA 从以前的自然灾害防御扩展到现在的综合防灾，其中包括应对自然灾害、公共安全及战争等方面。根据灾害的发生周期，针对减灾、准备、响应和恢复各个阶段，FEMA 对如飓风、洪水、地震等天然灾害和辐射意外、恐怖事件等人为灾害进行应急管理，以期统筹支援全美救灾事宜，减少生命财产的损失，进而推动全面整合危机管理计划并着手构建突发事件管理系统，旨在为全美突发事件提供较为可靠的"指导、控制和预警"。

1988 年通过的《罗伯特·斯坦福救灾及紧急救援法》，对灾害的定义、发现、预报、预防、公告和灾害发生后的紧急援助、救灾活动及其管理做出了详细的规定，并对各级政府有关部门、救灾组织、社会团体的责任和权限提出了明确的要求。该法还为紧急救援的资金提供必要的保障，包括规定防灾经费列入政府财政预算，专款专用。1990 年 11 月制定的《国家地震灾害减轻计划法》对减灾机构的职责、计划的目标和目的做了详细规定，对国家地震灾害减轻计划做了大量的修改。后来，FEMA 制定的《美国联邦政府对地震灾害的反应计划》对《国家地震灾害减轻计划法》的具体实施做了明确规定和要求。

"9·11"事件以前，美国的《联邦响应计划》将突发事件应急响应系统分为 12 个领域，分别是：交通、通信、信息与规划、消防、公共设施及工程、卫生和医疗服务、公众救护、城市搜寻和救援、资源支持、能源、食品、危险物品。各领域有其自己的领导机构，每个机构各司其职，因此在各种不同的灾难情况下，27 个联邦部门和机构所负的责任有所不同。一旦出现突发事件，FEMA 就负责协调各地方对主要突发事件的应对工作。

　　"9·11"事件之后，通过认真的审视和检讨，美国政府认为原有的应急管理体系、机制和支撑远远不够，并做了大量的工作以期提高事故预防、预备、响应、恢复和减灾的能力：2001年10月，美国白宫成立国土安全办公室并着手制定首个国土安全国家战略规划；2002年7月，完成国土安全国家战略规划的制定，其中提出要建立国土安全部；2002年11月，通过《国土安全法案》；2003年1月，联邦应急管理局与海关总署、海岸警卫队、移民和归化局等22个政府机构合并组建为国土安全部（DHS），国土安全部基于原有联邦政府应急救灾指挥中心而设立国土安全运行中心，即日常总值班机构；2003年2月，美国总统发布国土安全总统令–5（HSPD-5），其中要求国土安全部部长负责完成国家突发事件管理与处置系统（NIMS）和国家应急预案（NRP）；国土安全部于2004年3月正式发布"国家突发事件管理与处置系统（NIMS）"并于同年10月正式发布"国家应急预案（NRP）"；随着NIMS和NRP的完成，针对突发事件，国土安全部发布了联邦各部门和州等地方政府的应急培训和执行计划，并在整个国家层面上对应急体系中的应急预案、机构设置、法律和规范标准、应急平台、应急救援队伍、组织管理、指挥协调等体系进行了统一规划和规范。

　　2002年通过的《国土安全法案》在法律层面上规定了美国国土安全部的使命、职责和组织等，并对紧急预防和应对、管理、科学技术对国土安全的支持、综合智能分析和关键基础设施保护、出入境安全、恐怖威胁事件、与非政府机构协调一致及国土安全顾问、国际互助等近20条大项几百条小项进行了法律条文规定。

　　作为美国突发事件的统一应急标准和规范，国家突发事件管理与处置系统（NIMS）为联邦政府、各州、部族以及各个地方层面提供了一套全国统一的方法，在此框架下，无论事件的起因、规模及复杂程度如何，大家都能高度协调一致地对其进行预防、准备、反应和恢复。根据NIMS提供的框架制定的国家应急预案（NRP），主要用于处理国家层面重大事件的国家应急预案，在事件发生的事前、事中和事后整合和动用联邦政府的资源、知识和能力。NIMS主要强调指导性和规范性，NRP则强调操作实务和组织流程。

为了能完成所规定的责任、行使相应的权力，美国政府建立了相应的组织机构，即负责贯彻 NIMS 的 NIMS 综合中心（Integration Center）和负责实施 NRP 的国土安全运行中心（Homeland Security Operations Center），其中国土安全运行中心是一个具有情报收集、智能分析、预测预警、风险评估、整合突发事件应急行动等功能的常设全天候跨部门组织，它是国家级的基本枢纽，主要负责针对国内突发事件的协调、处理和形势通告等工作。

此外，在面对重大突发事件时，美国之所以能够从容应对、有机协调、高效运转，与其完备的组织结构和全面的突发事件应对网络是分不开的，如图 6-1 所示[①]：

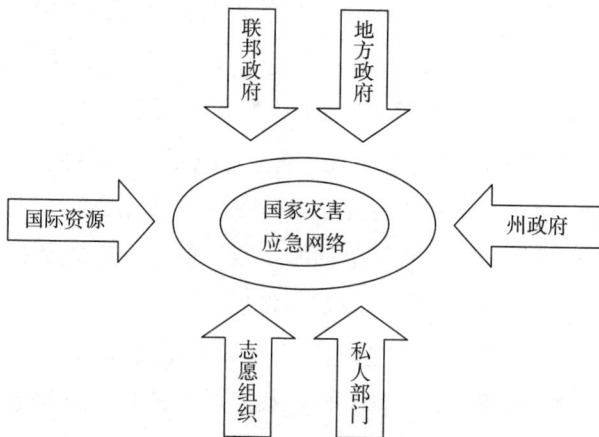

图 6-1　美国国家灾害应急网络图

美国联邦政府的应急机构处于应急管理组织体系的第一层级，而其他各大州包括州内的下级地方政府都设有相应的应急管理办公室，它们分别处于第二、三层级。应急运行调度中心是每一个层级管理机构在非常时期行使职权的运行部门，其中不同层级办公室具有四个方面的职能：一是对潜在的各类灾害以及恐怖袭击等信息进行实时监控；二是与政府相关部门和社会各界时刻保持信息联系；三是对各类相关信息进行全面分析与融合；四是下达紧

---

① 王镇海，陈洪泉.城市公共安全管理［M］，青岛：中国海洋大学出版社，2004.

急事务处置指令并及时反馈处理过程中的各类情况等。

在应对灾害性危机时美国联邦政府也非常注重全球合作，通过寻求包括各国政府在内和国际组织在内的国际资源的合作、协助和支持，进而建立有效的全球危机救治合作机制。

另外，美国应急管理战略建设也非常重视志愿者的队伍建设和私人部门作用的发挥。美国政府善于组织和动员民间组织及社区救治力量，呼吁土木技师、结构技师、医师、护士等专业人士投入第一线救灾工作，结合民间资源成立民间赈灾联盟等。若突发事件波及整个社会时，应急管理部门将动用一切社会资源包括志愿组织和私人部门在内，共同为灾害性突发事件的有效应对出钱出力，做出力所能及的贡献。

二、日本应急管理战略体系建设情况分析

日本由于位于世界上最大的环太平洋火山地震带，加上其特殊地形气候等多方面原因导致自然灾害频发，包括地震、台风、海啸、火山喷发、暴雨等。日本的应急管理体系发展历经两次转换，20 世纪 50 年代以各个部门为主的单一灾种应急管理到 20 世纪 60 年代发展为综合灾害管理，最终在 20 世纪 90 年代中后期发展为国家危机管理。

日本的应急管理战略的层面从"综合防灾管理"向"国家危机管理"的转变，主要表现在以下六个方面。

第一，建立了规格较高的危机管理机构。设立了直属内阁官房的内阁危机管理监，专门负责处理政府有关危机管理事务。内阁危机管理监下设内阁危机管理中心，危机管理中心位于首相官邸地下一层，它在直接对应中央各省厅危机管理部门的同时也与地方政府、企业及民众保持联系，并根据需要成立灾害对策本部，必要时由首相亲任本部部长坐镇指挥。

第二，把防灾减灾工作上升到国家危机的层面。建立了国家安全管理体制以确保国家安全和国民生活安定，形成了一套管理制度，其中包含危机管理、日常行政管理、大规模灾害管理等。日本政府把平时的正常运作和安全

管理相结合，并将防灾减灾的工作和政策内容从过去简单、粗放的预防和保护转变为目前的防护、有效利用与协调环境相结合，与此同时，把作为专项规划的防灾规划与其他非灾害性的社会经济发展规划进行综合编制和整合。其中防灾规划以及最近几年的部门安全管理规划已经成为非灾害性的社会经济发展规划所必须考虑的重要领域。

第三，重新立法，并对现存法律、制度、规划、措施等进行修改和整合，以此提高行政综合管理能力。日本政府在应急管理方面可谓是"立法先行"：1946 年，政府出台了《灾害救助法》；1961 年又出台了《灾害基本对策法》，该法是日本在防灾应急体系建设中的根本法，它在落实和提高政府应急管理能力方面起到了巨大作用，自实施以来已经过 23 次调整，由此足见日本政府对其重视程度。该法规定，从中央到地方必须全面制定各个层级的防灾应急计划。由各级政府制定的防灾应急计划是应对各种突发灾害事件的主要预防手段，突发灾害降临即实施防灾计划。

日本政府防灾方面的法律经过几十年发展，时至今日已经制定应急管理（防灾救灾以及紧急状态）各方面法律法规 227 部。日本各都、道、府、县（省级）全面制定《防灾对策基本条例》。"立法先行"的政策显著提高了日本依法防治灾害的水平。日本政府要求其各级政府制订具体的防灾业务计划和地域防灾计划，逐级分配政府及各个部门和社会团体以及公民的防灾职责，确立运行机制并定期演练，以此来真正实现应急计划的针对性和操作性。

第四，加强科学研究，培养高层次的应急管理人才。日本政府在应急科学技术方面每年投入 400 亿日元的专项研究经费，从加强灾害预防方面的研究工作来减少灾害带来的损失。日本有许多世界著名的防灾科技研究机构，包括东京大学地震研究所、防灾科学技术研究所、京都大学防灾研究所，这几个研究机构在火山、震灾、雪害、风水、火灾、危险物灾害等方面的对策研究均处于国际领先水平。日本的许多高校设有"危机管理"专业，这些高校依托各科研院所培养高层次的应急管理和评估、防灾救灾等方面的专业人才。

第五，重视应急通信系统的建设和运用。2003年，日本中央防灾会议通过的《关于完善防灾信息体系的基本方针》为日本的应急信息体系建设提供了支撑。日本有着完善的应急通信系统，包括道路灾害信息系统、气象防灾信息系统、流域信息系统和中央灾害管理无线广播通信系统等。日本的应急电子政务系统包括政府与政府（G2G）、政府与企业（G2B）和政府与公民（G2C），这些系统也在应急管理中发挥着巨大作用，可见日本对应急通信系统的运用十分重视。

第六，从中央到地方加强防灾训练。中央加强每年一度的防灾训练，其中以政府危机管理和部门协调为主要内容。地方也根据当地的实际情况（多发灾种）加强防灾训练，特别是跨行政区的协同防灾训练。例如，首都圈的7个地方政府共同签署了《七都县市灾害相互救援协定》，针对地方防灾每年都要开展相互支援的演练；自1995年阪神大地震以来，阪神地区的9个地方政府每年都进行协同防灾训练。

三、俄罗斯应急管理战略体系建设情况分析

俄罗斯作为一个独立的国家，从成立之日起并未对灾害响应体系做出明确的界定。一些部门虽设立了灾害应急管理机构，但是其培训过于专业化，在实际的灾害应急管理中起不到应有的作用；早先成立的民防体系的法律效力受到许多问题的制约，最严重的有：一是缺乏具有足够的权力和经验对灾害预防和响应进行协作的指挥体系；二是缺乏快速响应部队；三是缺乏专职救援人员；四是缺乏灾害预防和响应行动的法律基础。1988年的斯皮塔克地震中营救成千上万受难者时所出现的问题，就是缺乏相应救援体制的表现。

苏联解体后，俄罗斯联邦政府面对复杂的国内外形势，根据其在1990年12月27日签署的法令，组成了相当于联邦应急委员会的俄罗斯救援部队。该委员会于1994年重新组建为俄罗斯联邦民防、预警和紧急状态部（EMERCOM），即"紧急情况部"。该机构是俄罗斯处理突发事件的核心组织，也是联邦执行权力机构。它的主要职权任务是制定并且落实俄罗斯国内

应对突发事件和民防方面的政策，领导各单位执行预防和消除灾害的措施，包括向国内外受灾地区提供援助等救灾活动。

长期的发展使得俄罗斯形成了比较完备的应急管理法律体系，由此保障应急管理走上法制化道路。1994年，俄罗斯通过了《关于保护居民和领土免遭自然和人为灾害法》，其目的是为在俄生活的各国公民和无国籍人员提供保护，使他们免受自然和人为灾害影响；1995年，俄罗斯通过的《事故救援机构和救援人员地位法》规定了发生紧急情况时救援人员的救援权利和责任等，联邦政府通过该法律来协调国家各机构和地方自治机关、企业、组织及其他法人之间的工作；1997年俄罗斯颁布实施的《工业危险生产安全法》对工业领域当中的危机防治做了详细规定；1999年，俄罗斯制定的《公民公共卫生和流行病医疗保护法案》为保障公民公共卫生安全和控制流行病做了相关规定；2002年，俄罗斯制定的《紧急状态法》对紧急状态下的各种法律问题做了详细规定。

俄罗斯不仅相当重视应急立法，而且在联合应急方面同样进行了大量的协调管理工作。俄罗斯联邦构筑了"俄罗斯联邦预防和消除紧急情况的统一国家体系（USEPE）"，该应急组织体系由21个自治共和国、49个州、1个自治州、2个联邦直辖市、10个民族自治专区、6个边疆区等89个联邦主体组成。该体系包含五个基本层次，每个层次都有其相应的职责和功能，它们所承担的功能按所处的环境分成三种情况：第一，在日常准备阶段制定一般性紧急事件的处理预案和应急教育培训等事务，以及对周围环境的监测和对危险设施的监控；第二，在预警阶段为可能发生的紧急事件做准备，例如为应急救援服务筹备好救援物资和化学药品等；第三，在应急阶段执行各项应急任务，包括疏散、搜寻和营救以及提供医疗服务等紧急事务。可以说USEPE在俄联邦应急管理方面的作用举足轻重。

俄联邦在降低自然和人为灾害事故风险和后果的中期计划指出，俄罗斯政府将会建立国家危机情况管理中心，并且在俄罗斯紧急情况部的各个地区设立该管理中心的分支机构。国家危机情况管理中心可以使信息空间保持一致，对完善全国危机情况预防和应对体系的建设起到强化作用。该中心的建立不仅可以增强政府间各部门的协作能力，而且能准确汇总有关灾害和事故信息并使民众及时了解，还将使俄罗斯进一步提高其应对和管理危机与突发事件的能力，为俄罗斯的政治、经济和社会发展提供更加安全的环境。这一计划显示出俄罗斯已经将国家危机应急管理提升到了国家战略的层面。

俄罗斯联邦政府也十分重视危机管理领域的国际合作，一直主张在联合国建立危机管理的国际性合作机构。俄曾向联合国秘书处提出设立国际紧急情况部，主张该部集中协调管理人力、物力、财力等方面资源，以应对某些国家发生紧急突发事件时的状况。

2005 年，俄罗斯紧急情况部部长谢尔盖·绍伊古宣布，俄罗斯、法国、德国和意大利将在欧盟范围内建立紧急情况救援协会并建立世界先进救援技术数据库。该救援协会将集合各国的技术优势，如意大利装备精良的医疗飞机、瑞士先进的搜救犬训练机构等，以用于紧急情况救援。同时，俄罗斯联邦也希望与中国共同应对自然灾害和突发事件，希望在上海合作组织内建立联合救灾中心。

四、加拿大应急管理战略体系建设情况分析

加拿大联邦政府把紧急事件定义为对国家、公众利益和居民人身安全造成损害或威胁的一切已发生或即将发生的事件。为更好地应对紧急事件，加拿大已在 20 世纪 60 年代至 70 年代建立应急管理机构，经过几十年的探索和实践，最终形成了一套相对完善并行之有效的体系。

一是成立了应急管理机构。加拿大公共安全和应急准备部（PSEPC）也就是 1988 年成立的加拿大应急准备局，负责加拿大各联邦政府部门及其机构在保障国家安全方面的协调工作，并制定联邦政府的应急计划和政策。加拿大已经在 13 个省和地区设立了应急管理机构来负责应对突发事件的计划、培训、演练、处置等工作。

二是制定了强调减灾和预防优先的应急政策。加拿大公共安全部出台了一系列以减灾和预防优先的灾害应急管理政策和战略。

　　加拿大应急管理主要由预防和减灾、准备、应对和恢复四部分组成。在预防方面，加拿大主要采取相关措施对十大重要领域基础设施（卫生健康、交通和能源等）进行保护，与基础设施拥有者和经营者合作建立全国网络，研究潜在威胁和分析案例并共享相关信息。在应急准备方面，重视地方政府在应急管理中的作用，通过教育、培训和演习确保公安部门与省区官员第一应急责任人做好充分的准备，采取自下而上的应对原则，首先由地方（如警察、消防、医院和市政厅）来处理，如果地方不能解决问题则依次逐级向省区和联邦政府提出协助请求。公安和应急部门的政府操作中心负责监控潜在威胁，在出现全国性紧急情况时中心提供全天候协调和支持，重大结构性倒塌事故则由城市搜救计划负责应急救援。在灾难恢复方面，小规模灾害由省区自行负责；大规模灾难若受灾程度超出省区政府财政能力时，省区政府负责设计、制订和执行灾难财务协助计划，并确定向遭受损失的个人或群体提供援助的数量和形式，由上级部门向省区政府提供财政协助。据加拿大官员称，加拿大并没有联邦灾难预算，联邦政府可以削减其他领域的预算用于应急财政资助。

　　值得一提的是，加拿大政府应急管理工作最重要的基础就是减灾。加拿大政府十分重视减灾方面的工作，经过近 7 年时间的酝酿和筹备，于 2008 年 1 月 9 日通过了《国家减灾战略》，公平、可持续、保护生命、保卫社区、灵活和分享为其指导原则。该战略指出应把减少灾难风险融入到公民生活当中，将其作为一种生活方式来保护生命和建设可持续的社区；还将围绕公众知晓、领导和协调、知识及研究、教育和推广等四个领域设立国家减灾计划，并由此安排活动，各级政府将以成本分摊的形式进行减灾投资。

　　三是拥有完善的紧急事件管理（应急救援）法律体系。1985 年，加拿大议会通过了《应急法令》，并于同年通过了《应急准备法令》，但《应急准备法令》已于 2007 年 11 月废止。

　　随着国家应急机制的不断发展和完善以及新应急管理部门的成立，2007 年 8 月加拿大政府通过了《应急管理法令》，该法令针对所有灾害采取了更加全面的方法来进行应急管理。《应急管理法令》有四个重要特点：第一，反映现代应急管理的一些重要因素如预防和减灾、准备、应对和恢复及重要基础设施的保护；第二，强调加拿大政府应急管理活动协调和整合的必要性；第三，加强与其他司法部门、私营和志愿领域的合作，共同推动信息共享机制；第四，保护私营领域向政府提供的重要基础设施的信息。该法令从法律上规范联邦公安部及其他相关部门的部长职责，由此确保强有力的领导来协调联邦的应对工作并对加拿大各级政府制订的应急管理计划进行标准化管理。

在加拿大联邦范围内，《联邦政府紧急救援手册》和《联邦政府紧急事件法案》对应急管理事务做出了明确规定。此外，各级政府根据各自的实际情况制定相应的减灾管理法规，以期通过立法形式来保证应急减灾工作的正常开展，并建立专门机构、健全各类法规、培训救援队伍、划拨必要经费。

四是组建有专门的应急救援人员队伍。加拿大政府的救援人员专业化程度高，细化到水（冰）上救援、消防救援、建筑物倒塌救援、狭窄空间救援、生化救援及高空救援等。各类救援人员的资格规定较为严格，如生化救援人员要同时获取水（冰）上救援、狭窄空间救援、生化救援及高空救援四种资格证书，而且每年救援人员的训练时间要在 1150 小时以上。各类专业救援人员在进行实际救援训练的同时，也必须学习相关的理论课程并通过考试。加拿大政府财政拨巨资购买先进的救灾设备和救援人员防护装备，让危急情况下的援助更加高效安全。同时，加拿大也十分重视民间救援力量的建设。加拿大有庞大的志愿者队伍，其规模甚至超过政府救援队伍。如安大略省共有 525 支消防队，其中 69%的消防队由志愿者组成。

第三节 应急管理国际协同合作战略体系结构

一、应急管理国际协同合作条件的辨识

尽管协同合作创造价值的方式已为各界所知，但协同合作过程中不能取

得预期效果的事例也屡见不鲜。从原因上看，一是在协同合作战略的实施过程中会出现偏差，二是管理者对协同合作战略形成的基础——协同机会常常认识不足。实际上协同合作效益可能根本不存在，或者是实现协同合作的成本超过了协同合作可能带来的效益。正确辨识协同合作机会，对协同合作机会进行成本收益分析是形成协同合作战略的前提。从表面看来，在国家突发事件应急管理中能够共享活动、资源和能力的机会似乎很多，但要从纷繁复杂的应急管理国际大环境中识别出有价值且可供实施的协同合作机会无疑是一项艰巨的挑战。辨识协同合作条件的常用方法有价值链分析法和国家间相互依存关系法。其中，波特的价值链分析法主要应用于企业，在对国际协同合作机会进行辨识时，采用国家间相互依存关系法会是一个较好的方法。

所有国家在应对突发事件时面临的基本战略问题是怎样化解舆论压力和寻求国际支援。首先，突发事件发生国会面临由于事件对其他国家造成影响而产生的舆论压力；其次，在某些应急情况中，自保况且已有难度，所以很难考虑突发事件对其他国家产生的不良影响，例如2011年3月12日的核泄漏事件后，日本无视国际的舆论压力，多次向太平洋排放核污染废水，这些废水30年后将扩散至整个太平洋；再次，世界各国均面临着应急技术和应急资源短缺的压力；最后，各国还面临着突发事件发生的不规律性和破坏性大的压力，像日本这样的地震高发国家，应急管理体系虽然很健全，但是在"3·11"大地震后也在第一时间向联合国发出了求助，希望各国给予帮助。

用于识别协同合作机会的国家间相互依存关系法便是为世界各国解决国际与国家两难问题而提出的。国家间相互依存关系来源于下述五个方面：

政府对话——各国政府之间的交流与对话，建立起国家之间的友好合作关系，使政府间产生共识和建立起相互依存的关系。

纵向整合技术——通过应急技术的引进，使应急技术在国家间流动，可以使几个国家共享核心技术，合作开发高科技应急技术。

资源优势互补——即使是比较富有的国家，其应急资源（包括人、财、物、信息、技术）也是有限的，而且资源的获取也有优势和劣势之分，这时共享资源也是国家间产生相互依存的契机之一。

应急模式——多个国家使用相同或相似的应急管理模式。

联合国——在联合国的协调下，不同国家间加强应急管理方面的协同合作。

二、基于"六全"管理的应急管理国际协同合作战略体系

国际间相互依存的深入发展，无疑需要国际协同合作来解决相互依存中产生的各种问题，以确保相互依存各方的利益得到实现。在对突发事件的应急管理上，尽管世界各国存在着地域和意识形态上的差异，但反应是相似的。因此，在有效辨识协同合作机会和"六全"应急管理理论的支持下，本书认为基于"六全"管理的应急管理国际协同合作战略体系包含基于全过程管理的应急管理国际协同合作战略、基于全系统管理的应急管理国际协同合作战略、基于全方位管理的应急管理国际协同合作战略、基于全面应急响应的应急管理国际协同合作战略、基于全手段管理的应急管理国际协同合作战略、基于全社会管理的应急管理国际协同合作战略。基于"六全"管理的应急管理国际协同合作战略的体系结构如图 6-2 所示。

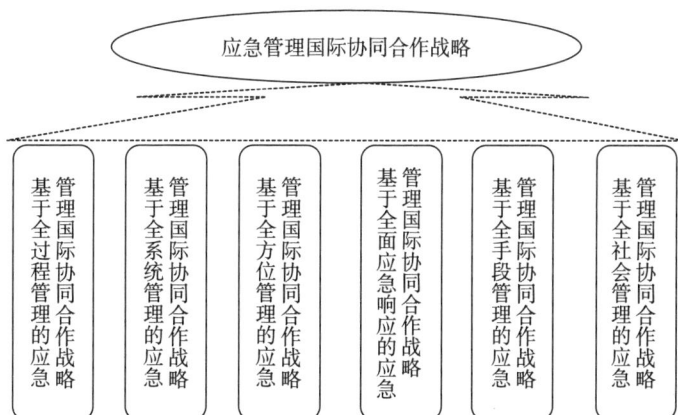

图 6-2　应急管理国际协同合作战略的体系结构

（一）基于全过程管理的应急管理国际协同合作战略

1. 基于全过程管理的应急管理国际协同合作战略内涵

基于全过程管理的应急管理国际协同合作战略是指国际上两个或两个以上的国家在突发事件应急管理的整个过程中科学规划协同合作共同进行应急预防、应急预警、应急决策与处置、事后恢复重建等应急处置工作的总体建设思路、建设重点及内容，以期增强国际协同合作应急管理能力，减少突发事件给事发国带来的损失和不良的国际影响的一系列规划活动。

2. 基于全过程管理的应急管理国际协同合作战略的内容

基于全过程管理的应急管理国际协同合作战略包括应急预防建设、应急预警建设、应急决策与处置建设以及事后恢复重建建设等四个方面的内容。

（1）国际协同合作应急预防建设内容包括应急管理国际协同合作计划的制订、应急资源的准备和整合、防灾减灾的措施。

应急管理国际协同合作计划是一种应急预案，是面对突发事件时，对政府协同世界各国开展突发事件的预防、预警、决策、救援和恢复重建等工作的规定和确保国际社会和平发展的纲领性文件。

应急资源的准备和整合是开展国际协同合作应急管理的物质基础。开展应急管理的国际协同合作必须要有充足的应急资源，在整合各国应急资源的基础上，建立和确定国际协同合作的应急救援队伍、应急物资等，并建立健全应急物资储备保障制度，完善重要应急物资的监管、生产、储备、调拨和紧急配送体系。

防灾减灾措施是开展国际协同合作应急管理的制度保障。尽管很多突发事件尤其是自然灾害无法避免，但灾害评估与早期预警相结合并采取预防和减轻灾害的措施，就能够最大限度地减轻灾害造成的人员伤亡和对社会经济的破坏。减轻突发事件危害的措施需要考虑两个关键问题，一是各个国家能否在突发事件发生前采取科学的方法阻止突发事件的发生，二是各个国家能否对灾害进行事前控制将其造成的损失降低到最小。同时，国际社会联合开展灾害应急知识培训、灾害应急演示、防灾科普教育等，也可以起到防灾减灾的作用。

（2）国际协同合作应急预警建设内容包括完善对已有突发事件的监测预报机制和可能存在突发事件的监测预警机制，以及建设科学的国际协同合作监测预警系统，建立区域、次区域灾害监测与预警合作机制。

对已有突发事件的监测预报：已经发生过的突发事件在未来仍然有发生的可能性，因此要对突发事件进行调查、分析与评估，研究特定地区、不同突发事件种类的发生规律，分析各种突发事件致灾因子的变化方式及其对自然、社会、经济和环境所造成的影响，通过对突发事件监测与识别，确定突发事件级别和解决方法，建立科学的监测预报系统以减少突发事件对社会经济和人民生命财产造成的损失。

对可能存在突发事件的监测预警：各个国家根据应急管理监测预报系统的差异性，从不同的方面对可能存在的突发事件进行监测预报，根据气象、水文、海洋、地震、国土等部门的灾害预警预报信息，结合人口、自然和社会经济背景数据库，对突发事件可能影响的地区和人口数量等损失情况做出分析、评估和预警，并及时地发布预警信息。

建设科学的监测预警系统：由于各个国家的差异性，首先应该建设各个国家的人口、自然和社会经济数据库；其次，通过国际协同合作提高监测预警的水平，协同合作范畴主要包括利用突发事件应急信息网络向公众及时、快速发布灾情，综合分析航天卫星和航空遥感获取的突发事件即时信息为减灾提供实时的基础资料；最后，研究数字化雷达拼图监测与分析灾情的技术，进行卫星、航空、遥感、雷达与常规灾害监测的对比分析，并进行灾害信息处理及传报技术的研究等。

（3）国际协同合作应急决策与处置建设内容主要包括：国际协同合作信息与决策支持平台的建设和启动程序；指定 24 小时联络点，发布灾害信息，并迅速协调救援需求和供给，避免灾害发生时事发国不能及时地吸收国际救援力量；在灾区建立有效的多国合作体系，重点建设救灾队伍和救援物资的提供和接受程序。

（4）国际协同合作事后恢复重建建设内容包括社会保障体系的建设和事后重建联合研究小组的组建。

社会保障体系即通信与信息保障、应急支援与装备保障体系，其中包括交通运输保障、电力保障、城市基础设施抢险与应急恢复、医疗卫生保障、物资保障、经费保障、社会动员保障等。各国协同合作建设社会保障体系才能确保事发国尽快恢复发展生产，使人民恢复正常生活。

事后重建联合研究小组由参与国际协同合作的各国灾后重建专家组成，研究小组通过对已获得的全部完整的灾害数据资料的分析，包括灾害发生的时间、地点、受影响的人群、破坏规模以及如何处理等，对突发事件的原因和损失进行评估研究。

（二）基于全系统管理的应急管理国际协同合作战略

1. 基于全系统管理的应急管理国际协同合作战略内涵

基于全系统管理的应急管理国际协同合作战略是指国际上两个或两个以上的国家基于应急管理各子系统间有机联动、增益协调的管理方法，科学规划协同合作应急准备系统、协同合作应急通信系统、协同合作应急资源系统、协同合作应急指挥调度系统、协同合作支持系统等全系统应急管理的总体建设思路、建设重点及内容，以期增强国际协同合作应急管理能力，减少突发事件给事发国带来的损失和不良的国际影响的一系列规划活动。

2. 基于全系统管理的应急管理国际协同合作战略的内容

基于全系统管理的应急管理国际协同合作战略包括应急准备系统建设、应急通信系统建设、应急资源系统建设、应急监测和预警系统建设以及应急指挥调度系统建设等五个方面的内容。

（1）国际协同合作应急准备系统的重心是突发事件发生前的一系列准备活动。这些活动将会对事件响应的速度和处置的效果产生重要的影响，主要包括规划、训练与演练、人员资格与验证标准、设备获得与验证标准。

（2）国际协同合作应急通信系统是其他系统正常运行的基础，在应对突发事件中起着决定性的作用，在国际协同合作应急管理中同样起着不可替代的作用。其职责是提供远程通信的基础设施，协调政府间的行动，提供紧急事态的远程通信。

（3）国际协同合作应急资源系统中的资源包括人、财、物、信息和技术，该系统可在突发事件中为事发国提供适时适当的资源、手段、程序和系统，并进行协调和监控。

（4）国际协同合作应急监测和预警系统对风险因素的快速监测、识别和预警信息的发布起着重要的作用，该预警系统主要包括应急监测子系统、分析子系统、判断子系统和应急预警子系统等。

（5）国际协同合作应急指挥调度系统是国际协同合作应急管理系统的核心部分，包括国际协同合作指挥子系统和多国协调子系统。

（三）基于全方位管理的应急管理国际协同合作战略

1.基于全方位管理的应急管理国际协同合作战略内涵

基于全方位管理的应急管理国际协同合作战略是指国际上两个或两个以上的国家从应急管理国际协同合作的角度出发，整合统筹，科学规划政府、国际组织和非政府组织之间的应急管理协同合作以及统筹考虑应对突发事件各方面工作的全方位管理策略的总体建设思路、建设重点及内容，扩大应急管理协同合作范围，提升国际协同合作应急响应效率的一系列规划活动。

2.基于全方位管理的应急管理国际协同合作战略的内容

基于全方位管理的应急管理国际协同合作战略包括政府间的应急管理协同合作，以及政府与国际组织和非政府组织间的应急管理协同合作。

（1）政府间的应急管理协同合作内容包括政府间应急管理协同合作体系、机制、法制和应急预案等方面的建设。

（2）政府与国际组织和非政府组织间的应急管理协同合作首先需要建立统一的应急通信网络系统，以此确保突发公共危机信息实时共享。这一网络系统包括政府与国际组织和非政府组织。同时，还应该不断完善联合国目前实行的机构间联合呼吁机制（CAP），充分利用这一重要渠道筹集资金。最后，应加大非政府组织在突发事件应急管理中的作用，加强各资源供应和人员支持的协调管理，避免资源重复浪费。

（四）基于全面应急响应的应急管理国际协同合作战略

1. 基于全面应急响应的应急管理国际协同合作战略内涵

基于全面应急响应的应急管理国际协同合作战略是指国际上两个或两个以上的国家针对影响力巨大的突发事件而制定多政府、多部门共同参与的应急联动预案，科学规划协同合作全面应急响应的标准、级别及响应流程，整合协调综合应急服务资源，规划全面应急响应策略的总体建设思路、建设重点和内容，通过增强各国政府之间的全面应急联动管理能力来提升国际协同合作应急响应效率的一系列规划活动。

2. 基于全面应急响应的应急管理国际协同合作战略的内容

基于全面应急响应的应急管理国际协同合作战略包括全面应急响应战略规划、综合应急服务资源整合和应急联动管理建设等三个方面的内容。

（1）国际协同合作全面应急响应战略规划包括全面应急响应的标准制定、级别设置、响应流程设计等内容。

（2）国际协同合作综合应急服务资源整合包括人力、财力、物力、信息资源的整合以及统一调度。

（3）国际协同合作应急联动管理建设包括应急联动组织体系的分类分级、职能部门职能确定、协调机制建立、联动流程设置等建设内容。

（五）基于全手段管理的应急管理国际协同合作战略

1. 基于全手段管理的应急管理国际协同合作战略内涵

基于全手段管理的应急管理国际协同合作战略是指国际上两个或两个以上的国家综合运用传统与非传统、有形与无形的管理手段（如行政、法律、经济和技术手段等）的总体建设思路、建设重点及内容，以提升国际协同合作应急管理能力的一系列规划活动。

2. 基于全手段管理的应急管理国际协同合作战略的内容

基于全手段管理的应急管理国际协同合作战略包括行政手段建设、法律手段建设、经济手段建设和技术手段建设等四个方面的内容。

（1）行政手段建设包括政府间行政手段的规范和行政协定，不同行政手段的选择和运用，以及行政手段运用效果的评估、反馈和修正等。

（2）法律手段建设包括完善国际法章程、规则和决定，确定政府间法律支撑体系，选择和运用各种法律手段，进行法律手段运用效果的评估、反馈、修正等。

（3）经济手段建设是指政府间经济手段的选择和运用，以及经济手段运用效果的评估、反馈、修正等。

（4）技术手段建设包括高端技术支撑体系的确立，技术手段的选择和运用，技术手段运用效果的评估、反馈、修正等。

（六）基于全社会管理的应急管理国际协同合作战略

1. 基于全社会管理的应急管理国际协同合作战略内涵

基于全社会管理的应急管理国际协同合作战略是指国际上两个或两个以上的国家为提高社会公众参与度，科学制定人力资源保障政策制度、动员体系建设制度和社会参与机制，实现全社会应急协同合作管理，从而提升应急响应效率的一系列规划活动。

2. 基于全社会管理的应急管理国际协同合作战略的内容

基于全社会管理的应急管理国际协同合作战略包括动员体系建设、社会参与机制建设、人力保障体系建设和支撑政策制度建设等四个方面的内容。

（1）动员体系建设包括全社会管理动员体系组织结构建立、职能部门职责确定、动员权限赋予等。

（2）社会参与机制建设包括参与机制建立、参与标准确定、参与流程设立、参与效果评估等。

（3）人力保障体系建设包括人力资源的分类管理、人力保障体系建立以及运行管理、人力保障体系运用与评估等。

（4）支撑政策制度建设包括动员政策制度支撑体系建设、参与制度支撑体系建设、人力保障支撑体系建设等。

第四节　应急管理国际协同合作战略规划

应急管理国际协同合作战略规划是指对国际应急管理活动中制定的方略、策略以及所采取的方式、方法和手段进行一个较为全面长远的发展计划。国际协同合作战略规划的目的就是使各国在应急管理的协同合作中明确目标和方向，使战略得以成功地实施。

一、应急管理国际协同合作战略规划的基本原则

应急管理国际协同合作战略规划的原则是正确处理国家与国家、国家与城市、国家与地区的关系以及国家间和国家内部应急管理协同合作关系。在进行应急管理国际协同合作战略规划的过程中，应遵循和坚持以下基本原则：

（一）整合原则

应急管理国际协同合作战略规划要坚持从实际出发，正确处理和协调各种关系的整合原则。

科学制定应急管理国际协同合作战略规划，逐步完善应急管理国际协调合作战略体系，理顺应急管理国际协同合作的体制机制，密切与各国间的战略合作伙伴关系，与合作国家实现资源和信息共享，充分利用现有资源，提升应急队伍能力和装备物资等硬件实力，提高国家综合应急能力，避免重复建设。以国际协同合作为核心，围绕应急体系薄弱环节来加强建设，优先解决制约应急响应时效的突出问题，提升第一时间快速响应能力。

（二）远近兼顾原则

远近兼顾原则就是要正确处理好应急管理国际协同合作战略规划近期建

设与远期发展的辩证关系。任何一个国家或城市的应急管理都有一个形成发展、转变更新的过程，一个国家的应急管理国际协同合作的近期建设是远期发展的一个重要组成部分。因此，既要保持近期建设的相对完整性，又要科学预测应急管理国际协同合作远景发展的需要，不能只顾眼前利益而忽视了长远发展，要为远期发展留有余地。

（三）平战结合原则

平战结合、多主体参与的治理结构是改善全球化条件下突发事件应急管理现状的根本途径。平战结合原则是指政府突发事件响应机构既负责日常一般突发事件管理，又作为重特大突发事件的基础力量或重要组成力量。这里的"战"是相对于一般突发事件而言的。平战结合、多主体参与既能使重大突发事件的管理有良好的基础，并充分发挥各国的协同合力，又能使一般突发事件得到解决。同时，大幅度降低国家突发事件应急管理的运行成本和交易成本。

（四）政府主导原则

在建立应急管理的国际协同合作时最重要的一点就是要发挥事发国政府的主导作用，建立健全应急管理行政领导负责制和责任追究制，强化政府责任；加大对公共安全研究、技术开发应用和应急体系建设的资金投入，同时加强与世界发达国家的技术交流合作，提高应急科技水平和保障能力。事发国政府应充分发挥政策导向作用，把政府管理和世界各国协同合作有效结合起来，不仅形成与世界各国政府建立协同合作的应急机制，还建立与各国的企事业单位、科研院所等相结合的综合应对机制。

（五）协调原则

协调原则包括两方面：一是要依据《国际法》和《中华人民共和国突发事件应对法》，做好与相关法律的协调工作，理顺与各国有关行政主管部门的业务关系，分清职责范围，各司其职，避免产生矛盾、出现多头管理的不正常现象；二是建立健全应急管理体制，将"统一领导、综合协调、分类管理、分级负责，条块结合、属地管理"真正落实到应急管理体制中，实现应急管理国际协同合作的高效化。

（六）自主研发、科技创新与引进先进技术相结合的原则

将国际科技资源运用到我国应急管理建设中来。提高政策上对技术引进的宏观指导和统筹协调，合理控制引进技术的层次和成本，将人才和智力引进有机结合。与此同时，先进技术和优秀人才要服务于自主研发和科技创新，创建新理论、新方法、新模型，创造新技术、新工艺、新材料，逐渐把引进技术调整为自主创新。

二、应急管理国际协同合作战略规划的构想

以党和国家应急管理战略思想为指导方针，坚持以世界和平发展为目的，以保障世界民众生命财产安全为根本，以基于"六全"管理的应急管理国际协同合作战略——基于全过程管理的应急管理国际协同合作战略、基于全系统管理的应急管理国际协同合作战略、基于全方位管理的应急管理国际协同合作战略、基于全面应急响应的应急管理国际协同合作战略、基于全手段管理的应急管理国际协同合作战略、基于全社会管理的应急管理国际协同合作战略为出发点，实现信息、资源、技术共享以及对突发事件的协同应对，最大限度地减少突发事件造成的社会损失和不良的国际影响，全面提升国际协同应对突发事件的应急反应和处置能力，促进国家经济社会可持续发展。

三、基于"六全"管理的应急管理核心能力战略规划的建设重点

（一）基于全过程管理的应急管理国际协同合作战略的建设重点

1. 国际协同合作应急预案体系建设

包括总体应急预案和专项应急预案。最初由参与国际协同合作的国家共

同制定总体应急预案，确定突发事件的应急目标，制订发展策略、管理办法和详尽的实施计划，并成立或指定具体机构去实施该应急预案；后期由联合国牵头制定总体应急预案，作为处理突发事件的纲领性文件。在总体应急预案的基础上，制定应对具有重大影响的某类突发事件应急预案。

2. 监测与预警体系建设

通过知识技术共享与合作开发，提高协同合作应急技术，尤其是监测预警技术，整合资源，规划完善紧急状态下的信息收集、分析和披露等制度，提高信息沟通与传递能力，通过上述系统化建设增强科学预警能力。

3. 信息和指挥平台建设

依托现有专业信息与指挥系统，按照国际技术标准，连接联合国应急办公室网络系统与我国建立协同合作国家的应急平台。建立国家间的协同应急平台，实现应急信息资源整合与共享、信息汇总和发布、辅助决策、视频会商、综合研判、日常值守等功能；同时完善专业的应急信息与指挥系统，充分发挥我国环境保护、国土资源、民防（人防）、地震和气象公安、民政、卫生、安监、质监、交通、水利、农业、畜牧、林业、建设等专业应急信息与指挥系统以及联合国、国际红十字会、国际原子能机构等国际组织的作用，加强信息共享，实现协同指挥调度和总结分析等功能。

4. 恢复重建能力建设

加强灾民安置和现场恢复能力建设，通过各种媒体积极动员国际社会力量参与灾后恢复重建，完善对灾区恢复重建的援助机制，形成监督有力、运转高效的由事发国政府主导、国际社会广泛参与的恢复重建机制。

（二）基于全系统管理的应急管理国际协同合作战略的建设重点

1. 应急准备系统建设

（1）应急管理国际协同合作培训平台建设。我国政府一直鼓励各高校和科研院所参与国际合作办学和国际学术交流，在机构共建、学术交流、人才培养、师资队伍建设等方面加强与国外著名学术机构和专家的沟通与对接的同时，致力于国际协同合作培训平台的建设。应急管理国际协同合作培训平台是国际社会专家与我国应急管理工作人员进行交流的一个有效途径。依托我国现有培训资源，引进应急管理人才来我国工作，邀请国际应急专家对我国应急管理人员进行培训，派遣我国应急管理工作人员到国外进行考察、培训，以重点提高我国应急管理人员和各级领导干部的应急知识和指挥技能。联合国定期开展应急技术专家培训班加强各国之间技术人员的交流，并由先进国家牵头，在国际协同合作参与国轮流开展技术专家培训班，逐步提高发展中国家应急管理的能力。

（2）应急管理国际协同合作演练平台建设。根据国际协同合作应急预案对演练的形式、范围、规模等予以设置。一方面，通过演练才能有条不紊地做出应急响应，提高政府应对突发事件的应急能力，增强群众自我防御和避险意识；另一方面，通过演练验证预案的有效性，逐渐提高应急管理人员与群众面对突发事件的应变能力。2011年5月22日第四次中日韩领导人会议宣称三国就灾害管理合作达成共识，指出将考虑举行演练（桌面演练）和多重灾害联合演练。这一宣言对国际协同合作演练平台建设具有一定的推动作用，对提高中日韩应急管理协同合作能力起到积极作用。

（3）应急管理国际协同合作应急资源的利用建设。在人力资源上，让各国的应急管理专业人员各司其职，将其分为专家、救援和医疗三个小组。专家小组负责提供危机管理方面的理论支持，对预警、决策和恢复重建等方面进行指导；救援小组负责行动，包括搜救和转移死伤者等任务；医疗小组负责医疗、控制疫情、宣传教育工作，包括诊断和辅助诊断伤者、预防疫情的发生和蔓延，对常见灾害事故进行宣传，和组织重点人群进行培训和演练。在物资资源上，建立紧急物资的储备、发放和分配工作制度，重视非政府组织在危机管理中的作用，整合不同的物资来源渠道来保障危机发生后能快速援助到位，完善联合国目前实行的机构间联合呼吁机制（CAP），充分利用这一重要渠道筹集资金。在信息保障上，建立完善的信息传递、公开和反馈机制。建立联合国与各国、国际组织和非政府组织间的应急通信网络系统，确保突发事件相关信息沟通顺畅；建立应急信息管理平台，负责所有重大突发事件相关信息的管理，收集、汇总所有曾经引发突发事件因素的相关数据，观察可能造成突发事件的相关因素，对已经处理过的突发事件进行反馈信息采集，监测一切易引发危机事故的不安定因素等。在技术保障上，将世界先进检测技术运用进来，将网络、卫星监测、全球定位系统和遥感等技术和国际前沿的管理方法引入突发事件应急管理领域。这方面主要包括如下三项工程：一是评估，包括灾害管理、地理和环境、经济和统计分析等内容，形成灾情分析和危机评估报告；二是遥感应用，包括遥感、地理信息系统等远距离监控技术，负责接收和分析卫星传送的信息；三是网络通信，包括计算机和移动网络、移动通信等电子设备，维护危机管理部门的网络和确保对外的通信畅通。

2.通信系统建设

规划和设置对通信系统进行管理的部门，并确定其职责。根据应急通信具有随机性、不确定性、紧急性、灵活性和安全性等特点，对应急通信系统的构建应遵循以下原则：首先，应急专用通信系统需要独立于公众网络之外；其次，应急通信系统需集数据、话音、视频于一体；最后，由于固定网络、移动网络、卫星网络、多媒体网络、互联网都具有各自的特点和优势，应急通信应当将各种网络联合起来，优势互补、相互协作以便更好地完成更复杂的通信任务。

3.资源系统建设

规划和设置对资源系统进行管理的部门，并确定其职责；建立一种描述、盘点、申请和跟踪资源子系统，并设置在紧急突发事件发生前和过程中激活该系统的程序；建立在突发事件发生前和过程中分派资源的子系统；建立在突发事件过程中和结束后解除和召回资源的子系统。

4.监测和预警系统建设

利用增加监测预报点以及扩大监测覆盖面来全面完善区域突发事件监测网络，引进先进技术或合作开发新技术提高监测精度和自动化水平。

建立预警信息快速发布机制，依据地缘关系建立区域性监测与预警系统。利用网络和通信整合国内外预警信息，建立区域性的突发事件预警系统，实现对跨区域综合灾情进行全面的预警信息汇总和分析研判，达到实时发布灾难预警信息的效果。通过互联网和移动互联网包括手机短信、大众媒体等方式发出警报信息，实时发布预警信息，提高各类突发事件的监测预警能力。

在时机成熟和资金充足的情况下，由联合国突发事件应急管理机构发起建立全球预警系统，该预警系统主要包括应急监测子系统、应急预警子系统、分析子系统、判断子系统等。

5.应急指挥调度系统建设

设立一套共同的应急管理术语，使得所有参与国家、部门、组织和支持机构在紧急情况下不会因为混淆概念而影响工作；在突发事件发生时，明确参与救援的国家和组织的构成和岗位职责；将各种设施、装备、人员、规程和通信进行统一整合与调配，从而实现对突发事件的快速高效管理。

（三）基于全方位管理的应急管理国际协同合作战略的建设重点

按应对突发事件类别划分的基于全方位的国际协同合作应急管理体系建设。规划建设分别应对自然灾害、事故灾难、公共卫生事件、社会安全事件四类灾害事件的全方位应急管理体系。成立国际协同合作应急管理秘书处，该机构由地震部门、安监部门、交通部门、通信管理部门、领土领空领海部门、建设部门、环保部门、卫生部门、气象部门、环保部门、铁路部门等职能部门组成，国际协同合作应急管理秘书处与各国政府成立的应急管理机构密切联系；国际协同合作应急管理秘书处要根据四类灾害事件，明确应急责任部门和应急协管部门，确定专职或兼职人员负责应急管理工作，形成一套应对四类突发事件的全方位管理体系。随着应急管理体制的健全和实际情况的变化，突发事件的应急主管部门和协管部门将不断进行补充、调整和完善。

（四）基于全面应急响应的应急管理国际协同合作战略的建设重点

1.按应对灾害事件类别划分的国际协同合作全面应急响应体系建设

规划建设分别应对自然灾害、事故灾难、公共卫生事件、社会安全事件四类灾害事件的全面应急响应体系。国际协同合作应急管理秘书处要明确分别应对这四类灾害事件的监测预报、防灾抗灾、救灾、援建活动的责任部门，并建立一套全面性的应急响应标准、级别及应急响应流程，确保对四类灾害事件的科学应急响应，提高应急响应效率。

2. 基于全面应急响应的应急管理国际协同合作救援网的建设

认真落实《国家突发公共事件总体应急预案》，建设和完善以国际协同合作为基础的应急技术支持中心，逐步形成覆盖全球的应急管理国际协同合作救援网。

（1）应急技术支持中心建设。以政府为主导，依托国际上的有关科研院所、高等学校、军队力量和大型企业，整合优势资源，引进先进技术和专业人才，组建应急技术支持中心，包括国际应急监测技术研究中心，主要开展监测技术与方法研究及装备研制，为突发事件提供监测与分析手段和技术支持；国际应急决策技术支持中心，主要开展应急技术研究、事故预测与后果评价、应急决策支持系统研究开发和应急培训等，并在应急响应期间为国际应急决策提供技术支持；国际应急技术管理中心，主要负责国际应急指挥中心和应急管理国际协同合作救援网的运行、维护和管理。

（2）应急队伍建设。首先，完善专家信息共享和参与应急工作的机制，建立国际应急救援专家数据库，将各国各个方面应急专家信息共享，形成覆盖全国的应急专家咨询网络；定期开展专家咨询与会商、培训和演练等活动，让各领域专家在处置不同类型突发事件中及时地发挥最大作用。其次，不断建设国际救援队伍和国际志愿者救援组织。尤其是非政府救援组织，在国际红十字会和其他国际救援组织的引领下，积极调动国内的共青团和红十字会、青年志愿者协会等各种力量，建立专业的应急救援队伍，并构筑国际志愿者社会参与平台，真正将民间力量运用于应急管理，健全管理体制和运行机制。国际志愿者队伍将在科普宣教和应急救助、灾后恢复重建等方面起到前所未有的巨大作用。

（3）物资保障能力建设。首先，充分利用各国政府和跨国企业物资储备资源，建立国家之间、省份市区之间以及单位部门间的应急物资余缺调剂和联动工作机制；同时整合应急实物储备资源，适时新建综合应急物资储备库。其次，全面建设国家之间的应急物资保障机制和体制，建立健全国家间的应急物资生产与储备、征用及紧急配送机制；在实现国家间的应急信息共享基础上，整合实物储备信息资源，建立国家间、地区间的应急物资信息管理系统，建立健全应急物资储备补充和更新、轮换与调运等管理制度，完善应急物资紧急生产、采购、征收征用、余缺调剂与调运机制。最后，拓展筹资渠道，根据世界主要发达国家的应急物资的品种和数量，依据国家和不同地区的实际情况调整专业应急物资储备品种和数量，构建布局合理和种类齐全的专业应急物资储备体系。

（4）紧急运输保障能力建设。建立健全国家间、地区间的应急运输保障协调机制，完善紧急情况下国际社会运输工具的征用和补偿机制，以及应急队伍和物资运输紧急通行的绿色通道制度和运行机制。依托本国和国际的航空、公路、铁路、船舶等运输资源，调动协调国内外各方面的运输工具，建立国际应急救援物资和队伍的紧急快速运输通道。

（五）基于全手段管理的应急管理国际协同合作战略的建设重点

1. 行政手段建设

设立国际协同合作应急管理秘书处，建立突发事件警报发布机构，制定突发事件警报发布制度，利用公共关系手段调节社会传媒和有效引导新闻媒体，从而构成应急管理国际合作的组织和制度基础。

2. 经济手段建设

建立和维持国家间的友好贸易往来，加强与国际组织和非营利性组织之间的交流合作，以拓宽资金来源渠道从而保障应急资源的供给。

3. 技术手段建设

运用应急通信技术、运输与调度技术、检测监测技术和调查分析技术，包括公众通信网、数字集群、无线传感器、点对点（Ad hoc）自组织、微波、视频会议和视频监控、安全和加密、定位、卫星通信、地理信息系统等多个技术领域，以满足应急管理国际协同合作战略的技术需求。

（六）基于全社会管理的应急管理国际协同合作战略的建设重点

1. 全社会管理的人员体系建设

基于全社会管理的应急管理国际协同合作的人员体系建设主要包括四个队伍的建设：国际应急救援队、国际医疗救援队、国际应急专家队伍、国际应急志愿者队伍。

2. 全社会管理的社会动员与参与体系建设

社会动员的建设主要是在国际协同合作应急管理秘书处设立应急人员指挥部门，由该部门负责统一调配与部署，以利于提高应对突发事件的响应能力，同时也避免了多头领导的混乱现象。完善社会参与体系主要从制度与规则着手，制定应急人员的动员流程和参与机制、参与标准及程度确定、参与流程等，从而提高社会人员的参与程度。

四、应急管理国际协同合作机制建设重点

（一）应急管理国际协同合作战略的信息共享机制建设

在突发事件状态下，突发事件应急管理具有信息有限性的特征，主要表现为信息的不完全、不及时、不准确。由于突发事件涉及因素具有广泛性和复杂性，以及突发事件事态发展本身的随机性和不确定性，决策者不可能在非常有限的时间内掌握和控制所有的突发事件事态发展信息，从而使得突发事件相关信息不完整。突发事件事态发展具有急剧变化性，而且突发事件的信息从发现到传输至突发事件应急指挥决策机构，中间要经历若干组织的中介运作，最高决策者对突发事件信息的掌握滞后，从而使得突发事件相关信息传递不及时。造成获取的突发事件信息不准确主要有两个方面的原因：一方面，在突发事件信息的反馈和处理过程中，信息极易失真，其正确性和有效性很难得以保证；另一方面，突发事件当事方出于某种需要发出虚假信息，且突发事件发生后各种谣言和小道消息也容易在社会上流传。克服突发事件应急管理中信息有限性的有效办法就是建立信息共享机制。信息共享机制主要包括信息获取、信息甄别和信息整合机制。

1. 信息获取机制建设

对于突发事件的应急管理来说信息是最宝贵的，许多突发事件的应急处理之所以不合理主要是由于缺乏权威的信息。实践证明，突发事件应急决策者拥有充分的信息才能确保做出合理正确的决策。信息获取机制的完善可以让突发事件当事国获得全面准确的突发事件信息，从而合理决策。建立信息获取机制，首先是建立突发事件当事国之间的信息通报机制。依据合作国家政治关系的不同，当合作国家的政治比较消极时，通过双方的经济、社会、文化等非政治渠道保持联系；当双方所有关系都是消极的，则可通过第三方国家来保持联系。其次，建立突发事件当事国与盟国之间的信息合作机制。通过对信息获取机制做出明确规定，确保当事国在突发事件发生状态下能够获得可靠准确的信息。如 1997 年 9 月公布的《日美防卫合作新指针》就明确规定，美日两国要建立协调机构，制定共同基准，确定包括对情报要求、搜集、处理及发布上的协调方式，互通以亚太地区为中心的国际形势情报，密切磋商防卫政策和军事态势。最后，建立突发事件当事国与国际组织或智囊机构之间的信息合作机制。全球化时代，世界各国面临的危机和威胁不能简单地用国内和国外来划分，国际情报合作显得尤为重要。如"9·11"事件发生后国际刑警组织美国中央局曾向国际刑警组织各会员国中央局求援，希望各国能提供这次攻击事件的相关情报，也正是在其他国家的合作下，美国政府才得以迅速确认恐怖分子并立即开展搜索恐怖分子行动。

2. 信息甄别机制建设

在突发事件发生过程中信息不容易及时准确送达。有时危机领导者为了应付国内选民、压力集团或反对派而采取的公开表现，往往会被对方或国际社会误解，并对领导者处理国际危机的各种努力造成严重妨碍。20 世纪 70 年代，格伦·斯奈德和保罗·戴辛通过对大量危机个案的分析，发现个案中只有信息源发出的信息与接受者接受的信息大体相似，也就是说突发事件中信息失真率达到 60%，这表明建立信息甄别机制是刻不容缓的，及时准确地对获取的危机信息进行筛选十分重要。信息甄别机制的建立主要包括三个方面：一是建立国家间的联合情报中心，跨国进行联合情报分析。不仅要及时提供各种有关的突发事件情报，而且要随时调整对突发事件问题的定义，列出限制决策范围和各种约束条件，预估外界对所做决策的可能反应，并随着决策的实施重新评估各种因素和突发事件变项。二是政府对各种媒体的全面管理，让媒体公正介入突发事件，使突发事件信息比例合理化，运用各类媒体的力量促进突发事件应急管理主体和民众之间的沟通，争取国际社会对突发事件当事国政府的支持。此外，还要增强民众对媒体信息的识别能力。三是建立危机事件案例库，将各类突发事件的全面信息进行整合入库，通过认识案例提高对各类危机特点规律的认识。

3. 信息整合机制建设

信息整合机制的建立为突发事件应急管理提供准确可靠的信息支撑，为各职能部门联动和社会资源的协同运作提供依据。突发事件的信息整合包含事前、事中、事后三个时期，不同时期的整合侧重点不尽相同。事前整合包括政府间的情报共享，学者间的学术交流等渠道，跟踪和收集潜在突发事件对象国的动向变化，分析危机诱因的形成原因和发展趋势，对可能的灾害和危机进行早期预警。事中整合是指通过国家之间的信息共享来保持国内外突发事件信息交流畅通，进而增强对突发事件信息的掌握，为决策者提供及时高效的有关突发事件演进的方向和发展趋势，让老百姓对突发事件的情况有准确全面的认识，让民众保持情绪稳定了解决策层化解突发事件做的各种努力，避免出现因民众恐慌而增加决策者的压力的恶化决策环境。事后整合是引导国内外舆论正确认识和评价突发事件，认真吸取经验教训，医治和恢复突发事件造成的社会心理创伤，不断推动突发事件应急管理的改革创新。

（二）应急管理国际协同合作战略的协调机制建设

突发事件应急管理中的国际协同合作离不开国际协调机制。国际协调机制是一种多国达成一致目标的政策行为，主要指两个以上国家的政府或有关的国际机构，为解决涉及危机当事国及各方利益的国际问题和矛盾，通过某种形式的协商，对国际关系和活动进行联合干预、管理和调节。总体上，突发事件应急管理中国际协调机制的形式可以分为特定式和机构式两类。特定式协调是为了解决特定突发事件而进行讨论和磋商，具有临时性和灵活性等特点。机构式协调是参与突发事件协调的国家事先达成协议，建立代表机构，共同协商、共同决策并共同付诸实施，具有长期性和稳定性等特点。基于内容的角度，国际协调的具体形式可分为国际组织、国际会议、国际条约和协定等形式；基于组织的角度，可分为联合国集体协调和地区协调等形式；基于参与协调对象的角度，可分为双边协调和多边协调等形式。构建危机管理中的协调机制必须把握两个关键环节：

1. 优化突发事件国际协调机制的内部结构

突发事件国际协调机制的内部结构不同，效果也不同。优化突发事件国际协调机制的内部结构，必须慎重选择突发事件国际协调机制中的第三方。依据国际冲突的第三方介入理论，应把第三方分为主要调解者（与突发事件中的一方有间接利益关系）和中立调节者（与突发事件中的双方都没有直接和间接利益关系）两种。引入前者，会改变原有的双方的互动机制和整个权力结构，博弈结构从原有的双方博弈转变为三方（多方）博弈。引入后者，不仅保持既有的权力结构和博弈结构，便于打开僵局，通过创新寻找解决之道，还可以隐藏协商中的某些让步，使突发事件当事国某一方体面地退出。是否运用国际协调机制和是否需要第三国的参与，要根据当时的具体情况而定，如果某一种形式的参与作用从总体上有利于和平解决危机和维护本国利益，就应当鼓励；反之，就应当采取措施给予限制或制止。建立和发展突发事件国际协调机制，联合国在国际危机处理中具有任何区域性国际组织所不具备的作用：首先，联合国作为一个全球性国际组织得到了绝大多数国家的认同，它的决策在全球范围内具有较强的权威性；其次，联合国及其下属机构（如国际原子能总署）曾经在各种突发事件处理中发挥过积极作用，"9·11"事件发生后，美国也是通过联合国与全球绝大多数国家建立起了共同反对恐怖主义的联盟；再次，联合国在其直系范围外与其他国际组织保持着牢固的伙伴关系，其突发事件应对模式已经日趋成熟，联合国维持和平行动、联合国救援行动也开展得卓有成效；最后，国际红十字会等全球性国际组织也已经适应联合国的各种突发事件应对模式，其救援活动常常与联合国的各种突发事件救援行动密切配合。

2. 正确处理全球性协调机制与区域性协调机制的关系

在联合国机制框架下，应特别注意发挥大国协调机制的关键作用。在1998 年印巴核试验突发事件应急管理中，正是由于联合国五大常任理事国发表联合公报，才阻止了这一核危机的进一步恶化。区域协调机制既有可能成为联合国协调机制的有益补充，也有可能成为对联合国协调机制的挑战乃至威胁，在大国尤其是主导国的引导下，有可能损害所有成员国在该问题领域内的共同利益。1999 年科索沃战争的爆发，反映了全球性国际协调机制与区域性协调机制之间以及不同区域性国际协调机制之间的困境。因此，突发事件应急管理必须处理好全球性国际协调机制与区域性国际协调机制之间存在的竞争关系。

（三）应急管理国际协同合作战略的联盟机制建设

应急管理国际协同合作战略中的联盟机制，是指国家通过与其他国家或国家集团结成一定形式的战略盟友关系来控制突发事件和维护本国国家利益，其实质就是争取自己的盟友，分化瓦解对手的同盟关系，从而形成有利于自己的力量态势，掌握突发事件应急管理的主动权。

突发事件应急管理联盟机制的构成和效能取决于结盟方式，危机管理联盟机制具有多种类型。根据结盟国家的数量多少，可将联盟机制划分为双边联盟机制和多边联盟机制。双边联盟和多边联盟各有优点：双边联盟机制使突发事件当事国容易统一行动，降低了多边联盟之间谈判、协商等烦琐程序和达成一致的难度，使联盟机制的运行更加顺畅高效；而多边联盟机制则避免了双方联盟在遇到矛盾时易于僵化和难于妥协的弱点，使联盟的运行更加灵活持久，更能适应突发事件不确定性发展的需要。根据结盟国家之间关系的密切程度，可将联盟机制划分为正式联盟机制和临时联盟机制。正式联盟机制一般以条约或默契为联系纽带，设有专门的管理机构，因而具有相对稳定性，对危机事态具有较强的影响力和控制力。临时联盟机制在突发事件爆发前并不存在，因此缺乏明显的突发事件遏制效果，同时由于各有关国家之间缺乏共同的设备、资源和经验，难以快速有效地协调，从而降低了防止和阻止突发事件的效能。在可预见的未来，突发事件应急管理中临时联盟机制只能是正式联盟机制的有效补充。

突发事件应急管理联盟机制的稳定性受多种因素制约。联盟机制具有开放性和动态性，其发展变化往往会改变突发事件当事国之间的力量对比，从而影响突发事件事态的走向。对于突发事件当事国而言，争取尽可能多的国家支持并确保联盟机制的相对稳定是突发事件应急管理的重要内容。联盟机制的稳定性受多种因素的影响，主要表现为国家利益、意识形态、联盟结构三个因素。一是国家利益变化通过影响联盟成员国的选择而影响联盟机制的稳定性。突发事件的发展变化过程，既是突发事件当事国之间利益严重对抗的过程，也是突发事件当事国对各自的利益进行再认识、再选择、再调整的过程，联盟成员国对当前利益和长远利益的重新判断和排序，将导致结盟关系的变动，从而动摇联盟机制的动力基础。二是意识形态差别越小对维持联盟稳定的作用越大。与国家利益需求相比，意识形态因素对维持联盟稳定的作用是第二位的。纵观第二次世界大战后的联盟发展史，具有相同的意识形态和社会制度的国家之间的联盟关系更牢固，在突发事件过程中更容易协调立场，达成一致。三是联盟内部的目标与实力对称性对联盟的稳定性有着重大作用。在那些由实力不等、战略目标不完全相同的国家组成的"非对称性"联盟中，利益诉求往往具有互补性，联盟机制比较稳定；而对于那些国家实力相差不大、战略目标大致相同的国家组成的"对称性"联盟中，利益诉求可能具有对抗性，联盟机制的完整性和有效性常常遭到破坏。在突发事件应急管理中，应以国家利益为核心，合理选择联盟对象，将双边联盟机制与多边联盟机制、正式联盟机制与非正式联盟机制有机统一起来，灵活组合，确保联盟机制的稳定，提高突发事件应急管理的总体效能。突发事件应急管理联盟机制的运用是合作与对抗博弈互动的过程。一方面，突发事件当事国要运用联盟机制壮大自己的力量，形成有利的突发事件控制态势，获取更大的利益；另一方面，突发事件当事国各方还要运用己方的联盟机制相互对抗，以期削弱对方的联盟力量，掌握危机管理的主动权。由于联盟本身就是一个潜在的突发事件诱导因素，联盟机制的运用也因此加大了突发事件应急管理的不确定性，突发事件当事国在开展联盟合作的同时，也需要付出代价。对于突发事件当事国而言，在突发事件应急管理中灵活运用联盟机制，就是要能够从众多利益中抓住那些国家最核心、最根本的利益，适当改变联盟对象，获取最大的联盟效益。

第五节　应急管理国际协同合作战略实施

一、战略实施的原则

（一）合理原则

在制定协同合作目标和协同合作战略的过程当中，由于信息和决策时限以及认知水平等多方面原因使得预测结果并不准确，往往会造成应急管理国际协同合作战略制定效果不佳。随着战略的实施，应急管理体系内外部条件不断变化，突发事件情况错综复杂，所以如果战略目标的主要内容基本符合战略预定目标，就可以视为此战略的制定及实施是成功的。在实际操作过程中，很难严格参照事先拟订的战略计划进行执行，所以说战略的实施需要执行人员在对局势准确分析的基础上进行创造和革新。战略实施过程不是一个机械过程，战略实施需要创新精神，新战略本身就是对旧战略或者旧战略中某些文化、价值观念的否定，战略实施过程可以看作是对战略的全新创造过程。在战略实施过程中，战略的某些内容或特征有可能因为创造革新而改变，但只要总体目标能够实现就是合理的。

国际协同合作目标和战略需要国际合作组织机构分级分工来实施，需要把复杂的总体战略落实到具体的实施过程中，并需要各部门以及部门各基层组织分工去贯彻和实施。虽说国际合作组织机构是应国际协同合作战略的需要而建立的，但国际合作组织机构的建立就必然涉及其所属机构各自的利益与要求，本位利益会使各组织国家利益发生矛盾和冲突，因此高层管理者需要协调甚至妥协，依照客观条件去寻求相对的合理性。在不损害大的目标和战略的情况下进行适当的容忍，这就是战略实施中需要遵循的合理性原则。

（二）统一原则

对应急管理国际协同合作战略的认识和了解应该贯穿整个领导层，而通常最高层领导人员应该理解最深，因为最高层对应急战略的各个方面的要求以及关系了解得更全面，对战略意图体会最深刻，因此战略的实施应当在高层领导人员的统一领导、统一指挥下进行。这是因为他们比中下层管理人员以及一般管理者掌握的信息要多，只有这样才能在资源的分配、组织机构的调整、信息的沟通及控制、激励制度的建立等各方面相互协调、平衡，才能使各方面为实现战略目标而卓有成效地运行，这就是战略实施中需要遵循的统一原则。

（三）权变原则

在制定应急管理国际协同合作战略时往往在一定的环境条件上假设，所以在应急管理战略的实施过程中事件的发展与假设很有可能有所差别甚至出现巨大的偏离，当内外环境发生巨大的变化导致战略实施已不可行，这时就涉及战略实施的权变问题。战略实施过程本身就是解决问题的过程，权变的关键在于准确地掌握环境变化的程度，当环境变化较小时而改变战略，易带来消极后果，造成人心浮动，导致事倍功半。当环境发生了很大变化，仍坚持实施既定战略也容易导致消极后果，因此权变的关键在于如何衡量环境的变化。

从战略的制定到战略的实施都适用于权变原则，只有把权变贯穿于战略实施的全过程当中才能有效达到战略目的，通过识别战略实施中的关键变量并做出灵敏度分析，当变量变化超过一定范围时，就应当给既定战略做出调整或准备替代方案，这需要对可能发生的变化及其可能造成的后果非常熟悉，以及对应变替代方案要有足够的了解和充分的准备，这就是战略实施中需要遵循的权变原则。

二、战略实施

战略目标的实现依赖于战略规划和战略实施。随着世界经济全球化，各类型突发事件频发，专注于制定战略目标然后仔细做好战略规划实施工作，运筹多方位的国际协同合作制定符合当前新形势下的战略十分必要。

（一）建立一个严密的国际应急管理机构

应急管理国际协同合作的主要参与者包括各国政府、联合国机构、国际红十字会以及国际性或区域性的非政府组织（NGO）等，后三者构成了一个"人道主义社会"。这些组织各自的利益和目标是存在差异的，但其协调合作是突发事件应急管理能否有效的关键所在，同时组织间的相互理解和尊重是实现突发事件应急管理国际协同合作的前提。

当前，应抓住联合国改革的机遇，重新唤回对联合国体系的尊重，充分利用联合国机构既有的与各国政府、其他国际组织及非政府组织间的沟通渠道和协调机制，充分发挥联合国人道主义事务协调办公室（OCHA）在全球性突发事件应急管理中的主导地位，并组建应急管理国际协同合作秘书处。明确应急管理参与方的角色和地位，以联合国为核心，以突发事件发生国政府为应急援助的申请方和应急管理的主体力量，以非政府组织作为应急资源的筹集者和应急管理的具体参与实施者。突发事件发生时可在应急管理国际协同合作秘书处领导下临时设立应急管理司令部，由参与者派代表参加，负责协商与解决随时出现的问题，一旦危机处理结束则可自行解散。

（二）发挥联合国的主导作用

联合国是权威性最高的国际多边机构，在国际协同合作中应该充分发挥其主导作用。国际协同合作需要世界各国共同参与、协调合作，只有各个国家参与和共同努力才能收取实效，取得成功。因而只有联合国发挥主导作用，在其领导下建立国际应急管理机构才切合实际。同时其成立的减灾机构在应对突发事件上也正在发挥着积极的作用。当前，联合国应发挥更积极的主导作用，积极协调各国立场，谋求更多共识，为实现可持续发展制定各国共同遵守的长远规划，为共同治理应对突发事件制定运作机制。

（三）要发挥20国集团对联合国的补充作用

20国集团是在当今国际形势下应运而生的新型多边国际合作机制，它与联合国传统机制相比各有所长。其优势在于，机制精简，工作效率高，与时俱进，作为一种适应新形势的多边国际合作模式，能应对当今世界面临的新挑战，解决重大国际问题。它可以作为多边国际合作的新平台，增进多边国际的交流与沟通，谋求和凝聚多边国际的共识，进而采取共同行动。其劣势在于，代表性权威性不足，发达国家的代表性有限，发展中国家的代表更是少，发达国家的成员数量与发展中国家的成员数量比例不均衡，发展中国家过少。另外，多边国际合作机制的公平性合理性存在缺陷，20国集团成员主要由美欧主导，要让国际社会公认难免存在困难，其权威性当然也不能与联合国相提并论，但20国集团可以作为对联合国机制的一个补充，尤其是在应对突发事件上势必大有作为。

（四）发挥美日等发达国家的示范作用

美国、日本等发达国家已经建立起了比较健全的应急管理体系，其应急信息的整合、高科技应急技术应用、应急管理评估已是世界先进水平。但是在面对重大突发事件时，他们也要向联合国和世界各国求助。开展应急管理的协同合作可以降低应急管理的不确定性，通过实行信息资源共享，可以有效地查明事发原因，做出应急对策；开展技术合作可以使发展中国家获得应急管理的尖端技术，如信息网络平台的建立，可以更好地收集和整合信息，并根据所有信息建立案例库，服务于以后的应急管理；通过灾前的模拟，根据对以往突发事件的分析，确定相关参数，建立突发事件的模拟系统。如根据气象预报的降水量来模拟山区泥石流发生的可能性及其等级，可以很好地进行事前预防和预警。另外，鉴于发展中国家经济发展水平与发达国家存在较大差距，因此发达国家可以在先进技术方面与发展中国家开展科技合作来提高发展中国家的应急核心能力，从而发挥美日等发达国家的示范作用。

第六节　应急管理国际协同合作案例分析
——以东日本大地震为例

一、基本情况

2011 年 3 月 11 日，北京时间 14 时 46 分，日本东北部海域发生里氏 9.0 级地震并引发海啸，造成重大人员伤亡和财产损失。地震震中位于宫城县以东太平洋海域，北纬 38.1 度，东经 142.6 度，震源深度约 10 公里，该地震还引发了海啸、核泄漏和火山喷发等次生灾害。该地震引发的超强海啸吞噬了日本东北三县沿海，根据后续研究发现海啸最高达到 23.6 米，环太平洋 53 个国家和地区拉响警报。同时，受地震和海啸的双重影响，福岛第一核电站 1—4 号机组发生不同程度核泄漏事故，导致放射性物质持续外泄，影响范围扩大到日本以东及东南方向的西太平洋海域。此外，位于日本九州南部的雾岛山新燃岳火山 3 月 13 日再次喷发，喷烟高度达 4000 米，对当地产生巨大影响。4 月 1 日，日本内阁会议决定将此次地震称为"东日本大地震"。截至当地时间 4 月 20 日 18 时，东日本大地震及其引发的海啸已确认造成 14063 人死亡、13691 人失踪。此次地震和海啸中共有 2.4 万栋房屋被毁坏，宫城县、茨城县和东京都有 43 座桥梁受损，造成直接经济损失难以估算。

二、事前监测与预警情况

（一）各方信息整合确定震级

据有关部门统计，此次地震震级的测定，美国地质勘探局首次发布的是

8.8 级，当天美国地质勘探局将里氏 8.8 级改正为里氏 8.9 级，3 月 14 日定级为 9.0 级；中国地震局网发布的是里氏 8.6 级；日本气象厅最初定级为 7.9级，随后依次更正为 8.4、8.8、8.9，而后回调到 8.8 级，最后定级为 9.0 级。日本地震研究机构根据全球各方面的信息最后汇总定级 9.0，2011 年 3 月 13日，日本气象厅将东日本大地震震级定为里氏 9.0 级。

（二）日本地震预警系统提前预警

日本在全国设有 800 多个地震观测点，部分海域 2000 米深处安装了监测系统，通过海上监测船将有关信息发射到人造卫星上，再利用全球定位系统，密切监视大陆架板块的移动。2007 年，日本气象厅设立了"紧急地震速报系统"，这是全球首个地震预警系统，由约一千个地震计组成的网络，覆盖全日本，可以用来觉察和分析震波，并在地震计预测震动强烈时发出警告。数百万日本人在东日本大地震发生前大约一分钟得知了地震的消息，从而大大减少了人员伤亡，这一预警系统发挥了重要的作用。此外，还有"防灾救灾的网络机制"，具体流程：日本气象厅发出第一报，气象厅首先了解到发生震灾的情况，然后通过电视广播或者媒体往外播报，接下来就是政府根据这个情况紧急开始部署，然后有一个全国"瞬间"报警系统，这个报警系统是通过通信卫星传递各种信息跟图像，速度非常快，争取第一时间到达。在通信瘫痪、停电的情况下需要启动"防灾无线通信系统"，这个系统在这次地震中起到了非常重要的作用。

三、事中救援情况

（一）日本紧急应对

地震发生后，日本政府立即在首相官邸危机管理中心设立官邸对策室，发出指示让所有内阁成员到官邸集中，并指示防卫大臣北泽俊美派自卫队参与救灾活动。

数小时以后，日本首相菅直人通过电视讲话就救灾工作做出部署。他呼吁日本民众发挥团结互助精神与灾区人民共渡难关，政府将竭诚合作并动员所有资源救灾减灾。日本政府发言人表示政府正在派遣自卫队前往地震灾区救援。日本防卫省也设立地震灾害对策本部，负责与受灾的日本各地进行联系，并下令在灾区的自卫队随时待命。

3月11日傍晚，日本政府首相官邸召开了紧急灾害对策总部会议，包括菅直人在内的全体内阁成员悉数出席，会议确立了地震救灾的基本方针，内容包括有关部门迅速收集灾区情况，确保紧急运输道路和灾区上空的航空安全，以及修复生活基础设施和交通工具。同时，会议还决定派自卫队军舰和战斗机赶往灾区，参与搜救。此外，日本自卫队派遣了8000名救援人员展开救援行动。

日本共同社报道，所有停泊在横须贺港的自卫队军舰已受命前往宫城县。8架F-15型战机已从位于石川县和北海道的航空自卫队基地起飞，赴灾区核实受损情况，陆上自卫队派出了几架搭载有视频传送仪器的直升机。

11日夜，刚上任的日本外相松本刚明会晤记者，请求驻日美军协助救灾。外务省请求澳大利亚、中国、韩国、俄罗斯等38个国家和地区派出救援人员，并提供救援物资。

日本防卫省17日表示，陆上自卫队的两架直升机已开始向福岛第一核电站三号机组注水，直升机这种作业一次注水量最多可达7.5吨。日本当局还计划派遣更多直升机前往福岛核电站协助注水作业，同时，直升机也对福岛核电站上空的辐射量进行检测和监测。

另外，地震发生后，众多志愿者和非营利组织积极主动参与救援，这对日本社会产生了深远的影响。很多防灾救灾的民间团体招募各类志愿者，在卫生医疗和重建等方面，为政府的救援做辅助工作。在避难所的转移中，除了借助自卫队的力量，民间公共交通机关也起到了非常重要的作用，包括医疗、物资筹备、输送等方面支援。

在日本政府展开自救同时，日本首相菅直人及时发表声明请求国际社会给予援助，即使在可能暴露本国安全机密的情况下，日本政府依旧欢迎国际社会力量的进入。

（二）国际救援

日本遭受大地震后，世界各国纷纷向日本伸出了援助之手。地震发生当日，美国、新西兰、澳大利亚和韩国四国的搜救专家组成的救援队受联合国的指派，开赴日本灾区。另外还有 45 个国家的 60 支国际救援队处于待命状态，随时准备投入到日本灾区的救援工作中。国际原子能机构（IAEA）发表声明称，愿意提供任何技术上的支持。

日本外务省宣布，截至 13 日晚上已有超过 70 个国家和地区及 5 个国际机构已经或准备派救援队赴日本灾区救援，中国救援队也在 13 日抵达日本展开 72 小时的紧急救援工作。

联合国救灾机构的专家小组 16 日飞抵日本，前往福岛县和宫城县灾区了解灾情，以便协调国际社会对日本的救助需求。到 16 日为止，已经有 102 个国家和地区向日本表达了支援的意向。同时 7 个国际组织也向日本发出了愿意提供一切援助的声明。由于目前日本接纳国际救援机构的能力有限，因此只有 15 个国家和地区的救援队抵达日本参与救灾工作。

另外，非政府组织谷歌为日本地震推出在线危机响应中心，提供寻人、资讯、地图及其他相关信息，同时还提供地图、预警、灾害公告、火车、停电、新闻报道及其他数据。

（三）开展广泛的国际协同合作

法国环境与可持续发展部部长科希丘什科·莫里泽 2011 年 4 月 4 日在接受法国媒体采访时表示：法国和日本将以共同处理核污染废水为突破口，加强在处理日本福岛第一核电站核泄漏事故方面的合作。法国在处理核污染废水方面处于世界领先水平，在废水的抽取、排放以及后期处理上有着丰富的经验和先进的技术，而且法国很早就开始了民用核设施的建设，这些经验和技术对日本将有所帮助。同时，法方准备向日方提供可用于清除福岛第一核电站内高浓度辐射污水的机器人，并派遣拆卸核反应堆和监测核辐射等方面的专家。

四、灾后恢复重建情况

日本外相松本刚明表示开展有助于日本地震灾区重建的"复兴外交"，具体措施包括：吸引外资对灾区经济特区和工业园区投资，吸引因地震和核事故而减少的外国游客重返日本，在海外举行宣传日本农产品安全性的物产展，进一步要求外国放宽限制进口日本农产品措施等。

应日方请求，国际原子能机构立即派遣由各国专家组成的调查团展开事故评估等综合性行动。世界各国提供各种物资援助，帮助日本尽快恢复。美军发动了代号为"朋友作战（TOMODACHI）"的抗震救灾行动，美国政府向日本政府表示将为美军的救灾活动制订最大额度为 8000 万美元（约为 68 亿日元）的预算。芬兰政府决定向日本提供 50 万欧元的人道主义援助，用于日本地震和海啸灾民的救助工作。中国政府在前期援助 3000 万元人民币及一系列救灾物资，并派遣救援队赴日开展抢险救援。根据日本政府的请求，中国政府决定，再次向日本政府提供 1 万吨汽油、1 万吨柴油等无偿援助，在有关部门的协助下，由中国石油天然气集团公司和中国石油化工集团公司组织运抵日本。尽管如此，仅仅依靠国外援助是远远不够的，日本还是应该立足于本国救援，适当争取国外援助。

五、存在的问题

地震发生后，日本派出自卫队积极开展自救，联合国对日本启动了常规救助程序，国际社会对其进行了及时的紧急援救，包括派遣应急救援队伍、医疗队伍、搜救犬、核应急技术专家，以及运送各种救灾物资，等等。这些援助使日本的正常生活开始慢慢恢复，灾后重建工作也在紧张进行。但是，日本也暴露了一个问题就是缺乏协调国际协同合作的机构，不能及时有效地吸收国际救援力量，因此也就不能发挥国际力量的最大援助效益。在日本地震中虽然 100 多个国家都表示愿意派遣志愿救援队伍，但是却由于日本接纳协调能力有限而没能参与援助活动。

第七章　动态应急管理战略

第一节　动态应急管理战略的概念界定与内容

一、动态应急管理战略的概念界定

人们通常所理解的"静态"与"动态"往往和事物的变化程度相关。如果事物具有相对的独立性和稳定性，那么就可以认为它是静态的；反之，如果事物呈现较为频繁的变化且变化具有波动性，通常就认为其是动态的。对突发事件应急管理国家战略而言，同样可以将其分为静态应急管理战略和动态应急管理战略两大类。

应急管理战略这一概念通常与突发事件紧密相关，但同样还存在与突发事件相对独立即不依赖于突发事件的应急管理范畴，如应急法律等。通常认为静态应急管理战略是指在突发事件发生前国家对整体应急管理活动的规划和布局，用于指导国家应急管理活动的开展。它与实际情况中的突发事件应急管理活动的计划、组织、指挥、协调、控制等管理活动紧密相关。它与实际的突发事件虽无直接的关联，但却是能指导具体应急处置的底层架构。现实的动态应急管理战略不应完全脱离静态应急管理而存在。

动态应急管理和实际突发事件紧密相关。突发事件出现以后，事件的各种表现形式及特征将随着时间的推移而逐步显现，这就要求对突发事件现状即突发事件造成的各种影响进行整理分析并对事件未来的发展趋势进行科学预测，并根据分析结果做出相应决策采取各种应对措施。其涉及动态分类分级、事件动态评估、资源的动态调度等一系列行动。因此，如果说静态应急管理是处置突发事件的基础框架，动态应急管理就应该是建立在这种框架之上的、直接以解决现实突发事件影响为导向的策略体系。动态应急管理具有连续性、实时性、动态性等特征，要求用系统的、动态的方法进行风险控制，以减少实施过程中的不确定性。

二、动态应急管理战略模式的构成要素

国家动态应急管理是采用一定的方式对国家制定的应急管理战略进行不断完善的过程。发达国家在工业革命时期已开始注重应急管理，应急管理工作在社会经济高度发展的今天已然成为国家危机处理的重要组成部分。良好的应急管理体制是衡量一个国家发达程度的标尺，完善的应急管理战略体系应包括指挥系统、应急队伍、应急管理法规、管理机构、资源保障和公众知情权等。应急管理战略对各类突发事件具有指导意义，对减少和控制突发事件人员伤亡和财产损失方面具有重要作用，动态应急管理是经济和社会工作中重要的政策支柱。

动态应急管理战略是指国家各项应急管理战略模式的各组成要素在国家应急管理内外部环境变化下进行调整的模式。建立动态应急管理战略模式可优化国家应急管理模式，提高应急管理水平，适应国家应急管理内外环境变化的需要。

要了解动态应急管理战略模式首先需要从动态应急管理战略模式各个组成要素和它的运行方式两个方面进行分析。通过对动态应急管理模式的组成要素和运行方式进行分析来达到优化动态应急管理模式的目的，从而提高国家应急管理水平。

资源状况、制度基础、组织机构等三部分是构成国家动态应急管理模式的主要要素。资源状况是国家实施应急管理过程中的物质保障，制度基础是国家应急管理战略实施的必要基础条件，组织机构是国家实现应急管理的根

本条件和指挥应急管理的载体。为了全面地揭示国家动态应急管理模式各要素间的内在关联，我们必须对应急管理模式基础条件到运行载体进行全面的分析。

三、基于"六全"管理的动态应急管理战略的内涵

一般认为，动态应急管理战略就是指国家各项应急管理战略模式各组成要素之间的关系根据国家应急管理的内外部环境变化而进行调整的模式。基于"六全"管理的动态应急管理战略是指基于全面应急管理理论，为了应对复杂多样、动态变化的突发事件需要，政府根据应急管理的内外部环境变化对应急管理策略进行动态调整，科学规划确定了基于全过程管理的动态应急管理战略、基于全系统管理的动态应急管理战略、基于全方位管理的动态应急管理战略、基于全面应急响应的动态应急管理战略、基于全手段管理的动态应急管理战略、基于全社会管理的动态应急管理战略，并付诸实施，有效预防或减少突发事件给全社会带来的各种损失的一系列规划活动。基于"六全"管理的动态应急管理战略的要素构成如图 7-1 所示。

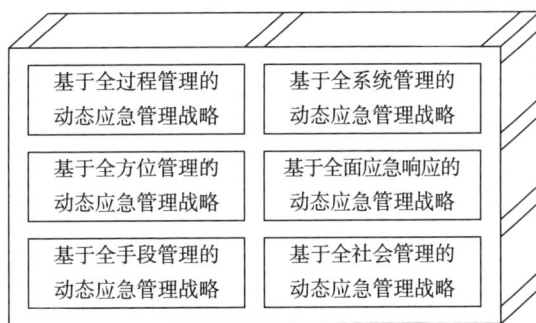

图 7-1　基于"六全"管理的动态应急管理战略的要素构成

第二节　基于"六全"管理的动态应急管理
战略规划建设

一、基于全过程的动态应急管理战略规划建设

基于全过程的动态应急管理战略要求在突发事件整个生命周期（包括监测监控、预测预警、应急准备规划与保障、应急响应与指挥、恢复评估与分析等）全面分析突发事件的形成过程与演变机理，对突发事件进行动态监测、风险评估和预警管理，并科学编制预案，系统设计突发事件的应急处置和善后处理措施，通过评估及时发现问题，改善应急管理全过程。它要求克服"重应急，轻预警"的传统观念，用科学的方法对其加以干预和控制，对突发事件的全过程实施动态应急管理，以期有效地预防和处理突发事件，减少事件带来的损失，保持社会稳定，并增加公众对政府的信任。

基于全过程的动态应急管理战略是指政府基于"一案三制"重大政策方针，以应急管理全过程为基础，科学规划应急预防体系、应急预警体系、应急决策与处置体系、事后恢复处置体系等四个体系的总体建设思路、建设重点及内容，以期增强应急管理能力，减少突发事件造成的各种损失的一系列规划活动。

（一）应急预防体系建设

政府颁发相关法律规章制度，制定预防规划，向公众宣传安全应急知识，完善监测与控制体系，以及采取税务鼓励和强制措施。同时，研究机构与学校等机构应为政府应急预防提供技术支持，对可能发生的突发事件进行风险分析与评价，展开应急预防与安全研究，重视对应急管理人才和应急管理专家的培养等。此外，其他相关机构如气象部门等应进行地质勘测与气象水文预报，并建立完善的灾害预报体系。

（二）应急预警体系建设

政府制定应急政策与方针，编写并推行应急预案，完善应急信息公布与警报体系，共享应急公共信息资源，建立完备的应急医疗与援助体系，建设专业的应急救援队伍，加强应急培训和演习。同时，政府还需筹备必要的应急物资，同多方达成互助救援协议，制订并实行特殊保护计划等。

（三）应急决策处置体系建设

应急决策体系主要为应急指挥官决策提供理论与数据支持。在其建设过程中，应急报警系统、救援中心、医疗团队与救援队伍是其运作的基础。当应急指挥人员进行应急决策时，应急报警系统和应急救援中心需要立即启动，组织受灾群众疏散和避难，同时派遣救援队伍进行营救，提供应急医疗救援，并将应急情况报告有关政府机构，向公众进行应急事务说明。

（四）事后恢复处置体系建设

开展事后恢复工作前需评估各项损失，并以评估结果为依据进行保险赔偿工作和重建贷款或拨款的审批工作。同时，政府应统计受灾群众的失业损失，帮助他们恢复工作岗位。此外，政府还应该对原有的应急预案进行再评估和修订，开展灾后重建工作，并总结突发事件处理工作的合理与不足之处，持续改进突发事件应急处理工作，进而提高应急管理能力。

二、基于全系统管理的动态应急管理战略规划建设

（一）基于全系统管理的动态应急管理战略内涵

基于全系统管理的动态应急管理战略理论主要是从全系统的视角出发，根据应急预警、应急响应、应急动员保障等相关子系统提供的数据和信息，结合实际情况，科学及时地调整应急决策与方针，并为有效地降低突发事件所造成的各种损失而实施的一系列措施。

（二）基于全系统管理的动态应急管理战略内容

基于全系统管理的动态应急管理战略的主要内容是动态应急组织模型的构建。突发事件应急管理是组织的独特性任务，具有动态连续、信息不完备、资源有限以及决策快速等四个特征，这些特征决定了每次应急处置应对都是一个项目。因此，组织必须采用与完成常规活动不同的并能适于完成危机应对项目的组织模式才能有效应对危机，这为组织应对突发事件的组织模式提供了研究思路，即采用项目导向型组织（Project Oriented Organization，POO）模式。

（三）基于全系统管理的动态应急管理战略的建设重点

基于全系统管理的动态应急管理战略的建设重点为 POO 模式动态模型。POO 模式动态模型以传统型组织管理日常突发事件，以项目组织管理应对各种重大突发事件，且在组织资源配置过程中，突发事件应急管理项目组织享有优先使用组织资源的权力，以期在组织中形成一种"既分工，又合作"的氛围，即组织成员既有基于日常运营的分工负责，又有基于项目的团队合作。

三、基于全方位管理的动态应急管理战略规划建设

（一）基于全方位管理的动态应急管理战略内涵

全方位应急管理是指统筹考虑应对突发事件的各个主体包括政府、企业、社区、学校、乡村等如何加强应急管理，以及全面考虑应对突发事件的各个方面。基于全方位管理的动态应急管理战略是指政府通过分析突发事件随着时间的推移持续发生的变化与走向，科学规划包括政府应急管理、企业应急管理、社区应急管理、学校应急管理、乡村应急管理及统筹考虑应对突发事件的各个方面工作等的全方位管理策略的总体建设思路、建设重点及内容，扩大应急管理范围、提升应急响应效率的一系列规划活动。应急项目和应急系统是全面应急管理的落脚点，全方位应急管理要求以规划为先导，加强应急项目和应急系统的建设，科学编制突发事件的应急预案，重点解决处置突发事件的基本程序制定和责任分工问题，全面考虑关键项目的布局和建

设问题，强化应急响应中的薄弱环节，重点建设应急平台。

应急管理存在动态和静态之分，以此为依据将基于全方位管理的应急管理分为动态和静态两类。静态的全方位应急管理指在突发事件发生前各个应急管理的主体对应急管理活动的规划和布局，以应对应急管理活动的开展。动态的全方位应急管理与静态相比侧重于实际发生且不断变化的突发事件的应对，主要指的是政府、企业、社区等社会主体根据突发事件的实时变化以科学的方式进行事态评估、资源调度等全方位的应急管理的行为。

（二）基于全方位管理的动态应急管理战略内容

由基于全方位管理的动态应急管理战略的内涵可知，其主要从政府应急管理、企业应急管理、社区应急管理、学校应急管理、乡村应急管理及统筹等五个方面着手制定战略规划。

1. 政府动态应急管理

动态应急管理战略理论主要是基于 PDCA 循环（Plan-Do-Check-Act cycle），即"戴明循环理论"。该理论由"美国质量统计控制之父"休哈特（Shewhat）提出的 PDS（Plan Do See）演化而来，20 世纪 50 年代初美国质量管理专家戴明（W.E. Deming）博士将其进一步改进形成 PDCA 循环理论。它是全面质量管理所遵循的科学程序。这个循环由计划（Plan）、实施（Do）、检查（Check）、处理（Act）等四个阶段组成，如图 7-2 所示。

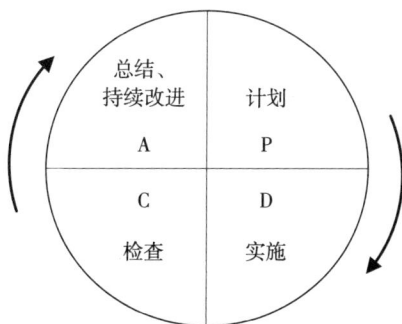

图 7-2　政府动态应急管理战略模式的四阶段

　　将 PDCA 循环与国家应急管理模式相结合，得出了科学的政府动态应急管理模式运行方式，该方式是一个周而复始的 PDCA 循环的系统过程，每次循环都能推动政府应急管理战略工作向前，从而使得国家应急管理战略目标逐步提升，促进国家应急管理水平的提高。

　　因此，根据 PDCA 循环可以将政府动态应急管理战略分为计划（Plan）、实施（Do）、检查（Check）和总结及持续改进（Act）等四个阶段。

　　计划阶段主要分析现有国家应急预案的管理模式、构成要素现状和存在问题、问题产生的原因，在此基础之上针对性地提出并实施相应的对策。

　　实施阶段是实施应急预案，设计实施方式、方法和手段，协调各要素间的相互关系，实现计划阶段的内容。

　　执行阶段将实施阶段中的执行结果与计划阶段的预定目标进行对比，分析并查找出实施与执行过程中存在的不足。

　　总结及持续改进阶段的工作主要是以下两个方面：一是总结应急预案的动态管理模式实施状况；二是找出此循环过程中无法解决的问题，并针对性地对循环内容进行改进。

　　2. 企业动态应急管理

　　企业战略管理是一个动态的过程，它包括四个阶段：战略规划、战略实施、战略控制、战略修订，如图 7-3 所示。企业的动态应急管理运行方式是一个周而复始且系统化的循环过程，每次循环都可以推进企业应急管理战略工作，企业便通过这一循环来逐步完善企业应急管理战略，进而提升企业的应急管理能力。

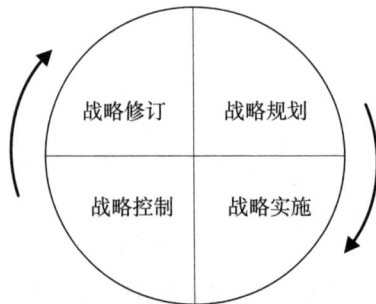

图 7-3　企业动态应急管理战略模式的四阶段

3.社区动态应急管理

社区的动态应急管理响应根据应急管理阶段分为预警、处置、善后、评估与总结等四个环节。预警环节做好动态应急管理的准备工作，突发事件发生时根据事态的发展调整应急处置，应急处置之后进行善后工作，随后对整个应急工作进行评估与总结，修正应急预案中不完善之处，加强对应急预警的技术投入，提升应急管理能力，如图7-4所示。

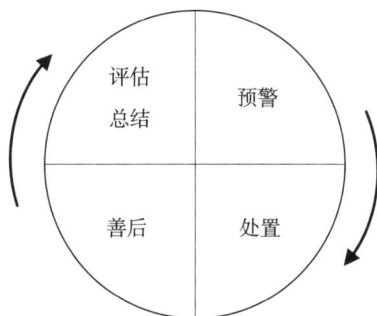

图7-4　社区动态应急管理战略模式的四阶段

4.学校动态应急管理

学校的应急管理与其他应急管理有着明显不同，从应急管理自身的时间发展形成的纵向结构来看，其动态的应急管理体现为预防、反应处置、恢复、学习等四个阶段，如图7-5所示。对学校应急管理能力的分析可以分解为对这些方面的能力分别加以考察与建设。

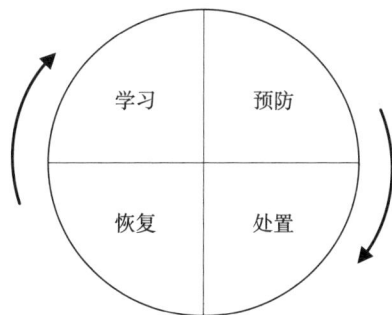

图7-5　学校动态应急管理战略模式的四阶段

根据学校突发事件的特点，学校应急管理的预防管理工作可以分解设定为四个方面的内容，包括组织与人员建设、风险控制与预警工作、教育培训与演习工作、设施与物资的投入与储备等。学校突发事件的应急处置管理包括应急组织、应急指挥、应急控制、应急协调等四方面内容，学校应急管理恢复工作分为善后处置、恢复建设等两个方面，学校应急管理的学习包括个案学习、总体学习等两方面的内容，如图7-6所示。

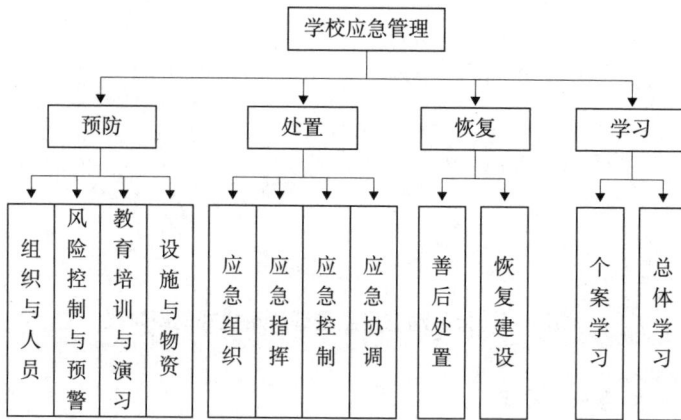

图7-6　学校动态应急管理的过程结构

5.乡村动态应急管理

目前，随着我国应急管理的逐渐完善，乡村应急管理工作开始得到重视。乡村的动态应急管理主要是一种自救行为，侧重于在某种程度上减轻政府的负担，其在大致方向上也遵循了循环提升原则，分为准备、响应、恢复和减轻等四个阶段，如图7-7所示。其中，准备和响应相当于预警与处置两阶段，恢复与减轻也就等同于善后与评估修正两个环节。

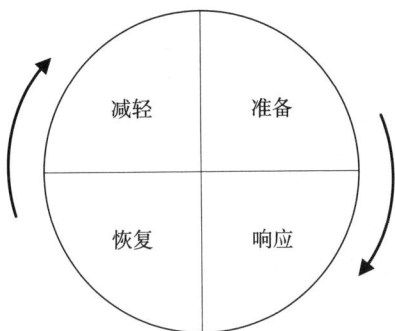

图 7-7　乡村动态应急管理的战略模式的四阶段

（三）基于全方位管理的动态应急管理战略的建设重点

1. 计划阶段的建设重点

计划阶段的建设重点主要是分析各要素，找出存在的问题，再分析问题并根据问题制订相应的计划。因此，本阶段的建设根据工作内容分为三个步骤：

步骤一：全方位分析现有国家应急管理战略模式的制度基础、资源状况、组织机构等要素现状，找出所存在的问题。

分析制度基础主要是分析国家应急管理战略的相关制度的完善性、制度的执行力度和可行性。分析资源状况主要是分析国家应急管理战略准备资源是否匮乏、应急资金投入是否充足、资源协调工作是否到位等方面。组织机构的分析内容主要包括国家应急管理组织机构的职责状况、人员配备数量、人员专业素质等方面。就目前我国现有的应急管理战略情况来看，存在的主要问题包括相关制度不完善，执行力度不够和缺乏可行性，国家准备的应急资源有所匮乏，资金投入不够且资源调配不均匀，组织机构存在职责不明和专业人员缺乏等问题。

步骤二：分析问题产生的主要原因。

根据现状分析，我国动态应急管理战略模式出现上述问题的原因有：一是相关制度的制定没有充分考虑国家应急管理能力现状，从而导致制定出的制度缺乏可行性，且因对应急管理战略不够重视，以至于在应急管理战略执行过程中执行力度不够且不彻底；二是对于应急战略资源管理，国家没有做好规划且管理不够系统，从而使得其管理比较混乱，同时，由于不够重视，缺乏资金投入，进而导致应急资源匮乏；三是政府相关部门没有做好应急管理组织机构的建设和人员管理工作。

步骤三：制定目标。

制度基础制定方面应建立健全国家应急管理战略制度，重视对国家应急管理战略制度的建设，提高国家的应急管理水平。资源管理方面规划好所需应急资源，加强资源管理，优化资源调配，提高资源利用率。组织机构建设方面应明确各机构的职责，配备相应的专业人才，加强人员培训，提升人员专业素质，并提高组织机构的协调能力。

2. 实施阶段的建设重点

根据计划阶段所制定的国家应急管理战略目标，国家各层级政府严格执行并将任务全面落实。在此阶段，按照既定的规划与目标，协调国家应急预案管理模式中各类要素间的相互关系。

根据我国应急现状制定应急管理制度，各级政府和相关组织机构在总的应急管理制度下结合自身业务特点制定相应的应急管理制度，从而在结构上完善应急管理制度。同时，各级政府和相关组织机构还应设立应急管理目标，制定应急管理纲要，并根据应急目标和纲要逐步完善应急管理制度。

要在国家层面统筹规划好应急资源管理工作，加大专项资金的投入，配置充足的各类应急资源，进而满足应急救援的需求。同时，各层级政府与相关机构做好应急资源管理工作，防止应急资源的缺失与资源管理的混乱。

组织机构的建设是保证应急管理工作有效进行和应急预案管理制度执行的基础，是动态应急管理战略模式中的重要因素，因此，组织机构的建设是此阶段的工作重点。组织机构建设主要是从以下两个方面着手：一方面明确组织机构中的权责分工和具体任务目标，调节各组织机构间的相互关系；另一方面对相关人员进行专业培训，提升相关人员的应急管理能力和专业素质。

3.检查阶段的建设重点

检查阶段的主要工作是对实施阶段的执行效果与计划阶段制定的目标进行对比审核，检查实施阶段的实际执行工作是否达到既定的目标要求，以便于发现动态应急管理战略模式中各类要素的目标任务执行和建设中的存在问题，并及时协调各类要素间的相互关系，从而尽可能达到计划阶段所制定的目标。检查阶段中所运用的检查方式主要是分层级检查和推演两种。

应急管理各层级检查以国家应急管理各层级部门为检查单位，按照应急管理战略所制定的目标，及时做好应急管理战略的检查工作。检查的目的主要是考核与发现问题两个方面：考核实施阶段中应急管理战略工作的执行是否达标；发现各类要素在执行过程中的存在问题。根据计划阶段所划分的三大要素，检查的重点也分为三个方面：应急管理制度建设重点检查其制定的合理性与执行情况，应急资源管理建设的检查重点是资源储备与使用状况，组织机构建设的检查重点是机构建设情况及人员管理状况等。

推演是国家应急管理最高指挥机构对应急管理战略科学地模拟推测，对应急管理战略的定期推演可以发现应急管理战略的缺陷，可根据国家不断发生变化的内外部环境及时调整目标任务，便于更好地应对突发事件的发生。国家为了更全面、更准确、更深入地掌握应急管理现状，发现应急管理的存在问题，需要定期对应急管理战略进行推演工作。

4.总结及持续改进阶段的建设重点

本阶段对各阶段情况进行总结，检查出各阶段存在的各种问题，并对其进行动态、系统的处理。对于各阶段无法解决的问题，将其统计并在下一循环中改进，以期在不断循环中发现问题、解决问题，进而持续改进国家动态应急管理模式，实现国家应急管理战略工作的动态管理。

四、基于全面应急响应的动态应急管理战略规划建设

（一）基于全面应急响应的动态应急管理战略内涵

基于全面应急响应的动态应急管理战略是指随着突发事件的发生，以时

间轴为依据，根据突发事件因素的不断变化，对突发事件的分类分级进行不断的修改、调整和完善。突发事件的分类分级（L）评判是由突发事件持续的时间（T）、资源的供应量（S）、资源保障度（B）、灾害影响度（I）等多种因素共同决定的。

（二）基于全面应急响应的动态应急管理战略内容

基于全面应急响应的动态应急管理战略的主要工作是对突发事件进行动态分级。突发事件的动态分级是根据事件的影响要素，如突发事件波及范围、持续时间等，对突发事件所产生的危害程度进行连续地、动态地判断和确认。由于不同类型突发事件自身的机理不同，其处置过程也自然不同，为有效地应对突发事件，就应该对其进行初步判断，明确它的类型和级别，以此来选择相应的响应级别。

（三）基于全面应急响应的动态应急管理战略的建设重点

基于全面应急响应的动态应急管理战略的建设重点是为基于聚类分析的突发事件进行等级确定。利用聚类分析方法对突发事件进行等级确定，首先需要用聚类分析方法构建三层次的指标因素集，再运用模糊层次分析法逐层测算突发事件分级的度量指标，最后计算出突发事件的等级。

五、基于全手段的动态应急管理战略规划建设

基于全手段的动态应急管理战略要求综合运用行政、法律、经济和技术等手段进行突发事件动态应急管理。强调各种手段齐抓共管，尤其是在全过程应急管理中发挥经济杠杆对各方经济利益的调节、约束、补偿等功能以及高新技术的技术支撑作用，达到标本兼治的效果。

基于全手段的动态应急管理战略是指政府科学规划、综合运用行政、法律、经济和技术等手段制定管理策略的总体建设思路、建设重点及内容，从而提升应急管理能力的一系列规划活动。

行政手段体系建设主要是对行政手段进行规范、选择与运用，并对行政手段运用效果进行评估、反馈、修正。法律手段体系建设主要是确立法律支撑体系，选择与运用法律手段，并对法律手段运用效果进行评估、反馈、修正。经济手段体系建设主要是对经济手段进行选择与运用，并对经济手段运用效果进行评估、反馈、修正。技术手段体系建设主要是确立高端技术支撑体系，选择与运用技术手段，并对技术手段运用效果进行评估、反馈、修正。

六、基于全社会管理的动态应急管理战略规划建设

（一）基于全社会管理的动态应急管理战略内涵

基于全社会的应急管理战略要求在政府统一领导组织下，各社会参与力量依据自身的特点和优势，相互协调与配合，在积极辅助政府部门的同时，健康有序地参与到突发事件应急管理中。

就突发事件应急管理而言，社会力量主要包括企事业单位、社区组织、志愿者组织、慈善组织、社会公众、大众传媒等。各种社会力量都具有自身相应的专业优势与资源优势。提高突发事件应急管理中的社会力量参与力度有利于政府提供公共安全，防止危机爆发，减轻危机破坏程度，维护国家安全和社会公共利益。同时，全社会应急管理体制的建立和强化在提高全社会范围内自我救助能力，弥补政府应急管理能力的缺陷，确保突发事件应急管理的公共利益取向等方面发挥着重要作用。在应急管理体系中，全社会参与应急管理体系是不可缺少的重要组成部分，同时也是促进应急管理组织机构实现其应急管理使命和良好治理的一个有效手段。高效健全的突发事件应急管理体系需要建立以政府为主体的有效动员机制，同时发动国内以及国际社会各种力量共同参与。全社会应急管理机制的构建与落实不仅可以提高政府机构的工作效率，而且还可以大幅度减少突发事件应急管理的成本，降低突发事件给社会造成的损失。

（二）基于全社会管理的动态应急管理战略内容

1. 突发事件应急管理社会参与主体

在突发事件应急管理中，社会参与主体一般应当涵盖非政府组织、非营利性组织以及社会公众等三方面的社会力量。在建设和落实全社会应急管理机制过程中，政府部门应当不断强化对各社会参与力量的监管和领导能力，实现政府与社会力量的有效联动。

2. 突发事件应急管理社会动员机制

突发事件爆发时，各级政府、社会力量、社会公众在思想和行动上应当进行统一而有组织的动员准备、实施和恢复活动。在此过程中，可以充分发挥民间力量在参与危机事务处置中的作用，各级政府通过政策引导、资金支持、规范指导等途径提升民间应急力量自身的应急管理水平，进而使其成为政府力量的重要补充。

3. 突发事件应急管理舆论环境

在突发事件应急管理工作中，正确的舆论导向有助于消除不必要的社会恐慌，安抚受灾民众，维护政府在危机处理中的健康形象。构建全社会管理的动态应急管理战略，应当构建良好的舆论环境。要建立良好的舆论环境应做到以下四个方面：一是建立包括政府宣传教育部门、舆论媒体以及民间教育培训组织共同参与的健全的多层次传媒网络；二是进一步完善信息及时公开制度，实行积极的新闻引导和约束；三是紧抓主流媒体，确保正确的舆论导向；四是加大媒体对社会危机意识的宣传教育力度，增强全社会范围的危机应对能力。

（三）基于全社会管理的动态应急管理战略的建设重点

1. 建立健全社会力量参与突发事件应急管理的法规及各项制度

相关法律法规以及社会力量自身组织制度的不完善是当前我国社会力量难以高效有序地参与突发事件应急管理并发挥其应有作用的主要障碍。现阶段我国各社会参与力量应尽快建立一套完善的危机应对制度，这一制度要对指挥系统、工作流程、奖惩进行明确规定。同时，在制度的设置方面要充分利用社会各方参与力量及广大社区救灾减灾力量，深入实施社会参与人力资源的调度，借助电视、广播以及互联网等传媒工具不断强化社会公众和各参与组织的危机意识。此外，社会力量参与突发事件应急管理，在很多情况下具有难以预计的风险，这也不免使得部分参与力量在突发事件应急管理中望而却步，在面对重大突发灾害事件应急管理中此情况更甚。鉴于此，各社会力量在健全自身组织制度的同时，要不断强化对突发事件应急管理的责任心和使命感。为了保障各社会参与力量能够规范、迅速、有效地参与突发事件应急管理工作，我国各级政府还必须健全相应的法律法规，对突发公共安全事件下的领导权力体系、应急管理准则、紧急状态下的政府立法权、特别行使权、重大突发灾害事件信息通告以及发布制度、应急预案启动标准、社会参与力量的权利义务以及责任等加以规定，保障突发事件应急管理有法可依、有法必依。同时，还要进一步建立、强化和规范突发事件应急管理法律体系和责任追究机制，进一步强化和完善政府官员、社会组织成员承担与其职责相应的行政责任制度。

2. 提升各社会参与力量自身的能力

在强调社会参与力量在突发事件应急管理中有效作用的同时，应当充分认识到现阶段社会参与力量在突发事件应急管理中存在的不足，这很大程度上与其自身能力薄弱密切相关。因此，强化社会参与力量自身能力建设，提高其自身的组织管理能力，是促进全社会应急管理机制建设和完善的紧迫任务。提高社会参与力量的自身能力可从以下三方面着手：一是建立各社会力量之间资源的互动机制，尤其是人力资源的互动机制；二是经常性地开展各社会力量之间的人才交流活动，提高各社会组织成员的整体综合素质，确保当区域性突发事件爆发时，所在区域的社会力量能够迅速有效地参与到应急管理工作之中；三是加强各社会参与力量的志愿者队伍建设，改进其技术装备，强化应急演练，提高救援能力，确保在突发事件特别是重大突发灾害事件发生时，各社会力量能够招之即战，战之即胜。

3. 强化全民尤其是各社会参与力量的危机意识

对于建设全社会应急管理机制而言，最大的隐患是无忧患意识，最大的危机是危机意识不足。因此，培养、强化政府和社会参与力量乃至全体公民的危机意识，增强社会公众以及社会参与力量对突发事件的了解和应对危机的信心，最大限度地拓展全社会应急管理的渠道，是构建全社会应急管理机制的题中之义。危机意识的培养与强化有赖于应急知识的宣传普及以及应急培训与演练的开展与落实。强化社会各参与力量的危机意识可定期开展防灾抗灾宣传活动，如开展和举办展览、媒体宣传、标语告示、讲座演讲、模拟体验等系列活动，还可利用报刊、电视、广播以及互联网等媒介开设应急知识专题专栏节目。同时，市政部门应当广泛宣传应急管理相关法律法规、普及预防、避险、自救、互救、减灾、撤离等应急常识。此外，各社会参与力量应当充分利用自身的资源，并结合组织自身的特点，定期开展应急培训与演练。各社会参与组织应深入学习事故灾难中的自救与互救知识，根据组织自身的特点，有意识、有针对性地开展突发事件应急管理的安全教育培训，以提高组织成员的危机意识及其应对能力。在应急演练过程中，各社会参与组织要严格按照事先设定好的程序和步骤开展救援模拟演习，使得组织成员在亲身经历和切身体会中提高应急救援技术水平，进而提高救援队伍的整体作战能力，以便在突发事件尤其是重大突发灾害事件爆发时能够迅速有效地协助政府开展和实施应急管理工作。

第三节　动态应急物资管理

在突发事件应急管理中，需要在短时间内迅速动员、征调和调度各类应急资源。应急物资作为应急资源的重要组成部分，其类型可分为公共物资和自发物资两种。公共物资主要来源于各级政府的战略物资储备，自发物资则主要来源于公益组织和民间救援力量。应急物资在直接满足人民群众的物质与安全需要的同时，更是各种突发事件应急管理方案落到实处的物质基础。本节分析应急物资的动态管理战略和储备方式。

一、应急物资的动态管理

应急物资在突发事件发生后需要合理调配，并且随着事态的变化进行动态调整。因此，应急物资的动态管理主要包括应急物资的筹措与调度两方面。

（一）应急物资的筹措

应急物资的筹措是突发事件应急物资管理的首要环节，一般有以下六种方式。

1. 动用平时储备

筹措应急物资的首选方式就是动用各级政府的应急物资储备。这些物资一般是由应急物流中心来进行储备，用以满足应急需要，确保应急物资能够在第一时间运送到位。

2. 临时征用

这种方式一般在情况紧急时采用。通过临时征用应急物资来弥补储备应急物资的不足，从而满足应急救援的需要。事后由应急处置机构根据所征用的物资对供应者进行补偿。

3. 组织突击研制和生产

某些特殊情况下，人们对于突发事件没有足够的认知，由于这些突发事件属于全新的事件，所以可能暂时没有相应的储备应急物资。如 SARS 疫情初期，疫情的特征远远超出了人们的认知范畴，这时就需要组织专门的人员突击研制和生产相应的特效药。

4. 组织捐赠

动员社会各界积极开展全方位的捐赠，也是突发事件发生后获得应急物资的重要方式之一。

5. 争取国际救援

当突发事件是大规模的突发灾害或者远超预计时，争取国际社会的援助也是获得应急物资的重要来源之一。

6. 应急物资采购

在某些特定应急情况中，需要对应急物资进行紧急采购。在紧急救援状态下为了筹措应急物资而进行的采购称为应急物资采购，如抗灾抢险、战时动员等情况。这些物资一般用于灾区人们的基本生活需要，防止灾害蔓延及缩小其影响范围，灾后重建等。由于突发事件的不确定性，采购人员必须在采购时间、品种、数量等不确定的情况下进行分析和决策，并选择合适的采购方案。在这种信息不对称的采购活动中，采购主体不会像平时那样有计划地批量采购，这种采购属于单独采购的市场活动，而且突发事件的不确定性也使得采购人员很难快速制定出科学的采购方案。突发事件的动态性使得物资需求的数量、种类、时间、地点不断变化，这就决定了应急物资采购是一个有着紧迫性和高要求性的动态过程。这一特点也使得采购机构需要根据不同的情况灵活确定采购方案，如不同的任务等级、市场资源、实际需求等。

传统上的储备管理是一个静态的过程。这就意味着能对可用资源按照一定的比例固定分配或将其全部用掉。这种方法最明显的问题在于当储备物资被慢慢消耗时，决策却仅仅是简单地停留在"何时何地使用它们"。因此，媒体、公众乃至应急组织内部都会担心储备物资在突发事件还未结束时就被用完。

动态的应急物资储备策略是要认识到突发事件是一个动态的变化过程，相应的应变工作要随时调整。一方面是为了可控制的事情做准备，另一方面是用于应对意外的突发事件。而后者的存在使应急储备工作具有不确定性。

为了做好动态应急物资储备管理工作，应急物资储备管理者要做好如下工作：

一是当突发事件发生在其区域管辖范围内时，应提前对应急储备物资进行预测。

二是在应急管理工作中要提前判断突发事件可能产生的影响及其所需的资源。

三是研究如何更节约地使用物资，这些物资应当包括从组织内或地区外所获得的。

四是准确计算运输所需要的时间，为后期的应急物资布局和运输打好基础。

五是调整动态管理中资源的储备品种及数量，这些资源应包括从别处获得的和根据情况重新补给的。

六是动态的储备将流动储备、返回维修或补给的储备及备用物资综合在一起，并维持一定的水平，以满足频繁调动的需求。

（二）应急物资的调度

应急物资的调度主要包括应急资源的布局和运输。应急管理中的物资布局问题，主要包括应急物资储备点的选址和配置两方面。应急物资布局问题按照在应对突发事件时所需的物资结构和数量是否可以动态变化而分为静态布局和动态布局。对于静态布局，需要优化选址和配置物资，最终达到这一地区的物资保障水平满足应急管理工作的需要。如可以建立静态布局模型，在假设应急物资储备点之间流量是固定数量时，达到物流费用的最小化等。但是突发事件的动态不确定性决定了应急物资布局的动态性。对于某一突发事件，应急物资动态布局需要在满足时间约束的条件下考虑应急物资的结构和数量，从而优化布局模型，使得这一地区的资源保障水平尽可能满足突发事件的实际需求。

由于突发事件的随机性，导致应急物资的储备无法特定地针对某一类事件，只能遵循一般的应急预案来配置物资保证突发事件发生后的应急物资调度方案的实施。突发事件的规模和影响程度的不断变化也决定了应急物资管理的布局是一个多阶段的动态资源配置问题。

突发事件中，周边环境、受灾人群、救援工作的有效性等众多因素共同影响着事件的发展情况，因此突发事件具有不可完全预见性。这就要求应急物资调度中，不仅要考虑当前的需求，还要顾及资源使用之后的情况。所以，应急物资调度不能照搬预案或是照抄方案，而要根据实际情况来决策，因此应急物资的布局和运输是一个动态的管理过程。

二、动态应急物资储备控制模型

应急物资的大量储存会造成极大的积压和浪费，占用大量的流通资金，阻碍资金的周转，导致成本上升。但是，这些安全保障物资可以极大地提升灾害发生后的救援反应速度，减少了出现紧急采购的可能性。所以，为了提高应急物流系统的效率和效果，更加科学地控制应急物资的储存量，本节将现代物流管理中的库存控制方法应用到应急物资的管理。下面设计具体案例对某地区的应急物资储备进行分析。其中，运用大量可靠的历史数据对具体的应急储备进行抽象和概括，建立数学模型进行相应的分析处理，在确保应急物资流动连续和均衡，且适应救灾实际需要的前提下，制定经济合理的应急物资储备控制模型，做出正确的应急物资存储决策。

(一) 模型假设

根据突发事件的发生规律做出如下假设：应急物资的消耗是同步且逐渐进行的；突发事件平均发生周期 T 固定不变，并且各地发生概率相同。

(二) 模型建立

将应急物资库存根据常规和非常规分为两个层次，分别是保险储备和机动储备。保险储备的库存量基本保持不变，其方程(Q_k)为线性方程。但是，为了应对各地区频发的小型突发事件，必须有完善的补充、更新制度来保证常年的应急物资供给。

机动储备 (Q_m) 是以 Q'_m 和 Q'_k 为上下限波动的函数，其自变量为时间 t，函数周期为突发事件平均发生周期 T，机动储备最大值为 Q'_m。机动储备为非常规库存，主要应对重大突发事件，并且集中存储在灾害多发区，这些灾害多发区的常规库存也应该保持在较高水平。其模型方程为：$Q_k = A$，$Q_m = f(t)$。

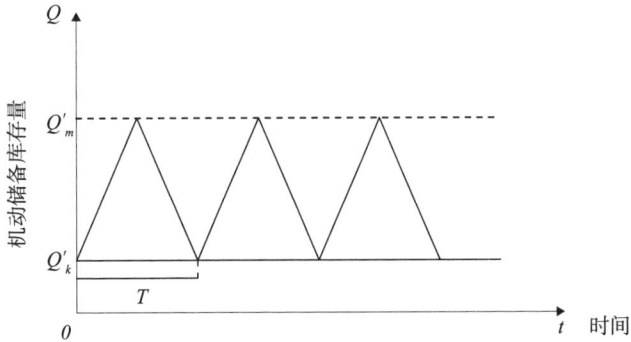

图 7-8　应急物资机动储备消耗图

非常规机动储备呈现波动特征主要由于：在重大灾害发生概率较小这一事实情况下，为了满足经济性的要求，就没有必要建立大规模的固定储备；同时机动储备的波动特征反映了库存储备中更新和补充的机制，使得库存物资能够保值增值，如图 7-8 所示。

其中 A 为常数，$f(t)$ 可以表示为

$$f(t)=\begin{cases}\dfrac{2(Q'_m-Q'_k)}{T}t-2nQ'_m+(2n+1)Q'_k,\ nT\leqslant t\leqslant nT+T/2\\[3mm]-\dfrac{2(Q'_m-Q'_k)}{T}t+2(n+1)Q'_m-(2n+1)Q'_k,\ nT+T/2\leqslant t\leqslant(n+1)T\end{cases}$$

其中 n 为周期数，将上式代入模型方程，有：$Q'_k=A$

$$Q_k=\begin{cases}\dfrac{2(Q'_m-A)}{T}t-2nQ'_m+(2n+1)A,\ nT\leqslant t\leqslant nT+T/2\\[3mm]-\dfrac{2(Q'_m-A)}{T}t+2(n+1)Q'_m-(2n+1)A,\ nT+T/2\leqslant t\leqslant(n+1)T\end{cases}$$

为了简洁直观，我们只讨论一个灾害周期内的情况，即 $Q'_k=A$

$$Q_m=\begin{cases}\dfrac{2(Q'_m-A)}{T}t+A,\ T\leqslant t\leqslant T/2\\[3mm]-\dfrac{2(Q'_m-A)}{T}t+2Q'_m-A,\ T/2\leqslant t\leqslant T\end{cases}$$

上式即为应急物资库存模型方程。

（三）考虑不确定性的应急物资储备控制模型

由于突发事件的不确定性，应急物资储备应随着突发事件在一个周期当中做出相应变化。

在应急物资储备为最大值时，一段时间之后其会逐步消耗殆尽，在这种情况下，如果在下一个周期 T 内出现较大灾害，应急物资消耗和需求会激增，其补充仍需按照原有库存量和期限进行补充，过程如图 7-9 所示。在物资储备消耗图中，在 t_1 时间发生突发性较大灾害，物资在 t_1 到 t_2 时间段消耗至 Q_L，则救助工作完成之后，物资的补充应按图中虚线所示缓慢进行。在 t_3 时间达到 Q'_m，开始为下一突发事件的到来做物资储备。

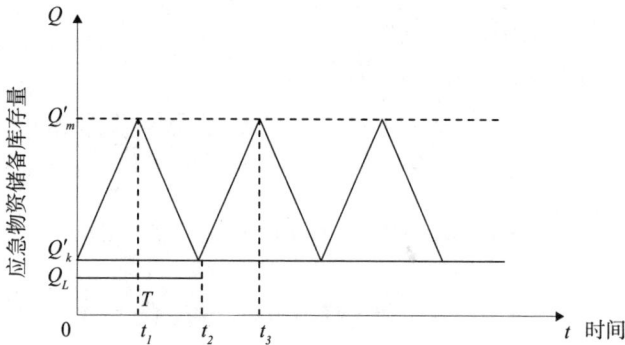

图 7-9　灾害发生情况下的减灾物资储备消耗图

如果在 Q'_m 之后一段时间没有发生灾害事故，那么应急物资可采取出租、转卖等方式缓慢使用，但是消耗量不能过大，并且要保证在下一个周期的峰值时补充完毕，如图 7-10 所示。t_0 时为最大 Q'_m，t_0 到 t_1 未发生突发事件，这时候为了更新和增值，应急储备可以做缓慢的少量消耗，到达一定程度（如 Q_L）或到达一定期限（如 t_2）时，应急物资就要及时进行必要的补充，到 t_3 时应补充到应有的数量 Q'_m（如虚线所示）。

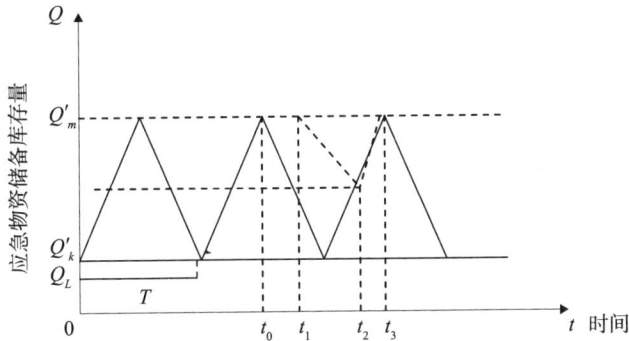

图 7-10　灾害未发生情况下的应急物资储备消耗图

如果库存量还没有达到最大值时就发生重大突发事件，这时候可以采用保险储备加上机动储备共同用于应急物资救援，若情况紧急还可以进一步调动上一级别的储备资源来进行援助。

第四节　动态组织管理

对于不同地区的应急管理工作，应该特别重视调拨数量巨大、种类繁多的应急物资。由于调拨任务繁重、程序复杂，因而需要多家物流公司与生产型企业共同协同合作完成。然而对各类企业进行分工与协调工作通常是由政府根据应急预案从相关部门调配人员组成临时应急管理组织来进行管理的。在突发事件发生时，各个相关部门都应该在临时应急管理组织领导下，灵活地完成各自负责的应急任务。

一、动态组织管理特点

（一）应急管理机构职责的动态性

应急管理机构动态性主要表现在以下几个方面。首先，在危险灾害发生的不同阶段，应急管理机构需要承担的任务不相同。在危险灾害发生前，应急管理机构侧重于对灾害频繁地区及可能发生地进行危机监测与预警；在危机发生后，则更加重视对已发生灾害的跟踪与监测，迅速收集灾害情报，并评估灾害发展趋势与及时进行灾害控制。其次，应急管理机构在危险灾害发生时有灵活的职能分工。由于不同机构的职能与性质各异，因而，在处理危机时，应结合危机的种类与特点，明确各机构所能起到的作用，分配相应的工作，使得危机能够有效得以防范和处理。

在突发事件未发生的时候，应急管理机构各司其职，照常运行。当发生重大突发事件时，应急管理机构管理模式由常态管理迅速向应急管理切换，形成以政府为核心的权威组织结构，同时相继启动突发事件预警、应急处置和救援等系统，并开始进行资源配置和调度，处置突发事件，确保事后恢复。这种由平时到急时的管理模式切换充分体现了应急管理机构管理的动态性。

（二）指挥主体的动态性

在实施应急管理工作时，突发事件危险程度呈网状结构，从中心向四周发展，最靠近指挥中心的应放在核心处理。通常应急管理各部门保持与主体紧密联系，但有时由于外部环境等因素的改变，当出现已有指挥主体无法有效控制局面时，其层次结构将依次向上移。如在重大突发事件中，由于灾难波及范围大，影响深远，低级应急管理指挥机构无法对灾难进行控制，因而指挥主体由省（州）市级迅速上移到国家级，这是指挥主体的动态性体现。

（三）指挥主体执行原则的动态性

指挥主体采取何种执行原则通常由突发事件的影响范围和危害程度决定，通常包括直接决策、分级决策、分级处理、事后集中汇报等原则。如当发生县、市级交通安全、突发传染病等灾害事件时，直接由市（县）级应急管理指挥协调机构进行处理；当发生重大事故或突发事件时，政府应急管理遵循集中决策、分级处理、边处理边汇报等三个原则；而发生特别重大的突发事件时，如涉及国家安全、恶性传染病和覆盖面巨大的自然灾害等，由国家进行统一指挥决策，各省市根据国家决策分级处理，地方政府听从上级安排迅速执行国家决策。

突发事件种类多且复杂，即使同类的事件亦有级别的划分。对待性质、危害程度不同的事件，在选择预防措施、调配救援力量上都是有所区别的，因此更需要针对危险事件发生的实际情况进行深入分析，并且需要对灾害中的新问题、新情况进行及时回应。

二、项目导向型动态应急组织模型

由于突发事件应急管理具有动态连续、信息不完备、资源有限以及决策快速等特征，因此在危机事件发生时都应该将其作为独立项目来处理。这就决定了应急组织必须采用与常规活动不同的组织模式，并且该模式要适用于危机应对，从而才能有效应对危机。而项目导向型组织（Project Oriented Organization，POO）模式是一个比较符合条件且能有效应对危机的组织模式，下面将具体研究如何使用 POO 组织模式应对突发事件。

（一）POO 组织模式的结构与特点

较传统组织模式而言，POO 组织模式不仅更加灵活多变，而且适应了组织内不同活动的要求，其基本模型图如图 7-11 所示。

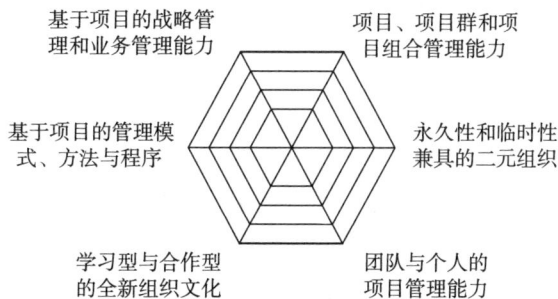

图 7-11　POO 组织模式基本模型

根据图 7-11 分析可知 POO 管理模式具有如下特征：

1.广义的项目管理能力

POO 模式的主导管理模式是基于项目管理而形成的，所以该组织模式的主要度量指标体现在其具备项目、项目群和项目组合管理能力，这也充分体现了基本项目模式的特征。

2.二元组织结构

POO 模式是以项目为导向，构建由行政管理部门和临时项目团队组成的二元组织结构。行政管理部门负责应急工作的长期管理，而临时项目团队负责独立完成特殊项目。

3.个人与团队的项目管理能力

POO 模式是由单个或两个以上的多组织构成，如独立个体、职能部门及跨部门项目团队等，其具备管理和服务能力。这种模式有利于在目前组织已有分工基础上，充分发挥个体与团队组织对于个案与独立任务的处理能力。

4.学习型和合作型的组织文化

POO 模式不仅注重对组织内成员学习能力的培养，而且要求管理工作也必须按照项目管理模式进行。POO 组织内部成员协同合作应对突发事件是 POO 组织合作型的集中体现。组织内部需要建立共同的组织文化，培养趋同的理念和价值观。

5.基于项目的管理模式、方法与程序

POO 模式必须遵循项目管理和服务的模式以及运用项目管理的程序与方法来开展工作，因此，需要组织不断地完善项目管理工作的程序，在组织内部开展项目管理知识与技能培训。

6.基于项目的战略管理和业务管理能力

POO 模式需要遵循最新项目管理知识去完善目前在战略制定和业务拓展方面的不足。拓展项目的战略管理能力，需充分考虑战略规划中的组织的所有项目，并根据组织的战略来设计组织的项目组合并实施该组合。拓展组织业务能力方面，可通过开展定制化生产以及采用项目的方式来提高为客户服务的质量。

（二）面向突发事件的 POO 模式动态模型

面向突发事件的 POO 模式动态模型在管理日常突发事件时组织结构是传统型组织，在应对各种重大突发事件时组织结构是项目管理型组织。依照该种模式，在资源配置过程中，突发事件应急管理项目组织可以优先使用组织的资源和人员等，以期在组织中形成这样一种氛围：组织成员既有基于日常运营的分工负责，又有基于项目的团队合作。因此，面向突发事件的 POO 模式动态模型的基本框架如图 7-12 所示。

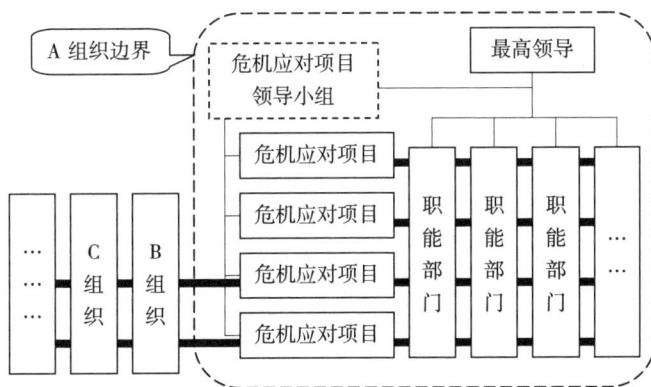

图 7-12 面向突发事件的 POO 模式动态模型的基本框架

1. 常设性组织

POO 组织模型包括常设性组织，即广泛应用的传统直线职能型组织，但其应用主要在解决小型突发灾害，保证社会秩序，通过制订计划使组织资源和成员得以稳定，从而有效地规划具体工作流程。

2. 选择性常设组织

突发事件发生时，临时组建突发事件应急管理领导小组，来全面应对危险并组织动员和协调工作。应急管理领导小组为选择性常设组织，通常直接受命于高层领导，特别当危机不可控时，高层领导将直接担任该组织的最高负责人。

在灾害频繁发生的国家与地区，可将该小组设为常设机构，用以应对突发危险灾害。如当前我国政府组织中的"公共突发事件应急委员会"便是常设性的危机应对项目领导小组。在没有发生公共突发事件时，该小组只需监控各种危机，收集各类公共突发事件的相关信息。当公共突发事件发生后，该小组便成为指挥机构，组织与协调各部门开展应对危机工作。鉴于并非各级政府都常设该小组，因此在图 7-12 中其以虚线表示。

3.临时性组织

危机应对项目组织是应对危机的主要组织，根据危机影响范围与应对危机所需资源、人员范围的不同可以分为两类。一类是组织内部的危机应对项目组织，即图 7-12 中标示的前两个项目组织，当危机影响范围较小，无须外部资源即可应对时，就由组织内部各职能部门的相关人员组成危机应对项目组织；另一类则是超越组织边界的危机应对项目组织，即图 7-12 中标示的后两个项目组织，当组织危机影响范围较大，无法依靠组织内部成员完成应对过程时，就需要由组织的各职能部门成员与组织外部的相关成员共同组成项目组织。

在应对突发危险灾害时，主要是借用项目管理的管理方式，因而项目中独立个体或组织需要及时完成组织分配的工作。在此时出现的组织是临时性特征的突出体现，该组织只在发生危险时成立，当处理完危机后，组织自动解散，其成员返回其岗位，各行其职。

（三）POO 组织模式运转的机制

POO 组织模型较传统组织而言，其创新处主要体现在其组织模式的运作机制。

1.基于项目的资源配置方式

充足的资源是应对所有危机的前提条件，但是对于任何危机处理而言，组织资源都是有限的，包括人力、物力、资金等。传统资源配置方式主要通过制订资源使用计划，依次调拨资源、逐层审阅、分配使用，浪费了大量救援时间，甚至导致错过最佳救援时间，同时组织内部协同合作较差，救援资源往往无法及时合理配置。

POO 中的资源配置方式与传统的组织资源配置方式有着本质的区别：传

统的配置方式本着遵照原有计划依次逐层配置资源的原则，而 POO 中的资源配置是依据危机应对项目的需要，按需配置资源。跟传统的方式相比这种新型的资源配置方式克服了原有组织职能部门中的上下层级关系和部门界限，可以充分挖掘资源利益率。

2.项目导向的权力分配模式

一个组织的决策模式与组织内的权力分配是密切相关的，权力分配模式会直接影响到组织决策的速度、正确性和有效性。传统的权力分配模式是按照组织层级分工，不同的层级具有不同的决策范围。然而新型的项目导向型权力分配模式，一改传统模式中过于僵硬的、低效的决策方式，避免了层级和分工隔阂，增加了决策的灵活性。

在 POO 模式中，危机应对中的组织模式均采用以项目为导向的权力分配模式，该模式可由组织直接授权应对项目组，并根据项目和危机任命最适合的人担任项目经理。由项目经理全权调动组织中的所有人员和物质资源，这样可以提高决策的效率，避免权力的误用。这种权力分配模式对项目经理要求较高，项目经理要能在最短时间内进行正确高效的处理。此外，由于项目经理是临时任命的，因而避免了部门保护主义的出现，使得决策得以更加及时准确。

3.工作流程与管理方法

危机应对项目具有独特性与一次性等特征，这使得每个危机应对都有别于其他组织的常规活动，其管理需采用不同的工作流程和管理模式。基于危机的独特性、偶然性特征，使得危机应对项目管理无法依靠传统模式中的机械化、制度化的常规工作流程和管理方法来实现，而需要以项目为中心，因地制宜地进行管理和操控。

对于是否使用项目管理方法要具体问题具体分析，对于组织中的常规活动，建议仍可使用制度化、规范化的传统模式；对于独特性、一次性的任务，可采用项目管理方法来完成。因为项目管理方法以团队协作为前提，重视组织成员间的优势互补，可以确保任务高效、高质完成。

综上所述，POO 组织模式通过常设性组织和临时性组织的二元组织结构，并相应地使用基于项目的资源配置方式、项目导向的权力分配模式以及适合于项目的管理流程与方法，因而可以在突发事件发生发展过程中随着事件的发展态势动态变化，构成突发事件应对的有力组织保障，更好地应对突发事件应急管理服务。

第五节　动态信息管理

应急管理工作能否准确高效地进行很大程度上取决于收集信息的准确与及时。因此，收集大量的突发事件信息是应急管理工作的首要环节。突发事件的形成往往是多种因素耦合叠加的结果，具有多诱因性，仅仅根据其中一点来判断突发事件的类型及级别难免会陷入武断。只有充分掌握了突发事件的信息资料，应急管理人员才能准确把握突发事件的症结，进而采取有效的措施，并及时传达给受众群体，阻止突发事件的恶化升级。突发事件的突出特点在于其突发性和信息的高度缺失性，其中信息的高度缺失给应急管理带来很大的困难。因此，信息管理是应急管理的重要工作之一，是突发事件应急处置能有效进行的保证。如果信息管理工作没有做好，突发事件处置过程中获得的信息不充分，信息加工不完善，应急管理人员就很难做出有效的决策和行动方案，这势必造成应急资源和时间的浪费。动态信息管理就是从突发事件发生的初始阶段介入，从突发事件的预警、预控、应急管理、善后处置、恢复平息等连续动态观察事件的发展，不断地组织人员收集大量较为全面的信息，为应急管理工作的开展奠定基础。

应急信息管理包括信息收集和信息传递两个过程。信息收集的主要来源是突发事件的受影响者，如事件的受害者、突发事件的管理人员、进行应急管理的其他政府成员和受到事件影响的利益相关者等。突发事件发生前，有预警信息时应急管理人员就要开始做好信息整理和备案工作，这样做不仅能指导后续的应急管理工作，也能为以后的突发事件预警积累经验。突发事件发生后，应急管理人员应及时进入现场，仔细观察事态的发展和事件受众的情绪，从突发事件本身、受众、目击者及相关工作人员中广泛收集突发事件信息。在事件的发展过程中，信息收集工作要具有连续性并实时跟进。而在具体的善后处置工作中，信息收集工作主要侧重于民意、民情的调查，通过大量的走访和问卷调查，及时了解民众的信息诉求，从而能更准确和高效地指导善后处置工作。

一、信息收集的方法

收集信息的目的是为制定突发事件处理预案提供依据。因此，突发事件的信息一定要准确、全面、及时。信息收集的方法主要可以分为正式方法和非正式方法两种。

（一）正式方法

正式方法是通过科学选取样本而获得更客观、更系统的信息的方法，主要的手段包括间接资料分析和现场调查。

间接资料分析就是对他人收集的资料重新使用，一般是通过设计一套程序来接受和处理来自监控地点的有关紧急情况的报告和其他相关的信息资料，确定以前的同类突发事件赖以发生的各种相关条件是否还存在。现场调查则是通过设计标准化样本，对特定人群进行样本收集，并进行横断面分析研究。

（二）非正式方法

非正式方法是通过自由的甚至是随机的非标准化样本收集模式，对信息的细节因素进行原始性发掘的方法。它是发现并有效预防由外在人为因素造成危机事件的有效方法，通常采用的手段包括媒体内容分析、专业论坛、寻找关键信息提供者等。

媒体内容分析是确定和分析媒体所报道的具体内容并从中发现有关信息，敏感的应急管理者可能会从中获得早期的警报信息，并进行更进一步的追踪。同时，还有一些针对突发事件进行探讨的专业论坛，其中也会应急管理专家对事件的分析和总结，这也是对应急信息管理工作的补充。

二、信息收集的原则

收集信息的工作直接影响到应急管理工作的开展，工作中收集到的突发事件信息不仅要全面而且要真实，能反映突发事件的真实发展状况。真实全面的信息有助于应急管理工作高效利用应急管理资源，节省人力和财力；反之，失真的信息会造成资源的浪费。因此，信息的获得与传递应遵循以下原则：

（一）真实客观原则

由于我国现行行政管理和绩效考核体制的局限性，地方各级政府为了提高自身政绩，信息在传递过程中往往会出现谎报、漏报、拖延时间、"报喜不报忧"的现象，这样难免会出现上级主管部门因为决策信息的失真造成对突发事件严重程度判定的失误，进一步造成应急预案响应不及时和不准确。比如，2003 年北京 SARS 事件就是因为政府应急管理人员谎报、延报事件发展的真实情况，而导致应急管理处置工作没有及时到位，对于病毒的科研工作没有及时开展，致使 SARS 病毒广泛传播。

（二）层级精简原则

信息传递过程中往往存在多级上报的情况，信息的逐级上报不仅会造成信息传递过程中的信息延误，而且会导致信息传递的失真。对于信息的传递，应急管理人员要拓展多元化的渠道，精简信息传递层级，允许"越级"上报的情况发生。比如，对于一些大型的涉及国家分裂的群体性事件、高级别的地震及海啸、大量人员伤亡的安全生产事件等，就可以直接"越级"上报。但是"越级"上报也要遵循一定的原则，做到"特定类型、特定级别"及时上报，不能一有风吹草动就动用"越级"上报渠道，否则会致使上级主管陷入信息庞杂的境况，不利于应急管理决策的制定。

（三）信息核查原则

现在许多地方已经实行了应急管理工作的网格化管理，基层组织和非政府组织都能上报突发事件信息。但由于专业知识或能力的欠缺，一些信息有可能会被夸大；同时，有一些组织为了引起上级部门的重视，甚至谎报或捏造突发事件，这些都不利于突发事件的及时响应。为此，在日常信息管理工作中应急管理人员要建立一定的核查方式，对于突发事件信息进行核查，及时发现虚假信息。

三、信息收集的内容

突发事件发生后应急管理工作将涉及大量关于事件的各种信息，信息的内容关乎突发事件的各个方面，导致信息真实性辨别的难度加大。因此，应急管理人员在收集突发事件信息时要有目的性，强调信息的针对性和相关性。应急管理人员在收集突发事件信息时要侧重于以下信息：

(一) 突发事件的类型与破坏程度

突发事件发生后首先收集关于突发事件的类型信息，如地震、泥石流属自然灾害事件，大型煤矿事故属安全生产事件，食品中毒属公共卫生事件，群众暴乱属社会安全事件，日本地震引起的核电站泄漏导致的核辐射事故属于自然灾害衍生的安全生产综合性事件。其次，判断突发事件的严重程度，如造成多少人员伤亡及财产损失等。最后，对突发事件爆发的具体时间、地点、原因等方面的基本信息要素进行归类总结。

(二) 突发事件所涉及的受众

突发事件的受众群体包括直接和间接两种类型。直接受众是指由于突发事件直接造成的人员伤亡和财产损失，而间接受众是指与突发事件影响相关的组织和机构。如日本核电站事故造成的直接受众包括日本电力公司，由于日本电力公司电力供应不足而致使全国大面积的停电事故，间接受众就包括一些工业生产厂商。

（三）突发事件的潜在威胁

突发事件不仅能在瞬间造成大量的人员伤亡和财产损失，同时也具有很强的潜在威胁性。1986年的切尔诺贝利核电站事故到现在为止所造成的核辐射影响仍未消除。对于突发事件潜在威胁相关信息的收集工作能指导应急管理人员加强对潜在威胁的防护，从而最大限度地减少潜在威胁。

四、信息的动态管理

随着时间的延续，突发事件的信息收集量会越来越多，工作量也会增加。对于信息的动态管理要做好以下工作：

（一）对突发事件信息进行核查检验

突发事件信息的来源渠道广泛，在信息的采集和传递过程中难免会出现信息失真的情况，因此应急管理人员要加强信息核查并将其中的虚假信息予以删除，判断突发事件信息的重要度并将比较重要的信息通过快速渠道向上级部门汇报。

（二）对已经获得的信息首先进行归类整理

应急管理人员要按照事件的种类、等级、事件表、发展脉络、重要度等属性并采用科学的编码方法对已经获得的信息进行归类整理，以便在下一阶段随时调用抽取。

五、信息系统模型的构建

突发事件应急管理信息系统是一套区域和部门联动的应急管理信息系统，它应该具有高可靠性、高容错性、高可伸缩性架构的特点。为了保障其安全性以及在政府工作流程中的特殊性，该系统要以相对封闭的运行平台为基础；为了保障其指挥的准确性，该系统引入了智能向导技术；为了保障其稳定性，该系统要整合大容量在线事务处理技术；为了保障其高效运行，该系统使用了独特的软件墨盒技术；为了保障其指挥效果，该系统应用了抗骚扰技术；为了保障其时效性，该系统采用了创新的高速录入技术；为了保障其不停机运行，该系统具备了高可靠的体系架构。

为了满足上述应急管理工作的需求，突发事件应急管理信息系统要建立层次化的体系结构，采用层次化的设计思路对系统进行整合，还应该应用目前比较先进的各种实用技术来对已经获得的信息进行集成，以期达到保障系统功能的全面性、稳定性和可扩展性的目的。为此，应急综合信息平台、基础管理系统、地理信息管理系统、应急决策信息系统、应急救援信息系统以及系统数据库等应是突发事件应急管理信息系统的建设内容，而系统数据库又由基础信息数据库、地理信息数据库、应急救援信息数据库、应急专家数据库等组成。应急管理信息系统还需要集成多项先进信息技术，如地理信息系统（GIS）、全球定位系统（GPS）、遥感遥测系统（RS）、电视会议系统和 $C^4$1 系统等。

在突发事件应急管理信息系统中，应急综合信息平台扮演着基石的角色，它与应急通信信息平台、应急指挥信息平台密切相关，通信信息的整合和指挥指令的发送全部依靠坚实的综合信息平台来实现。而基础管理系统、地理信息管理系统、应急决策信息系统、应急救援信息系统等四系统则以基础信息数据库、地理信息数据库、应急救援信息数据库、应急专家数据库等四数据库作为支撑。应急管理信息系统模型如图 7-13 所示。

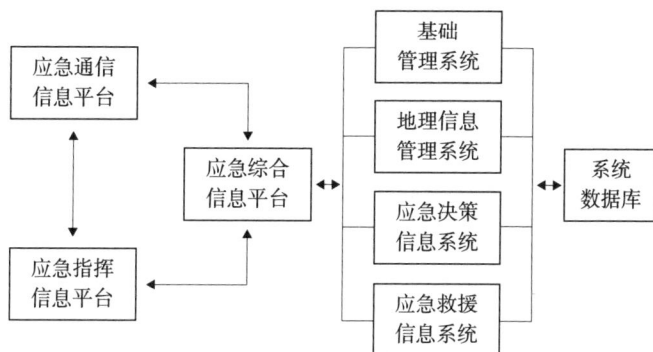

图 7-13 突发事件应急管理信息系统模型

数据的合理组织和数据库结构的合理设计，是确保任何一个信息系统开发成功的关键。因为突发事件应急管理信息系统采用了大量的国家或地方的数据，所以它应该详细合理地分析历年国家或地方突发事件的数据并从中发现规律及特点，还应该合理地设计应急管理信息数据库中的数据、结构及其与数据的关系，以便更好地将其用于国家日常公共安全管理和国家突发事件应急管理。突发事件应急管理信息数据库由基础信息数据库、地理信息数据库、应急救援信息数据库和应急专家数据库等数据库组成，而这些数据库又分别由若干个子数据库组成：

1. 基础信息数据库

它主要用于组织和存储国家及地区的一些基础信息数据，如自身属性等。它由气象、人口分布、道路桥梁、地震、财产、安全距离、地质、用地、法律法规、水利设施、设备器材和案例数据库等十二子数据库组成。其构成如图 7-14 所示。

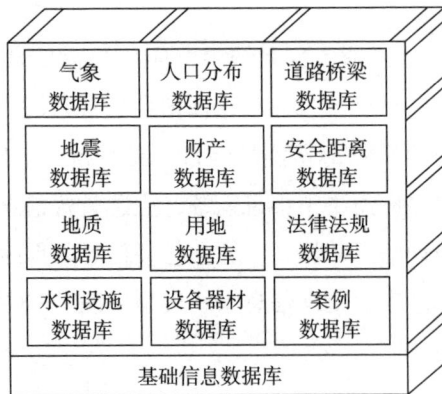

图 7-14　基础信息数据库的构成

2. 地理信息数据库

它主要用于组织和存储国家及地区的一些地理空间信息数据，如安全管理设施、公共安全规划及对象的地理位置、分布和尺寸信息等。它由地理信息空间、危险源空间、安全规划空间、道路空间、重点保护目标空间和事故地点空间数据库等六个子数据库组成，并与基础信息数据库紧密关联。其构成如图 7-15 所示。

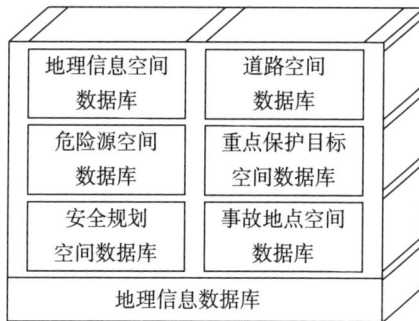

图 7-15 地理信息数据库的构成

3.应急救援信息数据库

它主要用于组织和存储国家及地区的一些应急救援信息数据，如救援力量、分布和需求等。它由公安警力、人防分布、人员疏散、消防力量、医疗信息和事故记录数据库等六子数据库组成。其构成如图 7-16 所示。

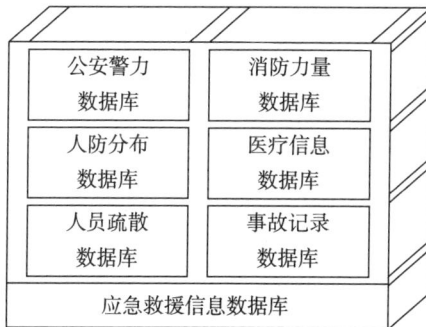

图 7-16 应急救援信息数据库的构成

4.应急专家数据库

它主要用于组织和存储国家及地区的一些应急专家数据，如突发事件的动态性预测与危险性分析、判断等，从而可以将其作为整个应急指挥系统的决策"控制台"，进一步落实应急预案，并在实施过程中调整决策和救援措施等，最终达到科学决策和高效处置突发事件的目的。它由应急预案、决策

211

技术、风险计算方法、风险分析、信息识别、事态发展与后果数据库等六子数据库组成。其构成如图 7-17 所示。

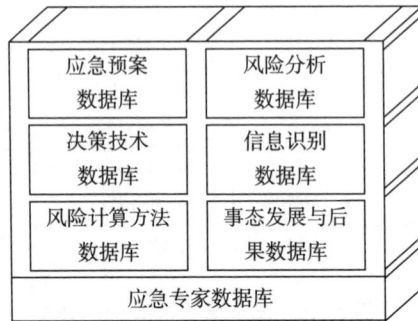

图 7-17 应急专家数据库的构成

综上所述，多层面、多角度、多业务是突发事件应急管理信息系统的主要特点，它既是多系统的复杂组合，又是统一完整的综合信息系统。

六、GIS 技术在突发事件应急管理信息系统的应用

充分预防、及时预警、快速响应和有效控制是突发事件应急管理体系建设的目标，而实现该目标的重要条件是充足的人力和物力资源以及先进的科学技术手段。

GIS 是集数据、图形、地理、分析技术于一体的信息系统，是综合性的技术方法，其本身也是研究实体的应用工具。GIS 的主要功能是在计算机硬、软件系统支持下，以空间地理数据为基础，对空间中的相关地理分布数据进行采集、存储、管理、运算、分析、显示和描述，并采用地理模型分析方法，实时提供多种空间和动态的地理信息，是计算机、信息技术和地理科学发展的共同产物。

在突发事件应急管理信息系统建设中 GIS 扮演着"神经中枢"的角色，它具有采集、存储、管理各种空间地理数据的能力，进而可实现对突发事件应急管理信息系统中基础、专业数据的动态管理。GIS 以地理研究和地理决

策为目的，可由计算机模拟各种方法对空间数据进行分析，产生高层次的地理信息，进而快速、准确地对突发事件应急管理复杂的空间现象进行综合分析和动态预测，最终将各种信息及分析结果以不同形式表达出来。

一方面，基于 GIS 综合信息平台，突发事件应急管理信息系统可以对各类应急信息资源进行整理、统计、分析及整合，并按照规定层次和级别实现应急信息资源共享，进而为后续的各种系统功能提供技术支持；另一方面，以 GIS 为信息技术平台，通过融合现代通信技术、全球定位/卫星导航（GPS/GNSS）技术，突发事件应急管理信息系统可以构建集数据、图像、语音于一体的突发事件应急管理信息网络和通信系统。

依靠 GIS 技术可以及时地维护与更新基础数据库，以满足对突发事件应急管理预防、预警、响应、评估、控制的需求。在充分吸收了现代计算机技术最新硬、软件成果的基础上，新一代 GIS 系统运行速度更加快捷，数据交流更加通畅，操作界面更加友好。因此，GIS 技术在突发事件应急管理信息系统的开发建设中将发挥越来越重要的作用。

第六节　应急管理中的动态情报体系构建

在当前经济社会迅猛发展、改革开放进一步深化、社会结构趋于多元、各种矛盾交织复杂的大背景下，突发事件呈现出频发性、多样性和复杂性等特征。为了从根本上减少突发事件的发生和降低突发事件造成的损失，结合应急管理过程中对突发事件的事前预警、事中处理和决策、事后管理的整个处理流程，在大网络、大数据、全媒体的这一整体格局下，动态情报体系的构建对于实现应急管理的精准化、高效化和协同化具有重要的作用。本章节所谓的动态情报体系是指紧密结合突发事件应急处理过程中对动态情报的需求，由情报组织、情报分析和情报呈现所构成的体系，该体系在一定程度上实现了应急管理过程中情报流的有机互通、前后衔接。

一、当前应急管理中情报体系的不足

目前应急管理当中的情报体系由于缺乏所共用的知识库、策略库和模型库，在突发事件的情报组织、处理、分析和服务过程中各个组成部分是单一的、静态的，不利于应急决策的进行。目前应急管理中情报体系的不足之处主要体现在如下几个方面：

（一）静态情报体系的情报流纵向层面过多

已有的静态情报体系从纵向层面的划分上看层级过多，导致与情报流相对应的管理层级也较多。当前的这一情报体系层级在常规的科技情报的传递、日常情报的汇集方面可以发挥情报体系本身的作用，但在应对突发事件的预警、应急反应方面不仅效率低下而且精准性差，从而导致在应对突发事件的反应上面速度相对较慢。

（二）从横向上看，目前情报体系的条块分割严重，造成情报体系的不同组成部分之间关联不紧密、情报传递不畅通

静态情报体系中的横向构成单位之间相对封闭、自成一体，形成了静态情报体系下的"信息孤岛"，从而导致了在应对单一部门的突发事件的过程中不能实现信息的有效沟通，而对于与多个部门和领域相关联的突发事件的应对来说则会导致应急管理过程中情报的针对性和准确性不强与不高的情况出现。

（三）静态情报体系在一定程度上造成情报失真，导致在应对突发事件的过程中应急决策缺乏动态、实时的情报支撑

动态、实时性的危机情报是应急决策的关键，当前的情报体系针对情报的组织与情报流的控制方法和方式，导致了情报的公信度、准确度不高与不精准，同时由于目前静态的情报体系在情报处理技术上的单一性和低效性，从而导致情报失真，尤其是动态性、连续性的情报的匮乏。如何从已有的突发事件案例当中结合相应的技术手段和领域化知识挖掘出历时性和连续性的

情报，不仅有助于政府的应急决策而且能从宏观的层面上提升国家应急管理的整体水平。

二、应急管理下的动态情报体系的特点

（一）动态情报体系具有完善的架构

应对突发事件的动态情报体系涵盖了应急管理过程中所有的情报的处理、组织、分析、服务及决策等活动中所涉及的纵向与横向的情报体系的不同构成部分，同时也覆盖了应急情报流的产生、发展、流动的整个过程。因此，本章节针对突发事件应急管理所构建的动态情报体系具有完善的架构，把静态和动态的情报进行了有机的融合，并在情报流中突出了动态情报的关键作用。

（二）动态情报体系具有快速的即时情报处理能力

静态情报体系主要是构筑在科技文献、常规数据上的，主要功能是信息的采集、整理和分析，重点是在信息的采集与整理，该类型的情报体系基本上对即时的情报没有任何的应对能力，有的话也是非常的匮乏。突发事件具有极强的突发性，其突出的特点是后果难预料、规章无迹可寻、影响性极大。相较于常规事件的处理，突发事件的应急处理需要在事件未发生前做到相对精准的预测，事件发生初期调用知识库中的知识做出快速反应并启动多种应急预案，事件发生过程中能利用策略知识库中的应急策略果断应对、精准引导和精细决策，事件进入尾声能够结合以往的善后案例库做好危机的善后处理工作，突发事件应对完以后做好评估工作。上述关于突发事件的整个应对过程如果缺乏实时的情报不仅不能精准地对突发事件进行应急处理而且会造成应急处理的效率低下，甚至会出现应急决策的失误。

（三）动态情报体系具有全方位的大数据支撑

从动态情报的角度观察突发事件，通过实时情报的处理、分析、呈现这

一情报流视角对突发事件展开积极应对，从而为突发事件的应急管理提供实时的情报支撑，是动态情报体系的核心，而为这一核心提供支撑的是大数据的方法、策略和技术。随着突发事件数量的增加、突发事件种类的扩展和突发事件影响范围的扩大，与突发事件关联的数据呈现出了异构性、跨时间性和海量性的整体特征。基于上述这些特征的数据，如何从中抽取特征知识、挖掘应对策略和梳理有针对性的案例知识成为动态情报体系必须面对的任务，而大数据的方法、技术和理念在某种程度上正好解决了动态情报体系所面临的这一任务。未来针对突发事件的应急管理将根植在对与突发事件相关联的大数据的深度挖掘上，而非简单的经验或者是直觉知识。因而，突发事件的应急决策不仅要依赖于大数据提供直接的知识支撑而且动态情报体系的整体框架组建也要贯穿大数据的方法、技术和理念。

三、动态情报体系的主要构成及其在应对突发事件中的作用

针对突发事件应急管理的动态情报体系从组成内容、技术依据和主体性能上是与已有的情报体系有着相当大的区别的。结合情报流所涉及的整个情报体系中的不同组成部分，应急管理下的动态情报体系由情报的组织结构、功能模块和功能关系这三个方面构成，具体如下：

（一）动态情报体系以应急管理中心为其构成支柱

应急管理中心是针对突发事件应急管理所构建的动态情报体系的支柱，本章节所指的应急管理中心涵盖各政府部门、高校研究单位为了应对突发事件专门设立的管理中心。在动态情报体系当中由于应急管理中心拥有突发事件的知识库、案例库和应对策略库，并且具有针对突发事件应急管理的情报搜集、组织、分析和呈现的专门研究队伍，在一定程度上可以为突发事件的预警、知晓、处理、分析、决策、善后、评估提供精准、高效和全面的情报支撑。在动态情报体系当中，应急管理中心所承担的主要任务如下：

为突发事件的应急管理提供情报支持是动态情报体系的核心任务，而这

一主要的任务主要是通过应急管理这一动态情报体系的载体完成的。具体来说，基于应急管理中心，在突发事件未发生之前，通过动态情报体系对现实世界和虚拟网络中的信息进行有针对性的获取，并利用应急管理中心的工具完成对信息的组织和分析，形成潜在突发事件的情报，定期地向政府应急管理部门呈送突发事件预测报告，充分发挥动态情报体系在情报处理上的动态性、即时性功能。如果有突发事件发生，则根据突发事件的类型，调用应急管理中心已发生的突发事件的案例知识库和应对策略库，借助动态情报体系，向突发事件的处理单位提供直接和针对性强的信息、知识、情报和决策，并根据以往突发事件案例库当中对舆情的应对经验，应急管理中心在动态情报体系这一平台上发布能够正确疏导民众和引导突发事件走势的情报，充分发挥动态情报体系基于大数据所构建的案例库、知识库和策略库的优势。

（二）动态情报体系以突发事件的案例库和应对策略库为基石

本章节中所构建的动态情报体系与以往情报体系的另外一个显著的区别是架构在海量的突发事件案例库和应对策略库的基础上的，是确保动态情报体系可以实现对突发事件的预警、知晓、处理、分析、决策、善后和评估的坚强后盾。围绕着与突发事件相关联的各种数据，结合文本挖掘的技术，针对非结构化数据的特征，设计针对序列化知识、策略挖掘的整体流程。在构建突发事件的知识库、案例库和应对策略库的过程中，使用到了相似度计算算法、最大熵机器学习模型、条件随机场机器学习模型、支持向量机机器学习模型等非结构化知识挖掘的各种计算方法、技术和模型，在上述算法模型当中，条件随机场机器模型被使用得最为广泛，无论是知识库当中具体时间、地点和人名等特征知识的抽取，还是案例知识库中针对案例数据的分词和词性标注，抑或是策略库当中具体突发事件应对策略条目的知识颗粒均是基于条件随机场模型获取的。具体条件随机场模型的算法公式如下：

$$P(y|x) = \frac{1}{Z(x)} \exp\left(\sum_{n=1}^{N} w_k f_k(y, x)\right) \qquad \text{公式 1}$$

$$Z(x) = \sum_y exp\left(\sum_{n=1}^{N} w_k f_k(y, x)\right) \qquad \text{公式 2}$$

若以 w 表示权值向量，即 $w = (w_1, w_2, \cdots, w_k)^T$ 　　　　公式 3

以 $F(y, x)$ 表示全局特征向量，即

$$F(y, x) = (f_1(y, x)), f_2(y, x), \cdots, f_n(y, x))^T$$ 　　　公式 4

则条件随机场的形式可以表示成向量 w 与 $F(y, x)$ 的内积的形式

$$P_W(y|x) = \frac{\exp{(w \cdot F(y, x))}}{Z_w(x)}$$ 　　　　公式 5

其中，$Z_W(x) = \sum_y \exp{(w \cdot F(y, x))}$

　　基于不同类型的突发事件构建的突发事件案例库、知识库和应对策略库贯穿了动态情报体系的整个过程，一方面案例库和策略库的构建是以动态情报体系的整个架构为主要目标的，另一方面案例库和策略库又为突发事件新的情报的采集、组织、分析和评估提供了切实而有效的吃撑。案例库和策略库作为动态情报体系的基石，与动态情报体系的整体关系，体现在下图当中。

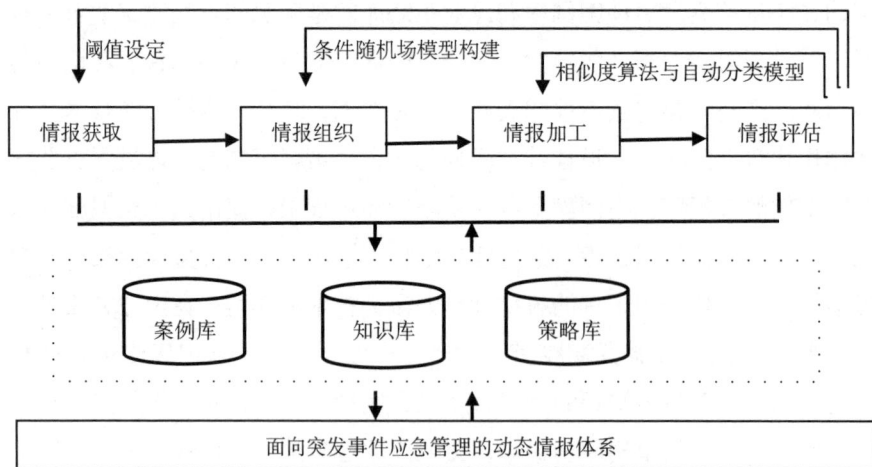

图 7-18　案例库和策略库与动态情报体系的关系图

（三）动态情报体系以组织层级式、功能扁平化实现情报流的纵横有机融合

　　应急管理中心作为动态情报体系的核心支柱，从组织的呈现上看是以纵

向性的层级式存在的，但从功能布局上观察又是扁平化的，借助于基于大数据的方法、技术和策略所构建的案例库和策略库实现了情报流在动态情报体系中的有机流动和深度融合。这一融合的整体情况可以通过图 7-19 全面地呈现出来。

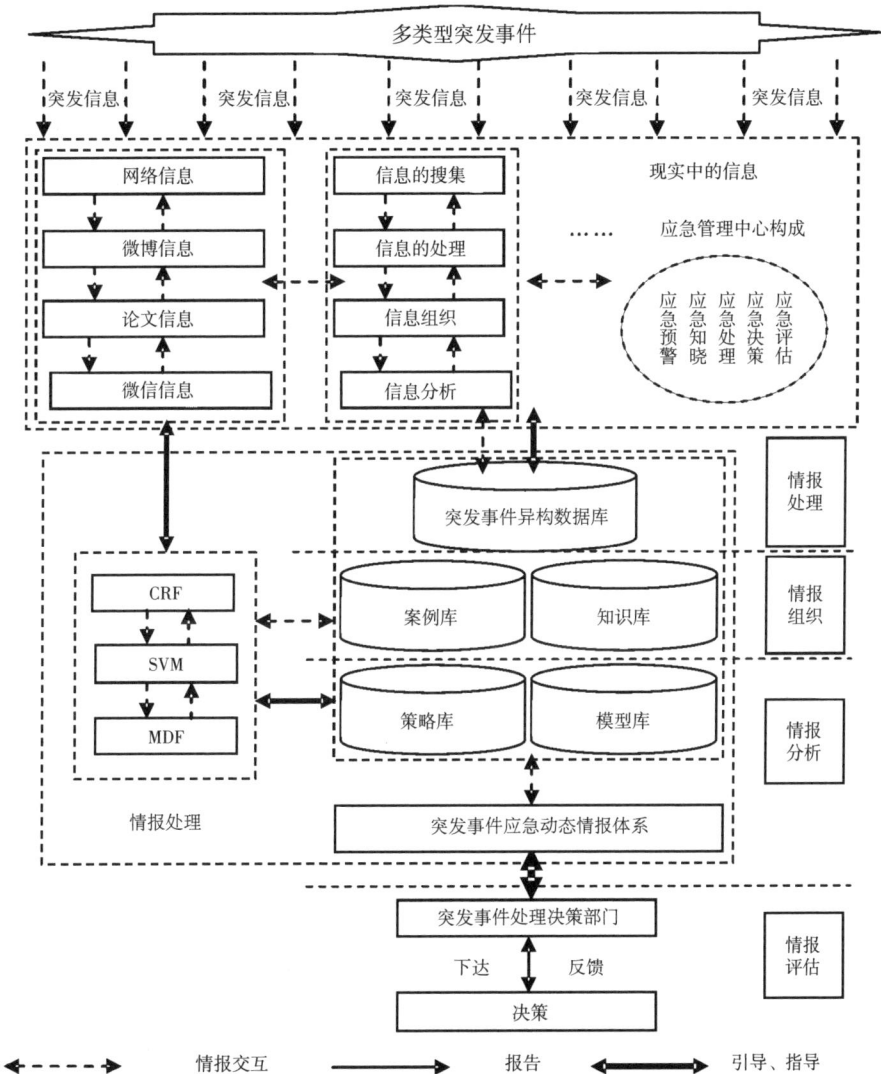

图 7-19　动态情报体系当中的纵向与横向情报流的融合图

从图 7-19 中可以非常清晰地看出，动态情报体系在突发事件的应急管理当中有机实现了情报流的纵向和横向的融合，在一定程度上提升了突发事件应急处理的智能化、精准化。

第八章　全面应急管理战略评价

第一节　应急管理体系评价

一、应急管理体系评价的目的与意义

（一）应急管理体系的内涵

应急管理体系是一个复杂的巨型系统，它是由相关专业技术、公共危机管理方法、行为规范、突发事件应急管理实施机构等组成的有机结合体，是政府针对各类突发事件的性质、特点和可能造成的社会危害，综合运用经济、法律、技术、行政和教育等手段，整合各种相关资源，建立旨在防止或减少危机发生的综合管理工作体系。一个完善的应急管理体系是做好应急管理工作的基础，在社会面临各种突发事件时，应急管理体系的建设应满足预防预报、应急准备、应急救援和灾后重建等全方位的需要。为此，应急管理体系是一个包含多层次和多要素的综合复杂系统，它包括应急管理预案体系、应急管理组织体系、应急管理过程机制、应急管理法律体系。

应急管理体系包含的主要内容和要素如图 8-1 所示。

（二）应急管理体系评价的意义

党和国家十分重视应急管理体系的建立与完善，只有通过对体系的科学评价才能判断应急管理体系的完善性，进一步加强国家应急管理体系的建设，从而实现对突发事件的全面管理。党的十七大提出要进一步完善突发事件应

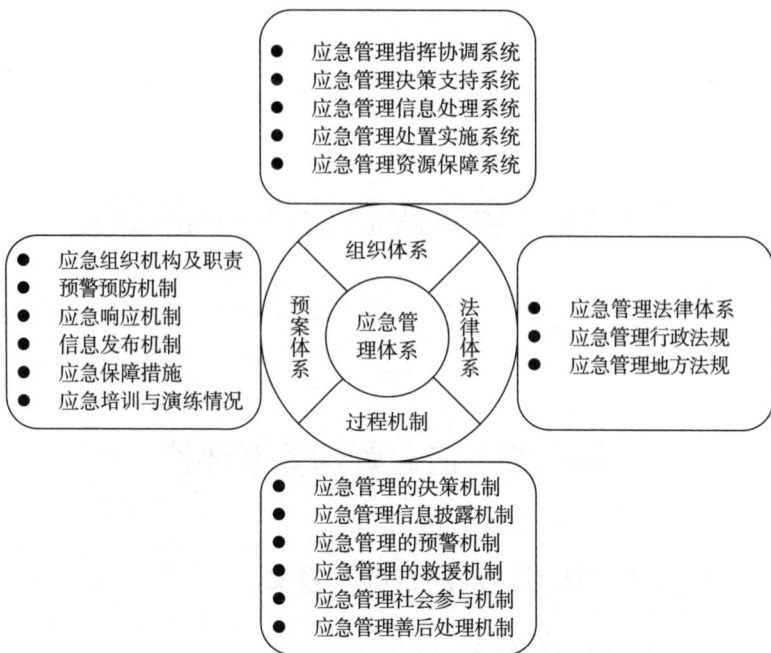

图 8-1　应急管理体系主要包含的内容和要素

急管理体系和体制，坚持安全发展，强化安全生产管理和监督，有效遏制重特大安全事故，提高重大疾病防控和突发公共卫生事件应急处置能力，健全社会治安防控体系，加强社会治安综合治理，深入开展平安创建活动，改善和加强城乡社区警务工作，依法防范和打击违法犯罪活动，保障人民生命财产安全。党的十八届三中全会审议通过的《中共中央关于全面深化改革若干重大问题的决定》强调建立健全公共安全体系，深化安全生产管理体制改革，建立隐患排查治理体系和安全预防控制体系，遏制重特大安全事故。健全防灾减灾救灾体制。加强社会治安综合治理，创新立体化社会治安防控体系，依法严密防范和惩治各类违法犯罪活动。设立国家安全委员会，完善国家安全体制和国家安全战略，确保国家安全。

其一，加强应急管理体系的评价工作是构建并完善我国应急管理体系的基本需求。围绕应急管理体系这一重要现实问题进行调查研究，并设计应急管理体系及评价标准，可以使应急管理体系的建设工作步入正轨，更实际地为推动国家应急管理体系建设做指导。

其二，通过对应急管理体系进行评价，可以明确应急管理体系所具备的优势和不足，了解其建设和发展过程中所面临的困难和挑战，从而为我国应急管理体系不断注入活力。

其三，适应党的十七大提出的完善突发事件应急管理体系和体制的需要。党的十八届三中全会提出了健全公共安全体系，完善国家安全体制和国家安全战略的需要。随着我国经济的迅速发展，人口和财富迅速集中，这必然会加大各种灾害带来的损失。对全面应急管理体系进行评价，并采取相应的措施完善应急管理体系和体制，已成为我国现代化建设的重要任务。

其四，20 世纪以来，各种自然因素和人为因素引发的危害已对各国构成巨大威胁。为了识别和控制各种潜在的危险因素，对应急管理体系进行评价，积极加强应急管理体系的建设，是在新形势下加强国家安全的需要。

二、应急管理体系评价的原则、方法与模型

（一）应急管理体系评价的原则

本节通过设计全面应急管理（TEM）战略评价体系对我国的应急管理体系进行合理而准确的评价。根据目前我国应急管理工作发展的实际需要，应急管理体系中的评价指标体系设计应遵循以下原则：

1. 科学性原则

从科学的角度出发，评价指标要能真实客观地反映出应急管理体系完善的情况，包括技术现状、运行效率和发展潜力。

2. 可行性原则

为了达到防灾减灾的目的，需要建立全面应急管理评价体系，并根据评价结果，针对发现的各种问题提出可行性对策。所以，评价指标体系的建立和运用要求能够适用于各种不同类型的突发事件，且具有较强的可行性，从而保证全面应急管理战略的切实可行。

3. 系统性原则

应急管理体系是由多个子系统构成的，在建立其评价指标体系时，应全

面考虑各个子系统的评价体系，这样才能准确地反映应急管理体系的整体发展状况和完善程度。

4. 层次性原则

层次性原则是根据选取指标的具体情况划分出不同的层次，并分析不同层次指标间的依赖关系，这种依赖关系还可以反映指标体系的复杂程度。

5. 可操作性原则

可操作性主要体现在两个方面：一方面是能够通过应急态势感知来快速获取各评价指标的相关数据；另一方面是指标数据可以量化，并可用于比较分析。

（二）应急管理体系评价的基本原理

应急管理体系是一个复杂的巨型系统，包含了多个子系统。本节基于全面应急管理战略理论，采取层次分析法与模糊综合评判法相结合的方法对国家应急管理体系的建设状况进行综合评价。

层次分析法（Analytic Hierarchy Process，AHP）是将与决策相关的基本元素分解成各类不同的层次，如目标层次、准则层次及方案层次等，并在分层基础上对其进行定性分析与定量分析，从而提出相应决策的方法。层次分析法于20世纪70年代初被首次提出，是美国匹兹堡大学运筹学家托马斯·萨蒂（T. L.Saaty）教授在为美国国防部研究"根据各个工业部门对国家福利的贡献大小而进行电力分配"课题时，在网络系统理论与多目标综合评价方法的基础上，提出的一种层次权重决策分析方法。具体来说，层次分析法是指将一个较为复杂的多目标决策问题看作一个系统，将目标分解为多个目标或准则，进而分解为多指标（或准则、约束）的若干层次，通过定性指标量化算出层次单排序（权数）和总排序，用以解决多目标、多方案决策问题的分析方法。层次分析法具有系统性、简洁性、实用性等特点，在对复杂的决策问题的本质、影响因素及其内在关系等进行深入分析的基础上，利用较少的定量信息使决策的思维过程数学化，从而为处理多目标、多准则或无结构特性的复杂决策问题提供了简便的决策方法，尤其适合难以直接准确计量决策结果的情况。

模糊综合评价法（Fuzzy Comprehensive Evaluation, FCE）是以模糊数学

理论为基础的一种综合评价方法，1965 年由美国自动控制专家查德（L. A. Zadeh）教授提出。它以模糊数学理论中的隶属度理论为支撑从而把定性评价转化为定量评价，通过模糊数学理论对与多种因素相关或影响的事件、目标对象做出相对总体的评价。模糊综合评价法有系统性强与结果清晰等特点，可以恰当地解决相对模糊与量化困难的情况，对一些非确定性问题的解决也起到一定的作用。

（三）应急管理体系评价的模型设计

应急管理体系评价模型设计的基本思路是：首先建立应急管理体系的综合评价指标体系，然后通过 AHP 法确定评价指标体系中一级指标权重，最后运用模糊综合评判法逐级对国家应急管理体系进行综合评价。

根据前文对应急管理体系内容和要素的阐述，结合建立评价指标体系的原则，建立了包含 4 项一级指标和 20 项二级指标在内的评价指标体系来评价现行应急管理体系，如表 8-1 所示。

表 8-1　面向应急管理体系的评价指标体系

	一级指标	二级指标
应急管理体系	应急管理组织体系	应急管理指挥协调系统
		应急管理决策支持系统
		应急管理信息处理系统
		应急管理处置实施系统
		应急管理资源保障系统
	应急管理预案体系	应急管理组织机构及职责
		预警预防机制
		应急响应机制
		信息发布机制
		应急保障措施
		培训与演练情况
	应急管理过程机制	应急管理的决策机制
		应急管理的信息披露机制
		应急管理的预警机制
		应急管理的救援机制
		应急管理的社会参与机制
		应急管理的善后处理机制
	应急管理法律法规体系	应急管理法律体系
		应急管理行政法规或规章
		应急管理地方性法规

三、应急管理体系评价算法设计

（一）根据 AHP 法确定一级指标的权重

面向应急管理体系的评价指标体系中的一级指标有：应急管理组织体系 D_1，应急管理预案体系 D_2，应急管理过程机制 D_3，应急管理法律法规体系 D_4。以某省水利厅对某地区的旱涝灾害（包括江河防汛）所构建的应急管理体系进行综合评价为例，采用 AHP 法并结合数位应急管理专家针对各评价指标的意见及打分情况，确定它们各自的权重。

1. 构造判断矩阵

以目标 D_i 与 D_j 两两比较，若 D_i 与 D_j 同等重要，则取 $a_{ij} = 1$；若 D_i 比 D_j 稍微重要，则取 $a_{ij} = 3$；若 D_i 比 D_j 明显重要，则取 $a_{ij} = 5$；若 D_i 比 D_j 强烈重要，则取 $a_{ij} = 7$；D_i 比 D_j 极端重要，则取 $a_{ij} = 9$；介于以上中间的可取 2，4，6，8。通过咨询应急管理方面的专家，综合他们对各项一级指标重要性的看法和意见，得到判断矩阵如表 8-2 所示。

表 8-2　判断矩阵

	D_1	D_2	D_3	D_4
D_1	1	3	1	2
D_2	1/3	1	1/3	1/2
D_3	1	3	1	2
D_4	1/2	2	1/2	1

2. 判断矩阵求解

（1）首先计算判断矩阵 A 中每行元素的几何平均数 β_i，对向量 $\beta = (\beta_1, \beta_2, \beta_3, \beta_4)^T$ 归一化处理，得到特征向量 $w = (w_1, w_2, w_3, w_4)^T$，即

$$w_i = \frac{\beta_i}{\sum\limits_{k=1}^{4} \beta_k}, (i = 1,2,3,4)$$

代入数据求得 $\beta = (1.5651, 0.4855, 1.5651, 0.8409)^T$。

特征向量：$w = (0.3512, 0.1089, 0.3512, 0.1887)^T$。

（2）最大特征根的计算公式

$$\lambda_{\max} = \frac{1}{n} \sum_{i=1}^{4} \frac{(AW)_i}{w_i}$$

代入数据计算得：

$$\lambda = 1/4 \times (4.005175 + 4.015165 + 4.005175 + 4.015910) = 4.010356$$

（3）一致性检验一致性指标 CI，CI 越小说明一致性越大，计算公式为：

$$CI = \frac{\lambda - n}{n - 1}, \quad 这里 n = 4$$

故 $CI = \dfrac{4.010356 - 4}{4 - 1} = 0.003452$

检验系数 $CR = \dfrac{CI}{RI}$，当 $n = 4$ 的时候，$RI = 0.89$

故求得检验系数 $CR = \dfrac{CI}{RI} = \dfrac{0.003452}{0.89} = 0.003879$

因为检验系数 $CR = 0.003879 < 0.1$，所以判断矩阵具有一致性，权重计算有效。根据以上检验结果，在该应急管理体系的评价指标体系中，应急管理组织体系 D_1 所占的比重为 35.12%，应急管理预案体系 D_2 所占比重为 10.89%，应急管理过程机制 D_3 所占的比重为 35.12%，应急管理法律法规体系 D_4 所占比重为 18.87%。具体权重分布如图 8-2 所示。

从该省水利厅对该地区的旱涝灾害（包括江河防汛）所构建的应急管理体系综合评价中可以得到以下结果：应急管理过程机制和应急管理组织体系所占比重最大，所占比重都为 35.12%；其次是应急管理法律法规体系，所占比重为 18.87%；应急管理预案体系所占比重最小，为 10.89%。

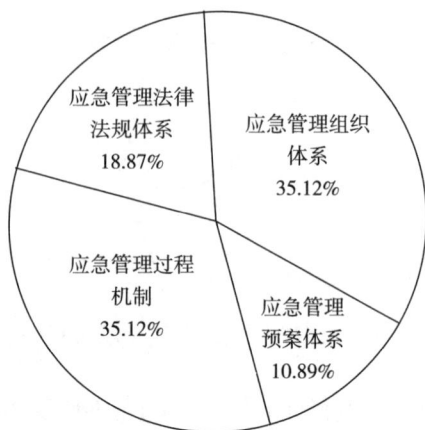

图 8-2 应急管理战略的评价指标体系中一级指标权重

（二）运用模糊综合评判法进行评判

1. 确定评价对象的因素集

此评价对象 D 为某省水利厅对某地区的旱涝灾害（包括江河防汛）所构建的应急管理体系，评价对象包含的因素集就是该评价指标体系中的一级指标，即应急管理组织体系 D_1，应急管理预案体系 D_2，应急管理过程机制 D_3，应急管理法律法规体系 D_4，则 $D = \{D_1, D_2, D_3, D_4\}$。

由上文层次分析法计算结果可确定该模糊分析法的各评价因素权重 $w = (0.3512, 0.1089, 0.3512, 0.1887)^T$。

2. 确定评语集和评价矩阵

对每一项二级指标的评价分为五个等级：优秀、良好、一般、较差、差，即评价等级集合 ={优秀、良好、一般、较差、差}。采用专家打分法，邀请 20 位专家对该评价指标体系中的 20 项二级指标评判等级并确定二级指标的权重，结果分如表 8-3 所示。

表8-3　评判结果分

	一级指标	二级指标	权重	优秀	良好	中等	较差	差
应急管理战略评价指标体系	应急管理组织体系 D_1 0.3512	应急管理指挥协调系统 D_{11}	0.2	3	9	5	3	0
		应急管理决策支持系统 D_{12}	0.2	4	7	6	3	0
		应急管理信息处理系统 D_{13}	0.2	2	9	6	3	0
		应急管理处置实施系统 D_{14}	0.2	2	10	5	2	1
		应急管理资源保障系统 D_{15}	0.2	1	9	7	2	1
	应急管理预案体系 D_2 0.1089	应急管理组织机构及职责 D_{21}	0.1	4	9	6	1	0
		预警预防机制 D_{22}	0.2	3	9	4	3	1
		应急响应机制 D_{23}	0.2	1	9	7	1	2
		信息发布机制 D_{24}	0.1	2	8	6	3	1
		应急保障措施 D_{25}	0.2	1	9	5	3	2
		培训与演练情况 D_{26}	0.2	2	9	5	2	2
	应急管理过程机制 D_3 0.3512	应急管理的决策机制 D_{31}	0.2	6	8	4	2	0
		应急管理的信息披露机制 D_{32}	0.1	4	9	4	3	0
		应急管理的预警机制 D_{33}	0.2	6	9	4	1	0
		应急管理的救援机制 D_{34}	0.2	5	8	4	2	1
		应急管理的社会参与机制 D_{35}	0.1	7	8	5	0	0
		应急管理的善后处理机制 D_{36}	0.2	3	9	5	2	1
	应急管理法律法规体系 D_4 0.1887	应急管理法律体系 D_{41}	0.4	2	6	9	2	1
		应急管理行政法规或规章 D_{42}	0.3	3	7	6	2	2
		应急管理地方性法规 D_{43}	0.3	3	7	7	2	1

3.对每一项二级指标专家评价等级的人数进行归一化处理，得到各项评价因素的评价矩阵

应急管理组织体系 D_1 的评价矩阵为：

$$R_1 = \begin{pmatrix} 0.15 & 0.45 & 0.25 & 0.15 & 0 \\ 0.20 & 0.35 & 0.30 & 0.15 & 0 \\ 0.10 & 0.45 & 0.30 & 0.15 & 0 \\ 0.10 & 0.50 & 0.25 & 0.10 & 0.05 \\ 0.05 & 0.45 & 0.35 & 0.10 & 0.05 \end{pmatrix}$$

应急管理预案体系 D_1 的评价矩阵为：

$$R_2 = \begin{pmatrix} 0.20 & 0.45 & 0.30 & 0.05 & 0 \\ 0.15 & 0.45 & 0.20 & 0.15 & 0.05 \\ 0.05 & 0.45 & 0.35 & 0.05 & 0.10 \\ 0.10 & 0.40 & 0.30 & 0.15 & 0.05 \\ 0.05 & 0.45 & 0.25 & 0.15 & 0.10 \\ 0.10 & 0.45 & 0.25 & 0.10 & 0.10 \end{pmatrix}$$

应急管理过程机制 D_3 的评价矩阵为：

$$R_3 = \begin{pmatrix} 0.30 & 0.40 & 0.20 & 0.10 & 0 \\ 0.20 & 0.45 & 0.20 & 0.15 & 0 \\ 0.30 & 0.45 & 0.20 & 0.05 & 0 \\ 0.25 & 0.40 & 0.20 & 0.10 & 0.05 \\ 0.35 & 0.40 & 0.25 & 0 & 0 \\ 0.15 & 0.45 & 0.25 & 0.10 & 0.05 \end{pmatrix}$$

应急管理法律法规体系 D_4 的评价矩阵为：

$$R_4 = \begin{pmatrix} 0.10 & 0.30 & 0.45 & 0.10 & 0.05 \\ 0.15 & 0.35 & 0.30 & 0.10 & 0.10 \\ 0.15 & 0.35 & 0.35 & 0.10 & 0.05 \end{pmatrix}$$

4. 综合评价

采用算子 $M(\circ, \oplus)$，进行权系数矩阵 W_i 与 R_i 的模糊乘积运算，计算公式为 $D_i = W_i \circ R_i$，计算结果分别如下：

$D_1 = W_1 \circ R_1 = (0.2 \quad 0.2 \quad 0.2 \quad 0.2 \quad 0.2) \circ R_1 = (0.12 \quad 0.44 \quad 0.29 \quad 0.13 \quad 0.02)$

$D_2 = W_2 \circ R_2 = (0.1 \quad 0.2 \quad 0.2 \quad 0.1 \quad 0.2 \quad 0.2) \circ R_2 = (0.10 \quad 0.445 \quad 0.27 \quad 0.11 \quad 0.075)$

$D_3 = W_3 \circ R_3 = (0.2 \quad 0.1 \quad 0.2 \quad 0.2 \quad 0.1 \quad 0.2) \circ R_3 = (0.255 \quad 0.425 \quad 0.215 \quad 0.085 \quad 0.02)$

$D_4 = W_4 \circ R_4 = (0.4 \quad 0.3 \quad 0.3) \circ R_4 = (0.13 \quad 0.33 \quad 0.375 \quad 0.1 \quad 0.065)$

针对该应急管理体系，利用 D_1，D_2，D_3，D_4 构建基于评价因素集的综合评价矩阵：

$$D = \mathrm{W} \circ R = \begin{pmatrix} 0.3512 & 0.1089 & 0.3512 & 0.1887 \end{pmatrix} \circ \begin{pmatrix} 0.12 & 0.44 & 0.29 & 0.13 & 0.02 \\ 0.10 & 0.445 & 0.27 & 0.11 & 0.075 \\ 0.255 & 0.425 & 0.215 & 0.085 & 0.02 \\ 0.13 & 0.33 & 0.375 & 0.1 & 0.065 \end{pmatrix}$$

$$= \begin{pmatrix} 0.1671 & 0.4145 & 0.2775 & 0.1064 & 0.0345 \end{pmatrix}$$

四、应急管理体系评价的结果分析

本节根据以上数值计算的结果，对该地区的旱涝灾害（包括江河防汛）应急管理体系评价进行结果分析。

（一）基于 AHP 法的评价结果分析

如图 8-2 所示，在该案例的应急管理体系中，应急管理过程机制、应急管理组织体系、应急管理法律法规体系、应急管理预案体系所占比重依次为 35.12%、35.12%、18.87%、10.89%。由此可见，在全面应急管理体系中，应急管理过程机制和应急管理组织体系相对来说占有较大比重，所以应该将应急管理组织体系和应急管理过程机制的建设置于重要位置，加强其建设力度。其次，应急管理法律法规体系和应急管理预案体系所占比重也不容忽视。

（二）基于模糊综合评价法的评价结果分析

从评定结果中得出，在该案例的应急管理体系中，应急管理组织体系 D_1 优秀的占 12%，良好的占 44%，一般的占 29%，较差的占 13%，差的占 2%。应急管理预案体系 D_2 优秀的占 10%，良好的占 44.5%，一般的占 27%，较差的占 11%，差的占 7.5%；应急管理过程机制 D_3 优秀的占 25.5%，良好的占 42.5%，一般的占 21.5%，较差的占 8.5%，差的占 2%。法律法规体系 D_4 优秀的占 13%，良好的占 33%，一般的占 37.5%，较差的占 10%，差的占 6.5%。

根据最大隶属度原则，由以上案例评价结果可认为，在应急管理体系中，组织体系水平、预案体系水平、机制水平、法律法规体系水平的评价等级分别为良好、良好、良好、中等。

（三）综合 AHP 和模糊评价法的最终结果分析

鉴于对 AHP 法和模糊评价法的最终结果综合分析，该案例的应急管理体系优秀的占 16.71%，良好的占 41.45%，一般的占 27.75%，较差的占 10.64%，差的占 3.45%。根据最大隶属度原则，全面应急管理体系属于良好水平。

如果将"优秀"量化为 100 分，"良好"量化为 80 分，"一般"量化为 60 分，"较差"量化为 40 分，"差"量化为 20 分，则该案例的应急管理体系的综合得分为：

$$Z = 100 \times 0.1671 + 80 \times 0.4145 + 60 \times 0.2775 + 40 \times 0.1064 + 20 \times 0.0345 = 93.88$$

属于优秀和良好之间。

第二节　应急管理战略能力评价

一、应急管理战略能力评价的目的及意义

目前，应急管理工作已受到全社会广泛关注，各级政府部门高度重视应急管理工作的开展情况。应急管理战略能力评价是应急管理工作的基础，开展应急管理战略能力评价的目的是为我国各级政府部门提供一个通用准则，以发现应急管理工作中的不足之处，及时实施改进措施，同时也为各相关应急管理机构提供合作与交流平台，最终共同完善我国应急管理体系。

制定应急管理战略能力评价体系的意义具体体现在以下几方面：

其一，从宏观来说，应急管理战略能力评价能够促进国家和地方各级政府应急管理工作一体化，正确认识我国应急管理能力的现有水平及其发展趋势。

其二，根据应急管理战略能力评价的结果，可以适时对我国应急管理工

作做出调整，以适应各类变化，包括各级行政领导的更换、应急管理体制和组织机构的变化等。

其三，定期开展应急管理战略能力评价，有利于提高应急预警、应急指挥、应急救援等组织的专业化水平，有利于确保应急管理工作的有效性，有利于持续改进我国应急管理工作。

其四，做好应急管理战略能力评价工作，才能使应急管理人员充分做好应急准备工作，在突发事件发生时临危不惧。

其五，通过应急管理战略能力评价，可以使我国应急管理工作变被动为主动，及时组织各类企事业单位、社会团体和公众抗灾自救，使公众生命财产安全和环境得到最大限度的保证。

二、应急管理战略能力评价体系设计原理

（一）应急管理战略能力评价流程

应急管理战略能力综合评价体系，以应急管理战略能力为评价对象，以全面应急管理理论为指导思想，用科学方法构造评价指标体系，建立评价模型，旨在通过进行综合评价，及时发现应急管理中的存在问题并弥补不足之处，不断增强应急管理战略能力。

应急管理战略能力评价是一个循环往复的评价过程，即通过对灾前预警监测能力、灾中应急处置能力、灾后恢复保障能力三方面的评价，得到应急管理战略能力的评价结果，并在评价结果的基础上对应急管理体系进行改进和完善。建立应急管理的动态评价与完善机制，有助于不断提高应急管理战略能力，保障社会及公众安全。应急管理战略能力评价的流程如图8-3所示。

（二）应急管理战略能力评价指标体系的设计原则

一般来说，指标体系应具备描述功能、评价功能和指导功能。在描述功能上，指标体系中各层级的指标应反映应急管理战略能力的某些方面，同时还能够综合反映应急管理战略能力的整体特征；在评价功能上，指标体系不

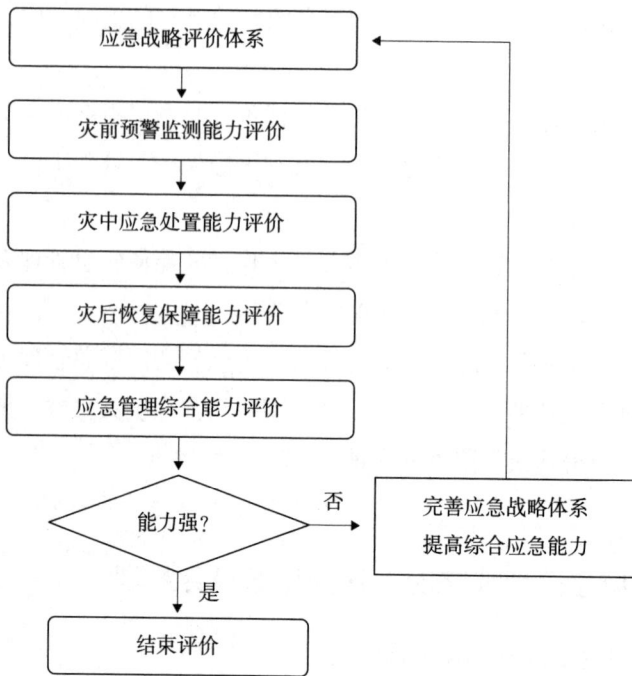

图 8-3　应急管理战略能力评价的流程

仅能从各个维度评价应急管理战略能力，而且最终可以从宏观角度对其进行综合评价；在指导功能上，指标体系可在政府应对突发事件过程中给予有效指导，从中及时发现应急管理战略能力的不足之处，对提高全面应急管理综合能力起到一定的引导作用。

建立应急管理战略能力评价指标体系，不但要满足指标体系的一般功能要求，而且要能从本质上全面反映评价目标，因此所设计的应急管理战略能力评价指标应满足以下原则：

1. 科学性和先进性原则

应急管理战略能力评价指标体系是借鉴国外应急管理的实践经验和先进理念并结合国内实际情况和需求而设计的，是理论与实践相结合的产物，能够有效地反映我国应急管理战略能力的内涵及特征。

2. 系统性和综合性原则

应急管理战略能力评价指标体系的设计应遵循各指标间的逻辑关系，自上而下，从宏观到微观层层深入，形成不可分割的指标体系；合理的指标层次结构，应能反映应急管理战略能力各方面的基本状况，涵盖多方面、多层次的内容，并能从多个角度反映评价目标，避免指标的交叉和重合，在保证全面反映我国应急管理战略能力的前提下尽量减少指标数量。

3. 定性和定量分析相结合原则

为了便于综合评价应急管理战略能力，必须将所设计的评价指标定量化、规范化，为采用定量评价方法和定性评价方法奠定基础。

4. 可行性和可操作性原则

设计的指标应具有可采集性和可量化性特点，且能够被有效测度或统计，以便采取定量化处理和进行数学计算及分析。

5. 导向性原则

建立应急管理战略能力综合评价指标体系的最终目的是要对应急管理战略能力进行规范，起到监控和指导作用，从而使其不断完善，引导和鼓励应急管理战略能力向正确的方向和目标发展。

（三）应急管理战略能力评价体系框架结构

一个完整的国家应急管理体系应由预案体系、组织体系、过程机制和法律法规体系构成。下面分别分析国家应急管理体系各组成部分的主要内容。

其一，应急管理预案体系是针对可能发生的灾害或者重大事故，为保证迅速有效地展开救援、降低损失而制订的有关计划，其主要内容包括应急管理组织机构及职责、预警预防机制、应急响应机制、信息发布机制、应急保障措施、培训与演练方案等的设计与实践。

其二，应急管理组织体系是一种动态体系，它贯穿突发事件的整个周期，通过各种技术手段和一系列的业务流程，以期有效地预防和应对突发事件，减少损失，并恢复经济发展和维护社会稳定。其包含的主要内容是应急管理指挥协调系统、应急管理决策支持系统、应急管理信息系统、应急管理处理实施系统、应急管理资源保障系统。

其三，应急管理过程机制包含应急管理的决策机制、应急管理的信息披露机制、应急管理的预警机制、应急管理的救援机制、应急管理的社会参与机制、应急管理的善后处理机制等。这些应急管理机制要素之间相互作用、相互依存、不可分割。

其四，应急管理的法律法规体系界定了社会和国家的紧急状态并规定相应的法律权限，是调整公共紧急状态下各种法律关系的法律规范的总和。它主要包括应急管理法律体系、应急管理行政法规或规章、应急管理地方性法规。

以全面应急管理战略预案体系、组织体系、过程机制和法律法规体系所包含的具体内容为基础，通过科学分析，得到应急管理战略能力评价体系所包含的四项一级评价指标，分别是应急体系完善能力、预警监测能力、应急处置能力、恢复保障能力。每项一级指标下的二级指标具体内容如下：

应急体系完善能力包括预案保障体系、组织指挥体系、法律法规体系、资源保障体系等；预警监测能力包括灾害信息检测、风险辨识能力、风险控

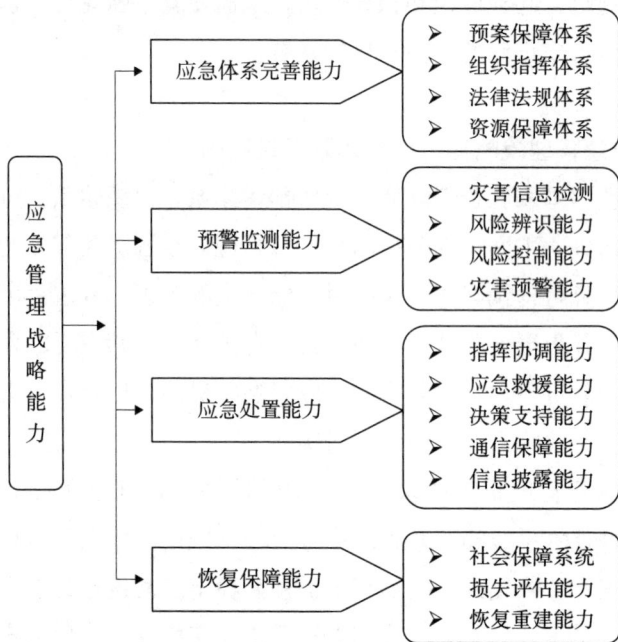

图 8-4　应急管理战略能力框架结构

制能力、灾害预警能力等；应急处置能力包括指挥协调能力、应急救援能力、决策支持能力、通信保障能力、信息披露能力等；恢复保障能力包括社会保障系统、灾害损失评估能力、灾害恢复重建能力等。因此，应急管理战略能力框架结构如图8-4所示。

三、评价指标体系的构建及评价过程

（一）评价指标体系构建

根据应急管理评价指标体系的设计原则，基于应急管理战略能力框架结构，运用层次分析法建立了如图8-5所示的应急管理战略能力评价指标体

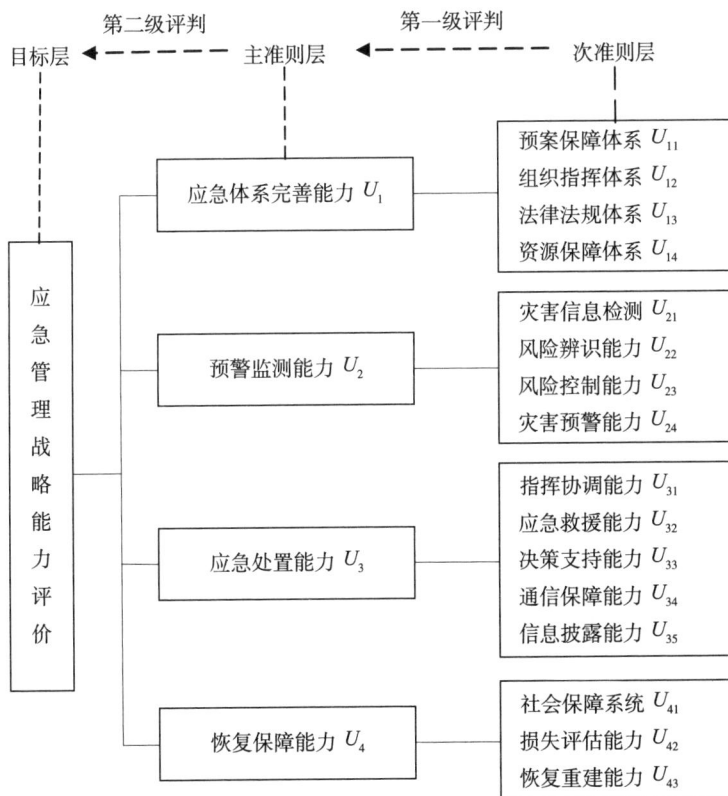

图8-5 应急管理战略能力评价指标体系

系。该评价体系的目标层是应急管理战略能力评价，主准则层包括应急体系完善能力、预警监测能力、应急处置能力和恢复保障能力四个方面的内容，次准则层是将主准则层细化的 16 项二级评价指标。

（二）评价过程分析

1.根据层次分析法确定一级指标权重

层次分析法基本步骤为：

（1）建立判断矩阵。以目标 U_i 与目标 U_j $(i,j=1,2,3,4)$两两比较，确定判断矩阵中各元素 a_{ij}，其标度方法如表 8-4 所示。

表 8-4　判断矩阵两两比较 1—9 标度

重要度判断	U_i 标度	U_j 标度
U_i 比 U_j 同等重要	$a_{ij}=1$	$a_{ij}=1$
U_i 比 U_j 稍微重要	$a_{ij}=3$	$a_{ij}=1/3$
U_i 比 U_j 明显重要	$a_{ij}=5$	$a_{ij}=1/5$
U_i 比 U_j 强烈重要	$a_{ij}=7$	$a_{ij}=1/7$
U_i 比 U_j 极端重要	$a_{ij}=9$	$a_{ij}=1/9$
介于以上中间	$a_{ij}=2,4,6,8$	$a_{ij}=1/2、1/4、1/6、1/8$

（2）判断矩阵求解。首先，计算判断矩阵 A 中每行元素 a_{ij} 的几何平均数 β_i：

$$\beta_i = \sqrt[n]{\prod_{j=1}^{n} a_{ij}},(i=1,2,\cdots,n)$$

然后，对向量 $\beta=(\beta_1,\beta_2,\cdots,\beta_n)^T$ 作归一化处理，得到特征向量 $W=(w_1,w_2,\cdots,w_n)^T$，即：

$$w_{ij} = \frac{\beta_i}{\sum_{k=1}^{n}\beta_i},(i=1,2,\cdots,n)$$

最后，按下式求最大特征根 $\lambda_{\max}$：

$$\lambda_{\max} = \frac{1}{n} \sum_{i=1}^{n} \frac{(AW)_i}{w_i}$$

其中，特征向量即为各指标的权重。

（3）一致性检验。

一致性指标：$CI = \dfrac{\lambda_{\max} - n}{n-1}$，$CI$ 越小说明一致性越好。

检验系数：$CR = \dfrac{CI}{RI}$

若 $CR < 0.1$，则可以认为判断矩阵具有满意的一致性。

2. 根据指标权重计算得分

根据专家对各指标间的重要度的评判，根据上文提到的层次分析法原理，计算各项一级指标：应急管理体系的完善能力、预警监测能力、应急处置能力和恢复保障能力的权重分别为 W_1，W_2，W_3，W_4。U_1 下二级指标的权重分别为 $\{W_{11}, W_{12}, W_{13}, W_{14}\}$，$U_2$ 下二级指标权重分别为 $\{W_{21}, W_{22}, W_{23}, W_{24}\}$，$U_3$ 下二级指标权重分别为 $\{W_{31}, W_{32}, W_{33}, W_{34}, W_{35}\}$，$U_4$ 下二级指标权重分别为 $\{W_{41}, W_{42}, W_{43}\}$。再通过专家打分或者对实际情况进行调研，对各项二级指标进行定量评价。最后计算各项一级指标的综合得分为：

应急体系完善能力得分：

$$U_1 = W_{11} \times U_{11} + W_{12} \times U_{12} + W_{13} \times U_{13} + W_{14} \times U_{14}$$

预警监测能力得分：

$$U_2 = W_{21} \times U_{21} + W_{22} \times U_{22} + W_{23} \times U_{23} + W_{24} \times U_{24}$$

应急处置能力得分：

$$U_3 = W_{31} \times U_{31} + W_{32} \times U_{32} + W_{33} \times U_{33} + W_{34} \times U_{34} + W_{35} \times U_{35}$$

恢复保障能力得分：

$$U_4 = W_{41} \times U_{41} + W_{42} \times U_{42} + W_{43} \times U_{43}$$

应急管理战略能力综合得分为：

$$U = W_1 \times U_1 + W_2 \times U_2 + W_3 \times U_3 + W_4 \times U_4$$

第三节　应急保障力评价

一、应急保障力研究的目的与意义

应急保障体系是确保应急管理战略有效执行的基础，包括物资与劳动力资源保障体系、信息资源保障体系、财力保障体系和法律保障体系等四大方面。其具体包含要素如图 8-6 所示。应急保障力是应急保障体系在突发事件应急处置中反映出来的实际能力。

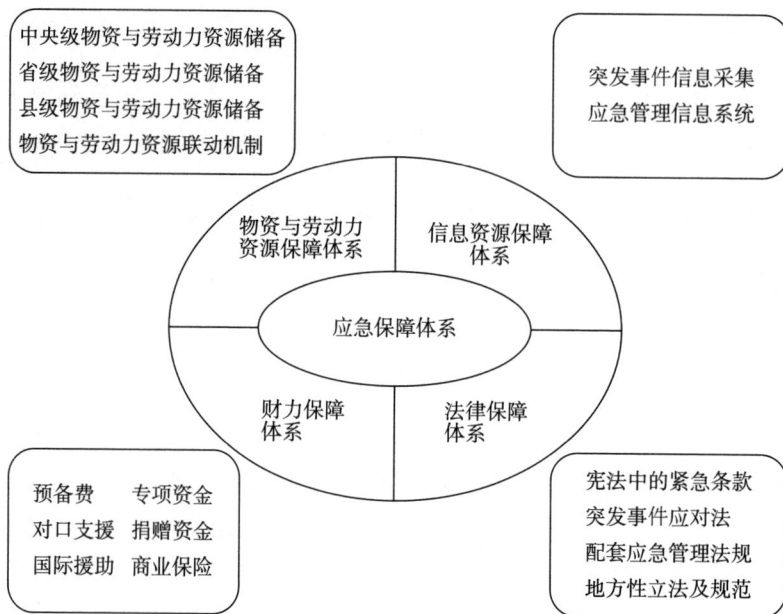

图 8-6　应急保障体系要素构成

其一，应急物资与劳动力资源保障体系，是指在严重自然灾害、突发性公共卫生事件、公共安全事件及军事冲突等突发事件应急处置过程中所必需的保障性物质资源。健全的应急物资与劳动力资源保障体系包含中央、省（自治区、直辖市）、市（县级市）三级政府的应急物资与劳动力储备体系。为了高效利用应急物资与劳动力储备，还需要在各地区各部门之间建立应急物资与劳动力资源的联动机制。从政府的层面来看，建立应急物资与劳动力资源保障应急联动机制要协调好公安、医疗、交通、消防、电力、通信、供气、供水等部门之间的关系，实现应急资源一体化，确保各部门在应对各种状况时能够将应急资源快速、准确、有序地投入到应急救援行动中来。

其二，信息资源保障体系包括突发事件信息采集系统和应急管理信息系统两方面。突发事件的信息要素包括突发事件基本信息、事件发生区域相关信息、人员伤亡信息和事件跟踪信息等。

其三，财力保障体系的资金主要来源于预备费、专项资金、对口支援、捐赠资金、国际援助和商业保险。

其四，法律保障体系是以宪法中的紧急条款为核心制定的突发事件应对法，包括单行的各部门应急法（自然灾害应急处理法律规范、灾害性社会事故应急处理法律规范、国家紧急状态应急处理法律规范和反恐怖袭击应急处理法律规范）、配套应急管理行政法规和地方性立法及实施规范等。

总之，构建应急管理保障体系，是提高应急保障力水平的关键，对提高突发事件应急救援能力具有十分重要的意义。因此，研究应急保障力评价方法，通过客观评价应急保障力水平，可促进我国应急管理工作的整体水平。

二、应急保障力评价指标体系的构建

（一）应急保障力指标体系建立的原则

1.系统性原则

评价应急保障力应坚持全面考虑与综合分析相结合的原则，而不是仅仅局限于某些方面。另外，分析指标的选取不能采取平均分配的原则，应突出重点，尽可能以较少的指标反映较全面的情况，因此，指标的选择要遵循系统性和综合性的原则。

2. 科学性原则

分析构建应急保障力的评价指标体系时，应将表现总体水平的综合指标与表现不同环节的分类指标两方面妥善结合并对其进行综合考虑。其中，宏观综合指标作为评价的基本指标，应首先考虑指标的统一性，同时也要兼顾微观层面的分类指标，科学地将宏观层面与微观层面衔接起来。评价指标的确定应能满足我国应急保障力的发展需要，适应我国应急管理建设的方针政策与任务目标，同时必须符合我国国情并体现我国国家应急管理战略的现实状况，兼顾前瞻性，做到与国际管理接轨，以实现科学性与客观性的需求。

3. 可行性原则

评价应急保障力是为了对应急管理现状进行具体的评价，针对发现的各种问题提出对策，全面提高应急管理战略能力。所以，评价指标体系的建立和运用必须具有较强的可行性。

4. 简洁性原则

应急保障力评价指标体系应选取关键的指标，即具有典型性和代表性的评价指标。

（二）应急保障力评价指标体系的建立

根据以上原则以及全面应急管理战略体系的构成要素，应急保障力评价指标体系如图 8-7 所示。该评价指标体系由四大类 16 项指标构成，较全面地反映了应急保障力的基本内涵。

具体来说，四大类（一级评价指标）即物资与劳动力资源保障力（B_1）、信息资源保障力（B_2）、财力资源保障力（B_3）、法律资源保障力（B_4）；二级评价指标即中央级物资资源储备、省级物资资源储备、县级物资资源储备、物资资源联动机制、突发事件信息采集、应急管理信息系统、预备费、专项资金、对口支援、捐赠资金、国际援助、商业保险、宪法中的紧急条款、突发事件应对法、配套应急管理法规、地方性立法及规范。

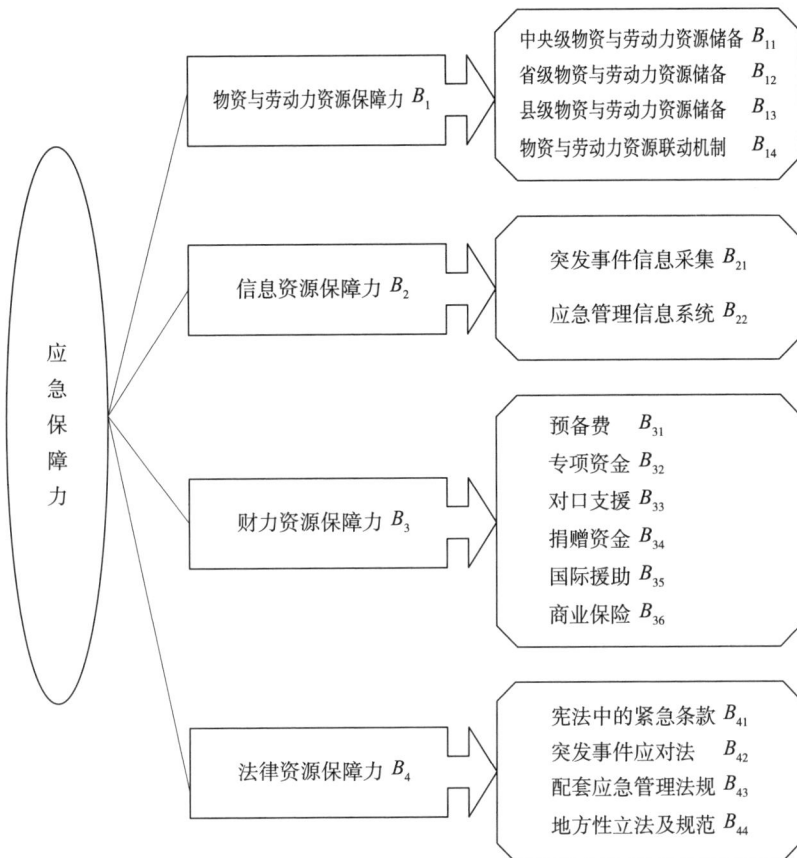

图 8-7 应急保障力评价指标体系

三、数据收集及评价方法

（一）数据收集

由于应急保障力方面的原始数据须采用问卷调查的方式来获取，调查对象为主要从事应急管理工作方面的工作者，或者是研究应急管理的专家。通过设计调查问卷，将每一项二级指标设计成定序问题，分为 9 个等级，对应得分分别为 1—9，并设计若干检验性的问题，对问卷的有效性和可靠性进行检验。

（二）用因子分析法进行评价

用因子分析法评价应急保障力的步骤为：

其一，首先标准化原始数据，从而使变量在数量级、正逆向以及量纲上得到统一。标准化的公式为：

$$x_{ij}^{'} = \frac{x_{ij} - \overline{x}}{\sqrt{\dfrac{1}{n}\sum_{i=1}^{n}(x_{ij} - \overline{x})^2}}$$

其二，求标准化数据的相关系数矩阵 R。

计算相关系数矩阵

$$R = \begin{pmatrix} r_{11} & r_{12} & \cdots & r_{1j} \\ r_{21} & r_{22} & \cdots & r_{2j} \\ \vdots & \vdots & \ddots & \vdots \\ r_{i1} & r_{i2} & \cdots & r_{ij} \end{pmatrix}$$

其中 $r_{ij}(i, j = 1,2,\cdots,m)$，为二级指标 B_m 之间的相关系数，其计算公式为：

$$r_{ij} = \frac{\sum_{k=1}^{n}(x_{ki} - \overline{x}_i)(x_{ij} - \overline{x}_j)}{\sqrt{\sum_{k=1}^{n}(x_{ki} - \overline{x}_i)^2 \sum_{k=1}^{n}(x_{kj} - \overline{x}_j)^2}}$$

因为 R 是实对称矩阵（即 $r_{ij} = r_{ji}$），只需计算实对称矩阵的上三角元素或下三角元素即可。

其三，计算特征值与特征向量

通过对特征方程 $|R - \lambda_i| = 0$ 的求解，可得出 m 个特征值 $\lambda_i(i = 1,2,\cdots,m)$，将这 m 个特征值按大小顺序排列，即 $\lambda_1 \geq \lambda_2 \geq \cdots \geq \lambda_m \geq 0$；求出对应于特征值 λ_i 的特征向量 $a_i(i = 1,2,\cdots,m)$。

其四，计算主成分贡献率及累计贡献率

$$u_i = \frac{r_i}{\sum\limits_{k=1}^{m} r_k}(i = 1,2,\cdots,m) \qquad z_p = \frac{\sum\limits_{k=1}^{p} r_k}{\sum\limits_{k=1}^{m} r_k}$$

上式中，u_i 为主成分 F_i 的贡献率，随着 u_i 值增大，说明第 i 主成分的综合信息的能力同时增强；z_p 值表示前 P 个主成分的累计贡献率，它表明了前几个主成分基本包含了全部测量指标所具有信息的百分率。

累计贡献率的大小决定了保留主成分的数量，同时，保留主成分的数量代表了前几个主成分概括信息的多少。在实际应用中，简单的规定一个百分比数值便可决定保留主成分的数量。当多保留一个主成分的情况下，累计贡献率不变或变化很小，则不再保留该主成分。当累计贡献率超过 85%，此时主成分的数量为 P，则认为前 P 个主成分基本包含了原来指标信息，一般情况下，当累计贡献率达到 85% 以上时，选取的指标个数较为合适。

其五，根据实行方差最大正交旋转后正交因子荷载阵，对各因子进行分析与命名。

其六，根据因子得分系数矩阵，求出各样本的因子得分，进而得到各样本的综合评价值。

第四节　全面应急管理战略实施效果评价

一、评价范围的界定

全面应急管理战略实施效果综合评价是一个与多种社会因素相关的复杂的系统工程，体现了全面应急管理战略实施后对经济、社会、环境与科技等方面产生的效果。如果在评定全面应急管理战略实施效果的过程中，仅仅通过一个指标或部分指标，将不能较好地反映出全面应急管理战略实施的综合效果。为使评定效果更加准确，应依照全面应急管理战略的内涵意义、主体内容与基本特征构建综合评价指标体系，通过建立与评价目标相符合的数学模型，对其进行定性分析与定量分析，并对与其相关的各方面因素进行梳理、加工和处理，进而通过对定量计算的客观结果进行评判，避免单值判断的偏向，最终得出较为真实可靠的结论。

根据全面应急管理战略的内涵、主要内容、基本特征和实施目标，全面应急管理战略实施效果综合评价内容应从以下几方面进行：

1. 能源资源的节约

主要包括应急资源的联动性、能源资源配置的合理性、能源资源的可持续性等。

2. 管理人员素质的提高

主要包括管理人员应急管理能力的提高、管理人员职责的明确性、管理人员工作态度的端正性等。

3. 应急管理条件的改善

主要包括应急管理环境的改善、应急管理硬件设施的先进性等。

4. 社会公众应急意识的加强

主要包括社会公众防灾减灾意识的加强、社会公众心理素质的提高等。

5. 社会各界的参与程度

主要包括企业的参与程度、文化教育等事业单位的参与程度、志愿者等社会团体的参与程度等。

6. 促进科技的发展与进步

主要包括应急管理科技水平的先进性、应急管理科技的适用性、科学技术的创新转移能力等。

7. 媒体报道的准确及时性

主要包括媒体报道信息的真实性、媒体报道的及时性等。

8. 战略组织架构的完善性

主要包括各组织指挥机构的联动性、各组织指挥机构之间的协调性、各组织指挥机构目标的一致性等。

9. 应急经费链的完整性

主要包括应急经费管理的合理性、应急经费支出的保障性、应急经费保障的全面性等。

10.生态环境的改善

主要包括生态系统平衡性的提高、污染情况的降低与环境治理得到改善等。

二、评价指标体系的建立

（一）评价指标体系建立的原则

根据全面应急管理战略实施效果综合评价范围的界定，其评价指标体系建立应遵循以下原则：

1.科学性原则

实施效果评价指标体系的确定应基于我国基本国情，结合我国应急管理战略的现实情况，满足应急管理战略能力的发展要求，适应全面应急管理战略建设的政策制度、目标任务，与国际管理接轨，实现客观性、科学性和前瞻性相统一。具体来说，构建全面应急管理战略实施效果评价指标体系，需要综合考虑表现总体的综合指标与表现局部的分类指标，宏观综合指标是评价体系的基本指标，有助于研究指标间的相互联系和统一，同时也要兼顾微观层面的分类指标。

2.系统性原则

全面应急管理战略实施效果综合评价指标体系以全面应急管理战略的特征与内涵为构建依据，综合体现我国应急管理战略的系统性，同时对全面应急管理战略的水平、建设层次、实施效果、经济收益、社会效益等各方面进行总体设计，全面客观地体现全面应急管理战略实施的基本情况。从全方位角度出发，作为评价全面应急管理战略实施绩效的指标体系，不能拘泥于部分或相关细微之处，应使评价指标的选取和排列具有科学性和系统性，能够突出重点，做到选用少量的指标代表全面的实施效果情况。

3.层次性原则

在评价指标的确定中，设置的指标应能独立地测评全面应急管理战略实施效果的某项具体内容，且要避免选入意义相近、重复或可由其他指标派生而来的导出性指标，在内涵上做到不与其他指标交叉、重叠。这有利于反映被评价主体在不同层次上的特征及其存在问题，清晰地显示其中的主要矛盾及其根源，避免重复评价。全面应急管理战略实施的目的是全面提高应急管理的综合能力，保障经济和社会健康发展。因此，在全面应急管理战略实施效果评价中，必须紧紧围绕全面应急管理战略的深刻内涵和发展目标，严格区分目标指标和对策指标，避免将对策指标作为评价指标，以保证评价的准确性和客观性。

4. 可操作原则

全面应急管理战略实施效果指标体系选取的指标应为可量化指标，便于我国各城市与各部门的应急管理工作的开展，方便检查、督促、考核和评价。全面应急管理战略实施效果评价指标体系是以全面应急管理战略理论为基础构建的。由于在实际应用中评价指标体系受到数据支持和资料来源的制约较大，数据资料的可获得性至关重要。在采集指标过程中，评价指标体系中的指标不仅应定义清晰，而且还应以现实统计数据为背景，综合考虑分析指标的可操作性和资料的可获得性，从而便于数据的采集。评价指标的选取以现有常规统计指标为主，以必要的通过年度一次性调查所取得的数据指标为辅。这些指标应明确年度限制，同时具有评价、预测和监测功能。

5. 有效性原则

确定评价指标能够有效地反映全面应急管理战略实施效果评价对象在该指标上的差别。通过实际应用取得的数据分析来判别指标的有效性，可以剔除有效性较差的指标来增加评价的准确性，从而减少评价的工作量。

（二）综合评价指标体系建立的过程

建立综合评价指标体系是我国全面应急管理战略实施效果评价工作的重要环节。实际评价工作中，综合评价指标体系不同，得出的结论也会不同，从而可能影响到决策的科学性和准确性。所以，建立合理的、科学的综合评价指标体系是保证全面应急管理战略实施效果评价质量的基本前提。

由全面应急管理战略的意义、特征、评价目的以及评价指标选择的原则，经过考虑分析，选取了能源资源的节约（B_1）、管理人员素质的提高（B_2）、应急管理条件的改善（B_3）、人民群众应急意识的加强（B_4）、社会各界的参与程度（B_5）、促进科技的发展与进步（B_6）、媒体报道的准确及时性（B_7）、战略组织架构的完善性（B_8）、应急经费链的完整性（B_9）、生态环境的改善（B_{10}）等 10 个基本指标作为全面应急管理战略实施效果综合评价指标的一级指标。在这 10 个一级指标下，又选取了部分关键指标，构成 26 个二级指标，二级指标用 $C_i (i = 1,2,\cdots,26)$ 表示。通过对这 26 个二级指标的分析，综合考察全面应急管理战略的实施效果。根据层次分析原理建立了全面应急管理战略实施效果综合评价的指标体系，如表 8-5 所示。

表 8-5　全面应急管理战略实施效果综合评价指标体系

评价目标	一级指标	二级指标
全面应急管理战略实施效果综合评价	能源资源的节约	应急资源的联动性
		能源资源配置的合理性
		能源资源的可持续性
	管理人员素质的提高	管理人员应急管理能力的提高
		管理人员职责的明确性
		管理人员工作态度的端正性
	应急管理条件的改善	应急管理环境的改善
		应急管理硬件设施的先进性
	社会公众应急意识的加强	社会公众防灾减灾意识的加强
		社会公众心理素质的提高
	社会各界的参与程度	企业的参与程度
		文化、教育等事业单位的参与程度
		志愿者等社会团体的参与程度
	促进科技的发展与进步	应急管理科技水平的先进性
		应急管理科技的适用性
		科学技术的创新转移能力
	媒体报道的准确及时性	媒体报道信息的真实性
		媒体报道的及时性
	战略组织架构的完善性	各组织指挥机构的联动性
		各组织指挥机构之间的协调性
		各组织指挥机构目标的一致性
	应急经费链的完整性	应急经费管理的合理性
		应急经费支出的保障性
		应急经费保障的全面性
	生态环境的改善	生态系统平衡性的提高
		环境污染的减少与治理情况

三、综合评价过程

(一)层次结构分析

根据评价指标体系以及评价框架,确定评价的目标层、基本层、指标层、结果层四个评价层次,通过模糊数学原理的应用,构建全面应急管理战略实施效果综合评价层次分析模型,如图 8-8 所示。

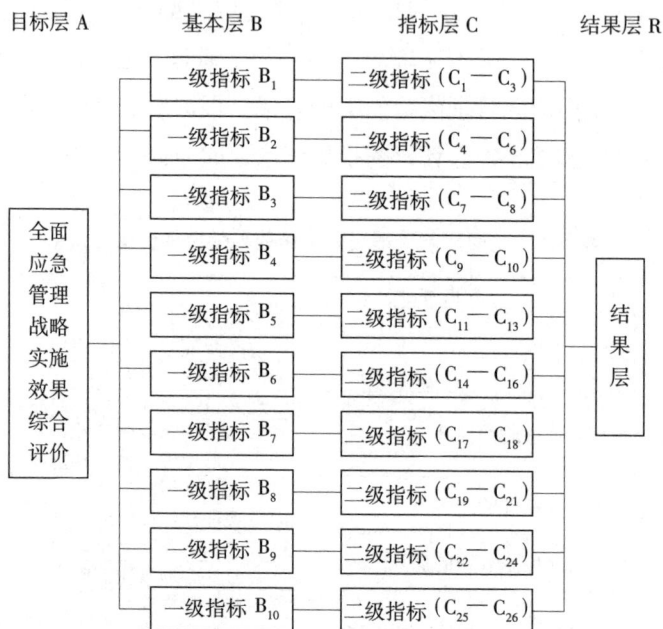

图 8-8 全面应急管理战略实施效果综合评价层次分析模型

(二)主成分分析

主成分分析(Principal Component Analysis,PCA)即主分量分析,由霍特林(H. Hotelling)于 1933 年首先提出,这种方法运用降维思想把多指标转化为少数的综合指标。在实证问题研究中为了全方位地考虑问题,必须分析众多相关影响指标,这些指标在多元统计分析中称为变量,变量过多会增加计算量,导致问题的复杂性增加,因此要利用降维提取几个主要变量进行量化评价,降低分析难度。全面应急管理战略实施效果综合评价体系包含诸多指标变量，分析起来比较复杂，所以可以采用主成分分析法进行综合评价分析。

主成分分析法分析步骤如下：

（1）计算相关系数矩阵

$$R = \begin{pmatrix} r_{11} & r_{12} & \cdots & r_{1j} \\ r_{21} & r_{22} & \cdots & r_{2j} \\ \vdots & \vdots & \ddots & \vdots \\ r_{i1} & r_{i2} & \cdots & r_{ij} \end{pmatrix}$$

其中，$r_{ij}(i,j=1,2,\cdots,m)$ 为二级指标 B_m 之间的相关系数，其计算公式为：$r_{ij} = \dfrac{\sum\limits_{k=1}^{n}(x_{ki}-\bar{x_i})(x_{ij}-\bar{x_j})}{\sqrt{\sum\limits_{k=1}^{n}(x_{ki}-\bar{x_i})^2 \sum\limits_{k=1}^{n}(x_{kj}-\bar{x_j})^2}}$

R 是实对称矩阵（即 $r_{ij} = r_{ji}$），计算实对称矩阵其上下三角元素其一即可。

（2）计算特征值与特征向量

求解特征方程 $|R - \lambda_i| = 0$，可得出 m 个特征值 $\lambda_i(i=1,2,\cdots,m)$，使其从大到小依次排列，即 $\lambda_1 \geqslant \lambda_2 \geqslant \cdots \geqslant \lambda_m \geqslant 0$；分别求出这 m 个对应各特征值 λ_i 的特征向量 $a_i(i=1,2,\cdots,m)$。

（3）计算主成分贡献率及累计贡献率

$$u_i = \frac{r_i}{\sum\limits_{k=1}^{m} r_k}(i=1,2,\cdots,m) \qquad z_p = \frac{\sum\limits_{k=1}^{p} r_k}{\sum\limits_{k=1}^{m} r_k}$$

其中，u_i 称为主成分 F_i 的贡献率，这个值越大，表明第 i 主成分综合信息的能力越强；z_p 称为前 P 个主成分的累计贡献率，表明取前几个主成分基本包含了全部测量指标所具有信息的百分率。累计贡献率的大小决定保留多少个主成分。在实际应用中，随便规定一个百分比便可决定保留主成分的数量，当多保留的一个主成分累计贡献率基本保持不变或变化很小时，则不再保留。当累计贡献率超过 85% 时，则认定此时主成分的数量基本包含了指标信息。因此，一般选取累计贡献率达到 85% 以上的指标个数。通过对选出的 P 个主成分指标进行量化分析，进而对全面应急管理战略实施效果进行综合评价。

（三）聚类分析

聚类分析法是以"物以类聚"为基础，研究分析样本与指标变量的分类情况。其中对样本的分类称为 Q 型聚类分析，对指标变量的分类称为 R 型聚类分析，一般前者应用较多。聚类分析法的步骤是，先通过对样本的几个指标进行观测，然后从这几个观测指标中找出能够判定或衡量样本或指标变量之间相似程度的一些统计量，最后通过这些统计量对样本或指标进行归类。

对于选用何种聚类分析方法是进行聚类分析的重要环节。总体来说，系统聚类方法有很多，有可变类平均法、类平均法、最长距离法、最短距离法、中间距离法、离差平方和法和重心法等。现实中使用较多且相对准确的是离差平方和法。离差平方和法来源于方差分析，在分类情况较好的情况下，不同类样品之间的偏差平方和较大、同类样品的离差平方和较小。离差平方和法模型如下：

设将 n 个样本分成 k 类 $G_1, \cdots, G_k$，用 $X_t^{(i)}$（是 m 维向量）表示 G_t 中的第 i 个样本，$\bar{X}_t$ 是 G_t 的重心，n_t 表示 G_t 中的样本的个数，则在 G_t 中的样本的离差平方和为：

$$S_t = \sum_{i=1}^{n_t} \left(X_t^{(i)} - \bar{X}_t \right)^T \left(X_t^{(i)} - \bar{X}_t \right)$$

整个类内的平方和为：

$$S = \sum_{t=1}^{k}\sum_{i=1}^{n_t}\left(X_t^{(i)} - \overline{X}_t\right)^T\left(X_t^{(i)} - \overline{X}_t\right) = \sum_{t=1}^{k} S_t$$

根据控制变量法，当 k 固定时，要使 S 的分类情况达到极小状态通常是比较困难的。离差平方和法在本质上来说就是局部寻找最优解的方法，其原理是在分析样本每缩小一类，而离差平方和增大时，选择使 S 值增加最小的两类合并，合并直至所有的样本归为一类。把两类合并后增加的离差平方和当作平方距离，如下：

距离公式：

$$D_{pq}^2 = \frac{n_p n_q}{n_r}\left(\overline{X}_p - \overline{X}_q\right)^T\left(\overline{X}_p - \overline{X}_q\right)$$

递推公式：

$$D_{kr}^2 = \frac{n_p + n_k}{n_r + n_k} D_{kp}^2 + \frac{n_q + n_k}{n_r + n_k} D_{kp}^2 - \frac{n_k}{n_r + n_k} D_{pq}^2$$

初始条件为 $n_p = n_q = 1$，$n_r = 2$，有

$$D_{pq}^2 = \frac{1}{2}\left(X_p - X_q\right)^T\left(X_p - X_q\right) = \frac{1}{2}d_{pq}^2$$

就聚类分析的内容而言，可分为系统聚类法、有序样品聚类法、动态聚类法和模糊聚类法。本节主要运用的是系统聚类法，其基本步骤如下：

①将 n 个样本看成 n 类，即一类只包括一个样本。

②将性质最接近的两类合并成一个新类，这样就得到 $n-1$ 类。

③再从 $n-1$ 类找出性质最接近的两类加以合并，这样就得到 $n-2$ 类，如此循环下去，直到 n 个样本合为一类为止。

④将上述聚类过程画成一张聚类图，按一定原则决定分为几类。

全面应急管理战略实施效果评价时，首先需要建立全面应急管理战略实施效果评价指标体系；然后通过对各地区指标情况进行调研，将收集到的数

据进行定量化处理，包括主成分分析；再利用聚类分析法将全面应急管理战略实施能力相近的地区聚类，并找出全面应急管理战略实施能力较强的一类省份和较差的省份之间的差距所在；最后提出相应的完善措施并实施。

第九章　全面应急管理战略智力支持体系与人力资源管理

第一节　全面应急管理战略智力支持体系内涵

一、全面应急管理战略智力支持体系的概念界定

全面应急管理战略的实施必须依靠强有力的智力支持体系。而人力资源与智力支持体系是相互联系、密不可分的。智力是指思想、思维、智慧、知识、技术的总称，是人综合能力的体现。人力资源是智力的根本载体。智力支持体系中智力结构的完整性与智力水平的高低，决定着其在实际战略决策工作中的效用与能力。应急管理是人类社会应对突发事件的社会活动，而突发事件的复杂性和不确定性，决定了只有充分发挥人的主观能动性，才能更准确及时地应对突发事件，并最终取得应急管理的胜利。应急管理智力支持体系是指为了有效应对突发事件，集全社会智力参与，由应急决策、应急救援、应急培训、应急教育构成的有机整体。

全面应急管理战略智力支持体系是指为了确保实现国家应急管理战略的发展目标、发展重点和建设任务，以人力资源管理为核心，由应急管理知识技术生产开发层面、应急管理知识技术运用层面和应急管理知识技术培训普及层面等三大应急管理智力层面构成的，用于支撑应急管理战略发展与建设的人力资源和智力支撑系统。

随着全球对突发事件应急管理的日益重视与突发事件势态状况愈加严

峻，全面应急管理战略智力支持体系以下几个方面的特征日趋凸显：

一是智力体系的开放性。在全球化、区域化日益发展的今天，许多突发性灾难所造成的影响不仅仅局限于一个国家或地区，如环境问题、气候问题、国际恐怖主义等引发的突发性灾难。因此在应对突发事件的过程中，加强区域间、国家间的合作交流，不断丰富和完善智力体系，显得尤为重要。

二是智力体系的信息化。近年来，在经历了汶川地震、日本海啸等一系列重大灾难后，国际社会逐渐认识到，为了确保在发生突发事件时，能够快速有效地开展救援，将突发事件造成的损失降到最低，必须未雨绸缪，建立合理完善的应急预案。但是，在编制预案的过程中，相关部门往往是凭借自身的经验对突发事件可能带来的影响进行主观预测，很难保证预案的全面合理性。因此，需要借助计算机信息化运作，建立应急决策支持系统，拟定各种可行性方案，经过分析评价，选择最优方案。

三是智力体系的物理流与信息流并行互动。在应对突发事件过程中，物理流指的是调配相关救援人员及配送救援物资，信息流不仅包括现场处置的相关情报，还包括向群众传达适当的信息。物理流与信息流并行互动，一方面可以提高应急工作的时效性，确保应急工作顺利开展，另一方面还可以优化现有资源配置，避免出现部分地方资源扎堆，而其他地方资源缺失的现象，确保应急救援物资的高效利用。物理流与信息流的并行互动在实际应急工作过程中确保了应急资源的动态调整及联动效应。

二、全面应急管理战略智力支持体系的主要任务

（一）平时状态和警戒状态下的主要工作

在平时状态下，需要借助应急管理信息系统，对潜在突发事件做好充分的信息准备工作。收集相关的基础信息，建立相应的数据库，构建仿真模拟系统，对可能的突发状况进行模拟，为编制全面合理的预案提供科学依据。将以往发生的相关事件信息及其应对措施、应急处置的相关法律法规、专家

的相关建议等进行归类整理存储，以便能够在应对突发事件时及时地借鉴参阅。对于相关的应急救援人员进行有针对性的培训，使其在应急处置过程中，能够快速高效地开展救援。在普通群众中普及应急常识，开展相关的应急演练，提高其危机意识及自救能力。

在警戒状态下，需要借助仿真模拟系统，根据现场实况，实时模拟事态的发展状况并进一步预测可能的发展趋势，从而做到对薄弱环节提前修复，避免事态的进一步恶化。

（二）战时状态下的主要工作

突发事件一旦爆发，利用应急决策支持系统，调取智力体系中相关数据库的信息，通过建立相应的模型，借助仿真模拟系统进行直观模拟，并运用不同的信息资源和数据分析软件工具等，做出更加准确的决策，提高决策方案的质量，提升应急决策的科学水平。同时，还要承担向民众实时传达适当信息的职能。通过发布真实有效的信息，使民众保持情绪稳定，避免因民众情绪失控而增加决策压力，恶化决策环境。

（三）恢复状态下的主要工作

针对突发事件进行总结与反思工作，充实应急管理战略智力支持体系现有的信息资源、人力资源等，完善相关法律法规条例，修正相关预案信息，扩充应急培训与教育的内容等。

三、全面应急管理战略智力支持体系的要素构成

全面应急管理战略智力支持体系，在突发事件发生前可以支持应急指挥团队做好前瞻性工作，如辅助预案的制定、相关培训及教育的开展；在事中利用应急决策支持系统和仿真模拟系统，可以提高决策的时效性和科学性；在事后归整的相关信息，可以不断丰富完善现有的体系，以便更好地应对新的突发事件。因此，全面应急管理战略智力支持体系（如图9-1所示）是一

个涵盖应急管理专家队伍体系、应急管理救援人员体系、应急管理专业培训体系和应急管理知识普及体系的全方位、多层次的管理体系。

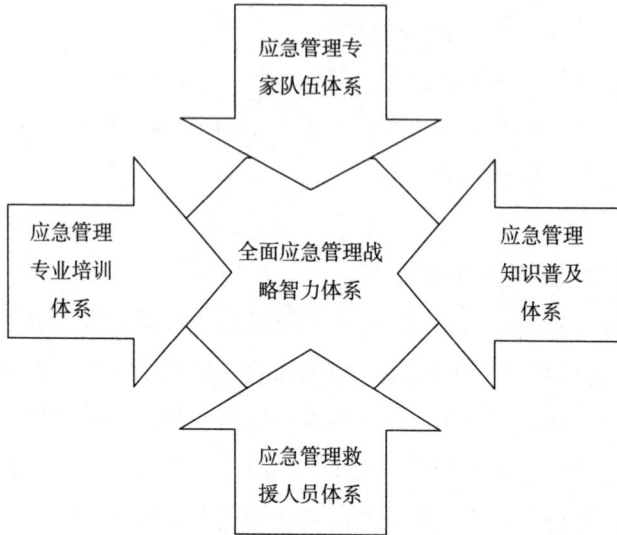

图 9-1　全面应急管理战略智力支持体系结构

　　全面应急管理战略智力支持体系的四个组成部分并不是相互孤立、单独存在的，各个部分之间是相互联系、相互补充的。应急管理专家作为应急管理战略智力支持体系的核心力量，统筹突发事件的指挥调度工作，当危机发生时，能够及时有效地做出有效决策；应急管理救援人员在整个智力支持体系中起着中流砥柱的作用，是执行现场救援任务的主要力量，保障指挥调度准确和救援迅速实施；应急管理专业培训体系主要是对专家决策层、辅助决策层和现场处置层等几个层面的人员进行培训，确保应急决策的有效制定和应急救援的迅速实施；应急管理知识普及体系通过举办应急知识讲座及图片展，开展应急救援演练等一系列活动，联合大众媒体进行社会动员与宣传，提高全社会的自救与互救能力。

第二节　应急管理专家队伍体系规划建设

一、应急管理专家队伍的构成及现状分析

应急管理专家队伍体系是以政府为主导或牵头，依托各方面专家和应急决策支持系统而构成的智能化有机整体。应急管理专家队伍由核心知识层和辅助决策层两个部分构成。

（一）核心知识层

应急管理专家队伍的核心知识层既包括在常态下统筹协调应急管理工作的领导管理人员，又包括在非常态下进行应急决策的领导管理人员，还包括不在政府行政编制中，但对应急决策承担着咨询、监督等重任并在某一方面具有特殊研究或知识储备的"智囊团"。

1.应急管理人员

应急管理人员主要由两个部分构成：应急决策机构成员和一般应急管理人员。应急决策机构是应急处置工作中应对突发事件的领导组织，其成员包括政府领导人和相关部门的主要负责人。当遇到需要军警部门援助的突发事件时，军警部门有关负责人也应参与决策工作。应急决策机构成员的职责主要有：全面领导指挥突发事件的处置工作，研究、制定和确定突发事件的重大决策，并协调与其他部门或应急组织的关系。应急管理人员是对参与突发事件的预防、准备、响应、善后等环节并进行协调管理工作的人员的总称。应急管理人员主要以应急管理的专职机构或办事机构为平台开展工作。

长期以来，我国的应急管理工作主要是分灾种开展的，因而我国单项灾害应急指挥系统较为成熟，其中应对单项灾害的领导指挥体系已趋于完善。例如，各地都已经建立了应对水旱灾害的防汛抗旱指挥部。然而，灾害往往具有链生性与群发性等特点，也就是说一种灾害可能会衍生出其他次生灾害，如果仅依靠单项防灾部门解决灾害问题显然是不够的。因此，局部地

区已经开始筹备建立针对多种灾害问题的统一应急机构，来领导指挥应急工作，从而更好地应对综合性的突发事件。

首都北京的应急管理做法较为典型。根据《北京市突发公共事件总体应急预案》相关规定，北京市于 2004 年成立了北京市突发公共事件应急委员会。突发公共事件应急委员会的主要职能是全面领导北京突发公共事件的处置工作。市长担任应急委员会主任，由分管市领导担任应对四大类型突发事件（即事故灾难、自然灾害、社会安全事件和公共卫生事件）的副主任。与公共安全相关的各级政府部门，包括北京武警总队、北京卫戍区等各部门负责人，均为委员会成员。北京市下属各区政府以北京市政府为参考，均成立了应急管理委员会来应对并统一领导各区级的突发事件工作。统一全面的应急领导机构，不仅方便应急管理工作的集中领导，同时也对重大综合性的突发事件应急处置提供有效的组织保障，而且还有利于在原有水平上对突发事件应急管理工作进行专职化的完善与改进。

目前，我国虽已经成立了各级应急管理委员会领导下的应急管理办公室作为常设机构来负责突发性事件应急管理及综合指挥协调，但目前的状况是，很多应急管理委员会形同虚设，没有充分发挥综合的指挥协调功能。下设的应急管理办公室多挂靠在其他部门，如在市政府办公厅下设立应急办。或者与相关部门合并，如与综合管理、政务值守等职能部门合并。这样一来，大多数的应急管理机构由于规模较小或临时性设置等原因，机构内部并没有进行专业化的分工，从而不利于应急处置时的统一指挥。近年来，随着各地应急管理工作的迅速发展，不少地区已开始对应急事务机构进行专业职能化的改造。其中，北京市应急办就取得了不错的进展。

北京市应急办是北京市应急管理委员会的一个常设性应急事务管理机构，隶属于北京市政府办公厅。为了各方面工作的有利进行，北京市应急办将工作区分四个类别，又按"组"的形式设置了四个不同部门，包括应急指挥组、预案管理组、综合信息组和技术通信组。这些细致的分工体现出北京市应急管理委员会对应急管理工作已经开始进行专业职能化的改造。组织分工的初步发展和机构管理的不断完善，势必会对应急管理工作专业化职能提出越来越高的要求，这些都将推动应急管理部门向更高行政级别的专职化机构转变和发展。

2. 专家团队

应急专家是指在各领域有深入研究并具备应对突发事件专业技能和知识的人员，是整个应急管理战略智力体系中的参谋机构，包括技术、管理、法律、金融等各方面的专家，他们在应急事件处置中可提供各种应急建议和理论咨询，技术支持型的专家同时还参与现场应急处置工作。应急专家团队通过参与应急决策和现场应急救援等活动，发挥应急救援作用。

目前，我国很多省市都已成立了应急管理专家组，建立了应急管理专家库。重视发挥专家队伍作用，不仅可提高应急决策的能力，而且有助于组织专业技术力量，加大关键技术研究投入力度，进一步加强应对自然灾害、事故灾难、公共卫生和社会安全等公共安全领域的重大关键技术的研究。

以广东省为例。广东省突发事件应急管理专家组（如图9-2所示）成立于2007年8月10日，第一届专家组专家34名，涉及五大类23个领域。其

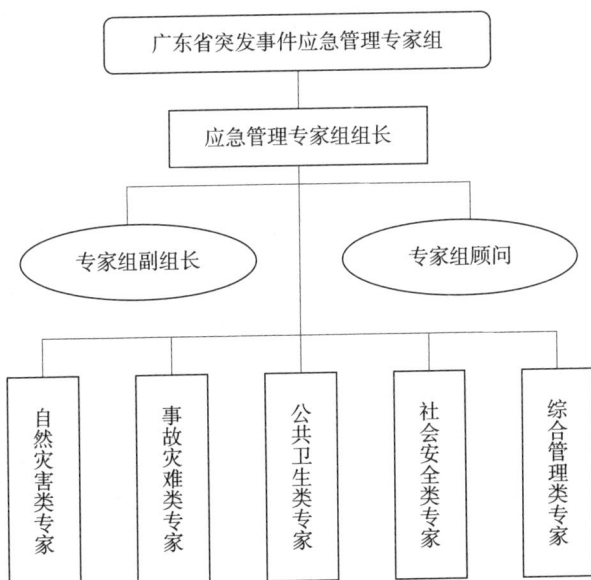

图9-2　广东省突发事件应急管理专家组结构

中自然灾害类 9 名，事故灾难类 10 名，公共卫生事件类 8 名，社会安全事件类 3 名，综合管理类 4 名。专家组主要履行四个方面的职责：一是专业咨询，参与各应急预案的修订工作以及指导应急平台体系建设等；二是技术支撑，推进省级突发事件应急技术研究中心建设及公共安全体验馆建设等工作；三是理论研究，开展跨区域应急管理合作研究工作等；四是人才培养，参与应急救援综合培训基地建设及应急管理培训教材的编写等工作。专家组成员还分赴 21 个地级以上市调研基层应急管理工作，不断完善"行政专家"与"业内专家"相结合的科学决策机制。

（二）辅助决策层

应急决策是应急管理的重要方面，直接决定了应急救援的成功与否，对促进社会发展保持社会稳定具有重要意义。应急专家队伍的辅助决策层主要是通过突发事件应急管理决策支持系统辅助决策者做出科学合理的决策。

突发事件应急管理决策支持系统（Emergency Decision Support System，EDSS）是通过模型、数据和理论，以人机交互的形式帮助决策人进行非结构化或半结构化决策的计算机应用系统。系统提供分析问题、建立模型、模拟决策的过程和方案，同时也可以调用各类的资源信息和系统分析工具，为决策者提供更高质量的决策。

突发事件应急管理决策支持系统的主要功能包括机理分析、预警预报、资源优化、综合评价和决策建议。完整的突发事件应急管理决策支持系统模式（如图 9-3 所示），可以表示为决策支持系统本身模式及它与外部环境、内部环境和指挥调度系统间的关系。

突发事件应急管理决策支持系统通过系统内部的技术及信息，分析管理信息系统、内外环境及危机事件本身的各类信息，将结果上传至指挥调度系统。通过上传响应的信息，决策者运用自身应急管理知识和经验，再结合突发事件应急管理决策支持系统的输出，从而对突发事件进行决策处置。

突发事件应急管理决策支持系统应在公民权利、生命财产、经济建设、社会安全等重大目标之间寻找到合适的平衡点，同时将突发事件的现状及处

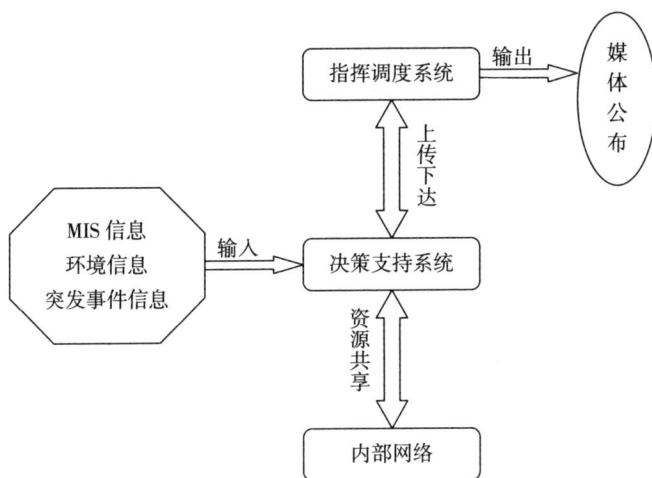

图 9-3　应急管理决策支持系统模式

置状态与过程通过各类媒体及时向公众公布，第一时间最大限度地让公众获得有益、可靠、明确和权威的信息。媒体在引导舆论等方面发挥着重要的作用，所以公共危机事件的处置过程与时间状态离不开媒体的参与和报道。在某种意义上，新闻媒体的关注度与对民众的影响程度，甚至超过了危机事件本身。所以，要正视媒体的力量，积极沟通交流，从而发挥媒体在政府和民众之间的纽带桥梁作用。

二、应急管理专家队伍建设构想

（一）国际应急管理专家平台的建设

近些年来，全球已经形成一个相互依存的共生系统，任何一国范围内的政治、经济与社会性突发事件造成的危机都可能波及其他国家。因此，任何一种国内突发事件都可能在国际上造成严重影响甚至演化成危机。如日本由于地震引发的核泄漏事件，不仅仅是给日本带来了严重的核辐射危机，外交危机更是接踵而至，乃至引发了国际上的震荡。反过来，任何国际性突发事件在某种意义上也都可能演变成某个国家（或区域）的危机。从这种意义上说，全球化趋势日益凸显，使危机传播加速，从而增加了应对突发事件的难度。因此构建国际应急管理专家平台，加强国际间的交流合作，协同应对突发事件就显得尤为重要。

（二）应急信息发布系统的建设

突发事件的显著特征是信息的不对称性和时间的有限性，如何在最短的时间内对相关信息进行获取和整合是做出正确决策的关键，而应急管理专家的作用之一就是作为应急管理组织决策的"思想库"。应急管理专家来自各个领域，具有专业的知识经验，能够提出应对处置突发事件和化解危机的方案。但是，他们只有及时有效地掌握危机现场的真实信息，才能发挥智囊团的作用。目前我国的信息机构采取的是分级管理体制。在这种管理体制下，信息部门容易受制于客观条件，导致信息出现失真现象，不利于政府决策。例如，在甲流疫情爆发时，一些地方政府怕影响政绩，出现了瞒报、虚报等问题，从而延误了紧急处置的最佳时期。因此，建设兼容各类各级政府部门和专业信息咨询机构的应急信息发布系统，有利于提高应急决策的有效性和科学性。

（三）智囊机构与专家库建设

应急管理的智囊机构是专业背景较强的研究与咨询机构。一般来说，它是由一些具有应急管理专门知识的专家学者按照一定的目标或方式组成的专门输出智力成果的机构。突发事件的不确定性和多变性等特点，导致了应急管理牵涉面很广，应急管理组织不可能对突发事件涉及的每个方面都有充分的了解。因此在突发事件发生时，应急管理组织应该集思广益，充分发挥智囊机构的作用。一方面，智囊机构由于其工作性质的缘故，经常遇到某一方面或某些方面大量复杂的问题，通过对解决这类问题的各种途径不断进行观察，逐渐地积累分析复杂问题的宝贵经验，进而不断对应急管理体系进行修正完善；另一方面，针对复杂问题的分析，智囊机构作为独立于政府部门的机构，能够在应对突发事件时比较客观，不因循守旧，提出宝贵的独立意见。为了在突发事件发生时能够充分发挥作用，智囊机构必须在平时就做好各项研究工作，模拟突发事件发生时的情境，理清对策思路，做好"思想库"的准备工作，才能在应对突发事件时有的放矢，忙而不乱。

第三节　应急救援人员体系规划与建设

一、应急救援人员体系构成

应急救援人员是应急管理工作的执行层。在常态下，应急救援人员是一般的专业工作者；而在非常态下，应急救援人员必须成为强有力的应急有生力量，是工作在应急管理第一线的基层人员。应急救援人员的工作直接影响到应急管理的成效。我国应急救援人员主要由以下四个部分构成（如图9-4所示）。

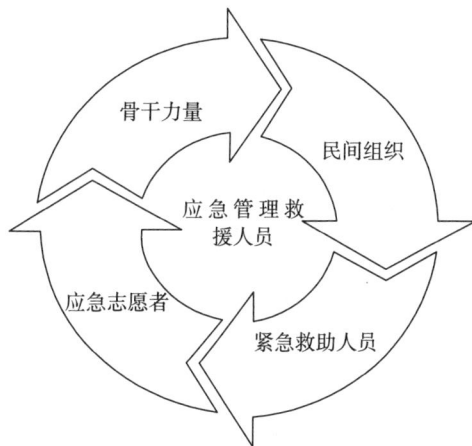

图9-4　我国应急救援人员体系构成

（一）骨干力量

在应对各种突发事件的过程中，公安消防、特警、武警、解放军、预备役、民兵等构成了我国处置突发事件的骨干力量。其中，公安消防、特警构成了专业化公共应急救援力量的主体；武警、解放军、预备役、民兵构成了非专业化公共应急救援力量的主体。下面对各骨干应急救援力量的作用进行详细分析。

公安消防部队是分布广泛、昼夜执勤、反应迅速、装备专业、训练有素、作风顽强的综合性常备救援力量。国家为快速提升应急综合保障能力，从 2007 年开始，在三年时间内建立了"平时战时相结合、自保联保相统筹、物保技保相配套、保障管理相协调"的公安消防战勤保障大队 112 个，建立了应急物资储备库 10 个。从 2009 年起，国家全面启动了打造消防铁军和建设综合消防应急救援队伍的工作，至今已成功组建灭火救援攻坚组 2077 个、专业队 991 个。公安消防部队不断拓展职能，在承担防火灭火任务的同时，也承担了大量的应急抢险救援工作，如道路交通事故、危险化学品泄漏、重大安全生产事故、地震及其次生灾害、爆炸及恐怖事件、建筑坍塌、空难等应急救援工作，参与处置旱灾、水灾、气象、冰雪、地质灾害、重大环境污染、核辐射事故和突发公共卫生事件等各类突发事件。

特警、武警和解放军具有过硬的素质能力、专业的装备设施、严明的组织纪律，在突发事件尤其是重、特大突发事件现场救援活动中起到了中流砥柱的作用。

在骨干救援队伍中，民兵组织对属地情况有着充分的了解，能够在突发事件发生后快速组织、协调和指挥灾民在第一时间开展抢险救援活动，但其救援装备和救援技能尚未达到应急救援专业化的程度。

（二）民间组织

民间组织是指"不以营利为目的、主要开展公益性或互益性活动、独立于政党体系之外的正式的社会组织"[①]。这些社会组织具有不同程度的自治性与志愿公益性，但不同于宗教、政党、宗族组织。民间组织救援体系有较强

[①] 康宗基.中国民间组织的发展及其与政府的互动关系研究 [M] .福州：华侨大学博士学位论文，2011 .

的独立性特点，能够在应急救援中起到关键作用。首先，民间组织多数是由基层人员和某些特定群体组成，对其属地的情况有相当的了解，灵活性强，能够在第一时间组织民间力量展开救援，有效降低灾害损失和人员伤亡。其次，虽然民间组织多数是由跨行业与跨部门的人员组成，但其内部却有自己的信息获取方式与渠道，可以为新加入的专业救援人员提供相应救援信息。而且，筹集资金和物资是民间组织应对突发事件最常见的救助方式。这些资金和物资的投入能够极大地减轻政府的财政负担。最后，民间组织更加贴近民众，在特定场合中能够比政府部门更及时地了解和发现灾民的需求，从而在突发事件中弥补骨干救援力量的不足。由于同当地受灾群众保持密切的联系，民间救援组织可以及时准确地传达受灾民情，切实地反映受灾民众的愿望和意见，从而帮助应急决策者制定更适合灾民需要的政策和计划。

（三）紧急救助员

为适应当前我国紧急救援形势的发展，原国家劳动和社会保障部于2006年8月正式公布紧急救助员这一新的职业，对我国应急救援队伍的发展具有重要意义。紧急救助员是指当发生危害公民人身和财产安全的突发事件时，承担先期处置、组织和帮助遇险或受灾人员开展自救和互救活动的人员。紧急救助员必须具备灾区搜索与救援、防灾与减灾、医疗救护与心理干预等专业技能。紧急救助员的任务是在紧急情况下及时有效地组织应急救援，如实施事故现场救护，现场组织应急处置，引导和组织受灾群众避难和逃生等，最大限度地降低人员伤亡和财产损失。目前，作为专业救援队伍的重要补充力量和我国紧急救援体系的组成部分，紧急救助员队伍主要由经过培训并考核合格后的社会志愿者组成。

（四）应急志愿者

应急志愿者队伍主要指的是以社区为依托，通过培训组成的具有一定自救、互救知识和技能的社区志愿者队伍。应急志愿者队伍是群众和应急组织之间的联系纽带，植根于群众之中。因此，在无突发事件状态时，应急志愿者队伍在社区开展安全知识的宣传教育工作，举办社区防灾自救互救的演练活动，在民众中积极推广基本应急救援技能，充分发挥纽带作用；在周边地区发生突发事件时，应急志愿者对周边的环境信息能够了然于胸，并对各类受灾情况都较为了解。他们是最先的响应者和参与者，能够更有效地进行灾情信息收集，指导群众紧急疏散，并且配合专业救援队伍搜救受困人员，发挥着不可替代的辅助性作用。

二、应急管理救援人员体系现状分析

当前我国应急救援人员体系正处于快速建设发展的关键时期，也是尚未完全成型的时期，其体制上的缺陷在很大程度上制约了应急救援效能的整体发挥。现有应急管理救援人员体系建设的不足可以总结为以下四个方面。

（一）缺乏高效的协调组织

在应急救援工作中，如果将政府和军队力量比喻为心脏与主动脉，那么民间组织就是血库，协调性组织就是静脉，志愿者就是生命之血，只有各个部门高效协同合作，应急联动生命机体才能平衡有力地长效运转。

目前，我国尚未建立针对不同突发公共事件之间的协调机制，当下分部门、分灾种的管理体系使得我国在对复合型和国际型的突发事件进行处置时，难以满足实际应急管理工作的需要。由于缺乏相关的协调组织，救援力量不能形成整体合力，无法发挥"一加一大于二"的协同效应，从而难以较好地实现资源整合。例如我国的民间组织长期处于彼此独立的生存状态，当需要联合行动应对突发事件的时候会出现互不联系、分头行动的局面。而且由于缺乏有效的协调组织，有时不仅不能充分发挥救援作用，反而会出现挤占当地有限的应急救援资源的情况，对应急救援活动造成不利影响。

（二）救援成本居高不下

在社会主义市场经济条件下，应急救援队伍的建设要体现成本和效益相一致的原则。目前我国的救援队伍分灾种、分部门建设造成装备重复配置情况突出，难以实现资源的统筹协调，对经费使用造成一定的浪费。同时，由于应急管理部门的临时组织与抽调，应急救援力量之间难免会出现职责不明、机制不顺等现象，导致出现人员和物资调配混乱的情况，这些情况也都会在应急处置过程中造成不必要的数额巨大的运行成本。

（三）政府缺乏与民间组织的信息沟通合作机制

我国的民间组织与政府之间的沟通、合作尚处于起步阶段。一方面政府对民间组织的认知较少，另一方面目前民间组织由于自身的性质特点也难以取得政府的信任。因此，政府很少与民间组织分享救援信息，从而导致了政府与民间组织两个主体因各忙各事而错失救援良机。在应急救援中，政府部门缺乏对民间组织的统一管理，必然也会导致很多民间组织应急救援工作的大量重复，造成一定程度的混乱和资源的浪费。

（四）应急志愿者缺乏必要的专业知识与技能

西方学者的研究表明：志愿者必须具备"3P"精神，即热情（Passion）、毅力（Perseverance）、专业（Professionalism），只有具备了这些基本素质的志愿者才能稳定高效地参加志愿服务，从而保证向有需要的人提供更加专业的帮助。在突发事件应急管理的志愿服务工作中，应急抢险、医疗救助、卫生防疫、心理辅导、物资抢运等工作都要求志愿者具备一定的专业技能。但是，一些社会志愿者往往缺乏基本的救援常识、救援技能和自我保护意识，在一定程度上降低了救援工作的开展效率。

三、应急管理救援人员体系建设构想

（一）建立有效的应急救援人员综合协调组织

应急救援人员综合协调组织的主要职责是在应对突发事件时的管理中联结决策层与执行层，起到上通下达的信息沟通作用，同时协调好地域间、部门间、行业间的应急联动工作。综合协调组织的协调对象不仅仅是公安消防部门与紧急救援组等政府层面的救援人员，也包括民间组织、应急志愿者等非政府组织机构。对政府部门与非政府组织的组织协调，一方面可以有效地避免救援人员扎堆等现象，另一个方面也可以降低应急救援的成本，实现应急救援的高效性经济性。

（二）建立政府与民间组织之间的沟通交流合作机制

因为政府在突发事件应急处置中具有民间组织所不具备的权威、优势和强制力，所以政府必然在此过程中起主导作用；但是，如果在应急处置中没有民间组织的参与，救援行动就无法顺利地进行。因此，既要保持政府和民间组织各自的独立性，也要加强两者之间的沟通交流与合作，最终达到整合政府与民间组织的资源和力量，共同应对突发事件的目的。在此过程中最关键的问题是如何高效地促进政府与民间组织两者之间的沟通交流。首先，必须建立政府与民间组织之间的应急联动信息通道，突发事件一旦发生，即可立即启动通道以保证两者之间信息交流的畅通；其次，民间组织应急预案与政府应急预案要相互衔接，这就要求政府必须加强对民间组织应急预案制定的指导、检查和协调；最后，政府部门要尽最大努力引导民间组织参与到应急事务的处置中来。这样就能形成两者间的沟通交流合作机制，在降低政府应急救援成本的同时又充分调动了民间组织的力量，从而使政府可以更加科学、及时、有效地开展应急救援工作。

（三）提高应急志愿服务的专业水平

应急志愿服务与普通的志愿服务最大的不同就是前者具有较强的专业性，一般的志愿者未经专业的培训，不具备专业应急救援技能，很难胜任应急志愿工作。专业和高效是应急志愿服务的显著特点，因为突发事件发生后，国家利益、公共利益遭受严重的损失，人民群众的生命财产安全危在旦夕。在应急救援过程中，时间就是生命，效率就是一切，只有专业高效地开展应急志愿服务工作，才能最大限度地降低危害。因此，提高应急志愿服务的专业性是一项不可忽视的工作。一方面，要通过招募专门的技术人员来提高应急志愿者的整体专业水平；另一方面，要加强专业知识的理论培训和技能演练，从而提高应急志愿者的应急服务水平。

第四节　应急管理专业培训体系规划建设

应急管理专业培训是我国各类突发事件应急过程中的一项重要工作，多部法律、法规及规章对此都有相应的规定，如《中华人民共和国消防法》《危险化学品安全管理条例》《矿山安全法实施条例》《使用有毒物品作业场所劳动保护条例》《核电厂核事故应急条例》《突发公共卫生事件应急条例》等都规定了有关单位和行政部门应针对火灾、危险化学品爆炸等事故进行应急救援培训。应急管理专业培训是为了提高应急救援能力，主要体现在以下几个方面：一是增强应急响应人员的信心和提高人员应急救援的熟练度；二是明确应急管理人员的岗位和职责；三是在应急救援时保证自身安全；四是避免事态恶化；五是提供有效的应急反应以便应对发生的紧急事件。

一、应急管理专业培训的对象

应急管理专业培训对象主要包括三个层面：决策层、辅助决策层以及现场处置层（执行层），其中应以决策层为核心，现场处置层为重点。

（一）决策层的培训

决策层是指政府相关部门工作人员，他们的主要工作是制定决策、状态控制、组织协调和事后恢复等。

政府应急管理相关工作人员主要由应急决策层和一般应急管理干部层两个层级构成，因此培训的侧重点也因培训对象的不同而有所不同。对应急决策层的培训主要强调的是应急管理决策能力，包括对事态发展趋势的预测能力、宏观事态的全面把握能力、在事态发展的不同阶段迅速准确地做出相应对策的能力等；对一般应急管理干部层的培训则主要是强调信息采集报告、跟踪反馈等方面，要求其不仅能领悟决策层的决策精神，并能够将其很好地传达下去，而且还能及时有效地协调地域、部门和行业三个方面的资源以实现应急联动。

（二）辅助决策层的培训

对于辅助决策层的培训内容主要包括两个方面：应急专家组的培训和应急决策支持系统的使用培训。

科学高效的应急管理离不开强有力的专家队伍支持，应急专家小组一方面在应急现场协助现场处置人员进行应急处置，另一方面为决策层提供必要的技术支持，因此要求专家小组的成员在某方面或某些方面所具备的信息知识和技能比一般应急人员更广博更全面。因此对于应急专家小组的培训包括掌握风险评估技术和有效控制操作；了解应急救援各阶段的工作特点以及各岗位的功能和作用；学习并掌握自救技巧。

在我国许多机构特别是基层政府及部门，凭经验和主观臆测决策的现象比比皆是，其结果往往导致决策混乱或失误。而在突发事件的应急决策中，错误或混乱的决策带来的损失是不可估量的，因而要加强应急决策支持系统的使用培训，提高决策科学化水平。培训的内容主要包括介绍国外应急决策支持系统的使用情况，令学员认识到运用应急决策支持系统的重要性；了解应急决策支持系统的构成、功能以及用途，只有对该应用系统有了综合全面的认识，才能更好地应用和维护系统。

（三）现场处置层的培训

现场处置层的培训分为两个层次，一是对包括公安消防、武警、特警等骨干力量和紧急救援人员在内的专业救援队伍的培训；二是针对民间组织、志愿者队伍等非专业队伍的培训。

由公安消防等骨干力量和紧急救援人员构成的专业救援队伍由于自身具

备相关的应急知识、设备和技能等，对其应急培训的重点是熟悉不同突发事件发生的特点，熟练掌握相关突发事件应急处置救援和安全防护技能，提高在不同情况下实施救援和协同处置的能力。

民间组织、志愿者队伍是应急救援的重要补充力量，一方面对其应进行积极的应急救援培训，使其学会正确选择和使用个人防护装备；同时组织他们参观专业应急救援队伍训练、观摩专业应急救援队伍模拟演练，达到培养团结协作的精神，增强队伍的组织纪律性的作用。

二、应急管理专业培训的形式

为了让应急救援人员具备基本的应急意识、掌握基本的应急知识、提高自身基本的应急技能，进而在面对应急突发事件时能保持从容淡定的心态，最终达到成功开展应急救援活动的目的，应急管理专业培训应采取灵活多样的方式。针对不同层次的培训对象所采用的培训形式也不尽相同，目前培训的形式主要有学术讲座、专题研讨会、模拟演练等，详见表9-1。

学术讲座是最基本的应急管理专业培训方式，同时也是现场处置层培训的最主要形式之一。它主要是邀请突发事件应急管理相关方面的学者、技术专家或权威人士，通过授课的方式向培训对象传播应急知识、技能以及与应急管理相关的最新政策法规等。

专题研讨会是基于近期突发事件的发展趋势，针对应急管理相关政策的制定以及新技术的引用等问题开展的研讨会议，为应急管理工作全面提供新方案、新策略、新思路，该会议的与会人员需要具备应急管理相关方面的专业知识。专题研讨会一般在决策层和辅助决策层的培训中比较常见。

模拟演练式培训是通过把培训人员置于模拟的突发事件情境中，使培训人员在模拟的突发事件情境中将所学的应急处置技巧和应急知识准确及时地应用到模拟应急处置中以达到培训目的。模拟演练式培训可以通过与真实情况相似的场景使受训人员在模拟中得以亲身体验，有较强的操作性。模拟演练是一种涵盖决策层、辅助决策层以及现场处置层的全方面演练。同时，模拟演练既可以作为一种培训形式锻炼受训人员的应急处置能力，也可以作为对受训人员应急处置能力的一种测试，通过模拟演练对受训人员应急处置能力做出科学的全方位评价。

表 9-1　应急管理专业培训形式

培训对象	培训形式
决策层	专题研讨会、经验交流会、模拟演练
辅助决策层	专题研讨会、智能化演练、模拟演练
现场处置层	学术讲座、网络平台、宣传教育、模拟演练

三、应急管理专业培训体系建设构想

突发事件应急管理的一个重要组成部分就是应急管理专业培训。我国应急管理专业培训虽然已经起步，但总体来说仍处于"摸着石头过河"的探索阶段，培训目标的确定、体系设计、形式应用以及师资力量的配备与培训能力的提高均面临着科学化、系统化的挑战，还需借鉴国外的经验来进一步完善。

（一）建立专门的应急管理专业培训系统

我国已举办过多次厅局级干部应急管理专题研讨班，但在一些省市级党校和行政学院，应急管理专业培训基本上还只是停留在主体班上设置一个或两个专题的形式。与发达国家完善的应急管理专业培训系统相比，我国的应急管理专业培训工作远远不能适应我国当前社会转型之际突发事件层出不穷的状况，政府应急管理压力巨大，对应急管理专业培训提出了更高的现实需求。2010 年以来，河北、广西等省级行政学院陆续筹建应急管理培训部，以国家行政学院为龙头的中国应急管理培训系统开始初露端倪，但要想真正建立一个覆盖全国、专业有效、完善灵活的应急管理专业培训系统，仍然任重而道远。

（二）应急管理培训模式应注重理论与实践相结合

我国目前有两种应急管理专业培训方式：一种是片面注重理论讲授，泛泛而谈应急管理的基础理论与案例；另一种是忽略理论基础，只突出情景模拟或指挥部演练，将其视为一种技能培训。应急管理工作本身具有较强的实践性，这使得我们必须重视具体技能的培训，但是应急管理理论在培训课程体系中也同样重要。因为就应急管理本身而言，每种具体的技能方法都只对应其适用的特殊情况，然而危机又是以各种各样的形式出现的，只有全面地了解应急管理的基础理论、制度、体制与机制，我们才能以理论联系实际，具体情况具体分析，在不同的危机事件中灵活地选择最恰当的救援方案。因此，我们应根据培训对象的不同，在应急管理培训的课程设置中确定适合他们的不同比例的理论和操作课程内容，实现科学化的培训。

（三）培训课程体系实现标准化与模块化

发达国家的应急管理专业培训已经形成了相对完备的课程体系，例如德国紧急救援中心要求急救人员上岗前至少要接受 520 小时的正规培训（含160 小时理论学习、160 小时医院学习、160 小时随救护车实习和 40 小时的岗位轮转学习）。应急管理的培训班次也按照逐步提高的思路，从低到高、从易到难，循序渐进，实现了标准化与模块化，保证了同类同级的培训人员能够接受到大体一致、进度相同的培训知识与技能。

我国的应急管理专业培训虽然已经起步，但还没有建立起相对规范的课程体系，课程内容的设置没有统一的科学标准，应急专题的设置也没有统一的规范。因此，借鉴发达国家的应急管理课程体系，开发一套科学、合理、标准的中国应急管理课程体系，具有很强的现实紧迫感。

（四）构建专兼结合、稳定成熟的师资队伍

目前我国应急管理专业培训的师资队伍部分是从高校招聘的硕博人才，部分是从党校或行政学院的其他相关培训部门分流出来的，专业化的师资力量很少，对未来应急管理干部培训的实际需求而言还存在很大的差距。我国

已经开展的应急管理专业培训往往是以讲座形式来讲授大部分的课程，授课人一般邀请的是应急管理领域的政府官员或者一些高校的相关专家教授，但这种邀请大部分是一次性的，并没有通过签约客座教授等方式来保证培训师资力量的稳定性。因此，在提高现有师资队伍教学能力的前提下，我们有必要借鉴发达国家专兼结合、以兼为主的师资构成模式，充分利用应急管理领域社会专家，以此构建专兼结合、稳定成熟的中国应急管理培训师资队伍，为我国应急管理专业培训事业的蓬勃发展奠定坚实的基础。

第五节　应急管理知识普及体系建设

应急管理知识普及工作应该成为广大人民群众参与社会建设的重要形式之一。政府虽然在突发事件的预警、处置和灾后重建的过程中，发挥着举足轻重的作用，但是仅仅依靠政府的力量并不能做到真正意义上的突发事件应急管理。2006 年 4 月，清华大学公共管理学院危机管理课题组发布的《中国城市居民危机意识网络调查报告》指出：参与调查者中有 47.6%的公众对政府在危机管理方面的工作缺乏了解。可见，全面提高公众的应急管理意识、普及应急管理知识是当前应急管理工作中亟待解决的问题。应急管理意识提升和知识普及体系的规划主要以主动接受和被动接受两种形式展开，即抓好"两个能力"的规划建设——社会公众应急能力建设和突发事件应急管理的传媒环境建设。

一、社会公众应急能力的建设

（一）社会公众应急能力的内涵

社会公众应急能力是指社会公众经过有计划、有目的的学习和培训之后所形成的一种有效应对突发事件的个体心理特征，它包括预防能力、自救能力和互助互救能力。

在突发公共事件应急管理中，作为主体的政府部门虽然在掌控各种信息、资源和组织体系等方面具有一定的优势，但仍然存在一定的局限性。因此不管是在突发事件发生前的预警准备阶段，还是在突发事件发生后的救援恢复阶段，政府都应该积极引导社会公众参与进来以发挥其作用，从而提高危机处理的效率。由于社会公众的自我应急能力不强，突发公共事件往往会对其造成巨大的损失，所以除了政府在突发事件应急管理中发挥作用外，社会公众的参与配合也十分重要。因此在政府应急管理体制的建设中，社会公众应急能力的高低已成为衡量社会能否有效抗御危机的一个重要因素。

1. 预防能力

公众不仅是信息的收集者，也是信息的传播者。随着信息交流技术的革新、公众舆论的演进以及互联网的快速发展，信息渠道呈现出多样化的发展趋势，其不可屏蔽性和非垄断性决定了信息的传播面广和传播速度快。受突发事件影响最严重的公众往往也是最早准确掌握危机信息的群体，如果他们能够把自己所看到的或感受到的突发情况迅速及时地传递给政府应急部门，政府应急预警系统便可以对收集到的突发事件潜伏期的信息情报进行及时处理，从而做出科学的预测和判断，分析危机发生的概率以及危机发生后可能产生的负面影响，进而制定相应的应急措施，最终达到防患于未然的目的。

2. 自救能力

由于突发公共事件本身具有突发性、不确定性和影响社会性，它通常会对社会大众的生命财产造成巨大损失，对人类生存环境造成严重破坏，对社会秩序和经济发展产生不良影响，甚至引发社会动荡。如果公众具备自救能力，他们就能在危机发生后避免不必要的慌乱紧张，迅速调整好心态，积极开展自救和互救，甚至在应急救援队伍到达之前就可以根据自身所具有的应急知识对突发事件进行力所能及的处理，将突发事件给社会带来的各种影响降到最低，缓解突发事件对社会秩序造成的强烈冲击，确保政府救助政策与措施的顺利实施。

3 互助互救能力

如果社会公众在应对突发事件时自愿参与救援工作，积极开展互助互救并提供各类志愿者服务，根据实际情况采取解决突发事件的有效方法，同时形成全民防灾抗灾意识并营造和谐互助的社会氛围，这样就能保障政府应急决策的顺利执行，从而提高政府的应急管理效率，最终降低政府救治成本。

（二）社会公众应急意识与技能教育

诸多因素可决定政府应急管理能力的高低，而社会公众的应急意识与应急技能作为其直接影响的因素无疑是十分重要的。因此，加强对公众的应急教育、提高公众应急能力是政府应急管理中非常重要的一个部分，是提高整个社会抗逆能力的重要途径。由于我国的安全教育工作力度不够，导致公众缺乏应对突发事件的常识，不合理的应急处理往往使得公众陷入更加危险的境地。因此，我国迫切需要加强应急教育，构建一个多层次、多角度、全方位的应急教育体系。社会公众应急能力教育按照教育对象分类，可分为学校教育和社会教育两类。

1. 学校应急教育

公众的应急意识并不是短期培养便能见效，应急意识的培养和提高需要长时间的积累。应急意识应当从小培养，应急教育应当从学校开始。教育部门应该联合应急研究机构编写应急教育的指导资料、应对手册等教材，组织学校开展灾害预防和应对教育。同时，经常开展应急教育讲座和宣传活动，使其融入学生教育中。应急教育不仅包括自然灾害的预防和应对教育，还应该包括一些人为犯罪伤害、火灾等方面的常识教育。

2. 社会应急教育

加强向公众宣传应急知识，提升社会公众的防范意识和应对能力。在此环节中，政府发挥着巨大的指导作用，除了编辑出版常见突发事件应对的常识性宣传手册，将宣传手册发送给公众，同时利用报刊、广播、电视、互联网等媒体宣传应急知识。对公众应开展急教育不但需要对其进行常识性教育，而且需要提高其承受突发事件的心理素质。

社会公众应急能力教育按照教育内容划分包括基本知识教育和方法技能教育两类。

1. 基本知识教育

主要是增强社会公众应急意识，提高应对危机的心理承受能力，普及公众的自救与互救的基本知识，使其能够配合和支持突发事件应急处置。

2. 方法技能教育

这是一种高起点的对公众进行应急应对能力的教育。主要是教授公众自救与互救的知识、技能，指导公众如何消除心理障碍与恢复心理健康，如将心理疏导方法和心理危机干预机制等知识教授给公众。

二、应急管理的传媒环境

正确的舆论导向在实现和谐社会的事业中起着旗帜指引的作用。在现代信息社会中，大众传媒在塑造公众价值观念、强化公众意识、反映和引导社会舆论等诸多方面具有无法替代的影响力。可以毫不夸张地说，媒体的社会传播效果直接影响着政府管理的能力和绩效，甚至影响着一个社会的风气和政治稳定。

当今社会，危机事件肆虐致使公众的心理承受能力十分脆弱，因此政府必须成为公众强有力的后盾。危机事件一旦发生，政府就必须通过媒体等合理方式及时告知公众必要的信息，防止社会流言肆意传播，以树立政府的良好形象。另外，通过媒体的正确宣传，可消除社会恐慌，安抚民众。

（一）建立由政府宣传教育部门、媒体和社会相关培训教育组织共同参与的多层次传媒网络

在危机事件报道上，政府应允许媒体、社会相关培训教育组织参与到其中，以法规、政策性文件等形式规定各部门在舆论引导上应履行的义务和承担的责任。这样既可以最大限度地调动社会的力量来营造和谐传媒环境，完善危机应对机制中的媒体网络，又可以加大政府相关部门对这些组织的监督管理力度，真正使他们发挥应有的作用。

（二）继续完善信息公开制度，变"堵"为"疏"，充分尊重社会公众的知情权

信息公开制度是政府控制信息传播的主要手段，政府并借此与新闻媒体、公众进行沟通，从而确保社会公众的知情权。新闻发言人制度是信息公开制度的一种，政府从自身立场出发，为满足社会公众的知情权和突发事件应对进程的需要，设定政策议程，从而对传媒和公众议程进行有效引导。

（三）牢牢掌握主流媒体，进行正确的舆论引导

主流媒体具有巨大的社会影响力，是新闻界的领头羊。在对主流媒体的行为进行约束时，必须强调其对危机管理活动的正面报道，以此树立政府的正面形象，增加公众对政府危机处理的信心，确保社会稳定。

（四）借助媒体加大社会危机意识教育，增强社会抗逆水平

提高全社会的危机应对水平，首要借助媒体扩散信息对公众进行危机意识教育，为公众树立正确的危机意识。危机过后，号召公众总结危机应对过程中的经验教训，以减少日后类似危机发生带来的损失甚至杜绝危机的再次发生。同时，利用现代先进媒体技术，结合学校教育、员工培训、社会公益宣传等方式，以期增强社会的危机应对能力。

第十章　全面应急管理战略保障体系

第一节　应急管理战略保障体系概述

一、应急管理战略保障体系的内涵

所谓"保障力"，指的是保护生命、财产和权利不受侵犯与损害的能力。保障力是发挥应急管理能力的基石，起着资源供给和保护事态稳健发展的作用。应急管理战略保障体系就是围绕着应急管理战略规划与发展目标，为了确保应急管理战略发展目标、发展重点和建设任务的实现，不断增强国家整体应急管理能力，由应急管理战略发展与建设的相关资源，如应急物资、应急信息、应急财政资金、应急法律等要素构成的具有基础性和战略性意义的保障支撑系统，它是实现应急保障力的制度保障。这些要素构成的保障系统的完善与发达程度，在国家整体应急管理战略工程体系中起着基础性的作用。

二、应急保障体系的要素构成

应急管理战略保障力体系由五个要素构成，即物资、劳动力、信息、财力和法律等资源保障体系。其中，劳动力资源保障体系的建设在第九章已经详细分析。下面界定物资、信息、财力和法律保障体系的研究范围，本章将具体分析我国在这四种应急保障体系建设方面的情况以及亟须解决的问题。

（一）应急物资保障体系

应急物资保障体系是一套全面、综合、协调的体系。突发事件发生后需要大量的应急物资，然而如何确保快速、合理地配备物资并通过最便捷的物流达到目的地是突发事件应急处置过程中的重中之重，因此这整个过程都需要一个完整的应急物资保障体系。一个系统科学的应急物资保障体系有以下几方面的要求：

一是追求可靠的质量保证。应急物资保障的首要环节就是追求可靠的质量保证，只有在此原则下建设高水平的应急物流系统才可能实现高水平的应急物流。

二是确保安全。确保安全的运输、配送、发放应急物资，是保障应急物资系统的基础。

三是合理储存。将应急物资存放于合适的空间位置并运用合理的方式保存，以保障管理的高效性。

四是流程优化。为了使应急物流的流程更加直接、紧凑，就需要尽可能地减少应急物流的相关中间环节，从而实现最大化的时空效益。

五是准确无误。准确了解及掌握应急物资的相关信息，从而在应急物资的储存、配送、发放等过程中尽可能地减少各类偏差。

六是全程监控。对应急物资的需求、筹措、储存、配送、发放等相关过程进行静态和动态的监控，为科学决策提供可靠依据。

（二）应急信息资源保障体系

应急信息资源保障体系是以应急管理信息系统为依托，为监测监控、预测预警、应急准备规划与保障、应急响应（指挥）、恢复评估与分析活动提供信息服务的信息综合平台。其中，应急管理信息系统是应急信息资源保障体系的核心部分，贯穿于应急管理生命周期的全过程，为应急管理各种活动提供信息服务。

1.应急管理信息系统的内涵

应急管理信息系统，是在信息共享交互系统的基础上，集合若干信息子系统而成的有机整体。从技术层面分析，可以认为该系统的构建主要涉及地理信息服务平台、应急管理综合数据库、案例库等关键技术，其功能就是为管理者收集、处理和传递信息。从管理层面分析，该系统以国家层级的信息中枢为核心，以突发事件的全流程信息管理为基础，以危机的信息通信为途径，以危机信息管理机制为平台，再综合其他应急管理相关要素及需求，通过集成各相关信息子系统，从而构成全面整合政府突发事件应急管理的系统体系。应急管理信息系统包含预防、准备、响应和恢复四个阶段，并且贯穿于突发事件应急管理的整个过程。

2. 应急管理信息系统的框架

应急管理是针对存在重要影响的突发事件而言的，其主要包括应急通信、应急分析、应急处置、应急决策、应急指挥及应急环境等要素；应急信息系统包括地理信息系统、突发事件监测信息系统、应急响应信息系统和应急演练信息系统等。应急信息系统框架大致可划分为纵横两个方向：横向分析包括五大平台、五大数据库、四个中心、重点信息工程和保证体系等；纵向分析则包括国家应急办公室、省（自治区）应急办公室、市应急联动中心和县（市）应急办公室四级系统（如图10-1所示）。

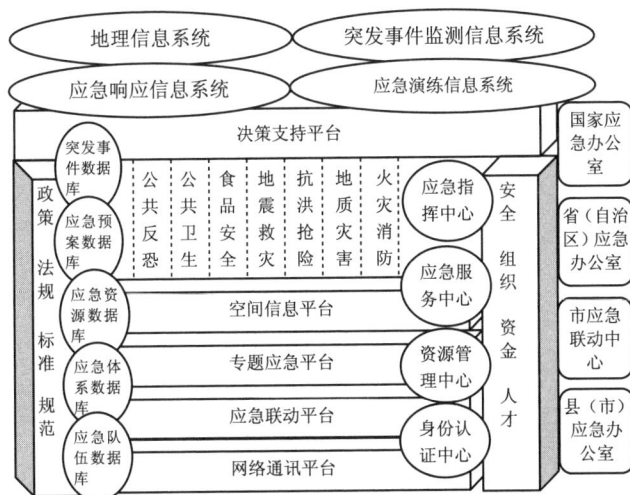

图10-1　突发事件应急管理信息系统总体架构

在该系统的总体架构中，国家和城市级的应急联动十分重要，公安反恐应急处置、突发公共卫生事件和自然灾害应急信息工程等较为常用。该系统有网络通信平台、应急联动平台、专题应急平台、空间信息平台和决策支持平台等五大平台；此外还有突发事件数据库、应急预案数据库、应急资源数据库、应急体系数据库和应急队伍数据库等五大基础数据库以及基础地理数据库、公共设施数据库、单位数据库、人口数据库等链接数据库。四个中心包括应急指挥中心、应急服务中心、资源管理中心和身份认证中心。重点信息工程包括公安反恐（包括反恐和刑事案件，有时动用军队）、突发公共卫生事件、食品安全、地震救灾、抗洪抢险、地质灾害、核安全、火灾消防、森林火灾、交通安全、安全生产、城市公用设施突发事件、化学安全、生物安全和环境安全应急信息工程等。两大保证体系包括了以安全、组织、资金、人才为中心的资源保障体系和以政策、法规、标准、规范为中心的文件制度支撑体系等。

（三）应急财力保障系统

应急财力保障是指来自政府财政、社会捐助、企事业单位专项应急基金等，专用于应对突发事件的资金保障。从应急资金的运作过程来看，应急财力保障体系包括资金的筹集、接收和投入使用三个环节。从应急财力保障战略管理过程来看，管理应急预算、出台应急财政的政策、追踪应急资金的流转、监督应急财政资金运作和评估应急财政绩效，都属于应急战略管理中应急财力保障体系的内容。

1. 资金的筹集

在进行应急管理资金筹集时，需要全面系统了解资金的来源结构。应急管理的资金来源结构一般包括以下几个方面（如图 10-2 所示）：一是政府部门及企事业单位的应急预备费；二是政府部门设立的专项资金，如救灾资金等；三是社会捐助资金，包括民间慈善组织筹集的社会救灾应急善款等；四是地区、部门和社会单位之间的对口支援资金；五是商业保险资金；六是国际援助资金。

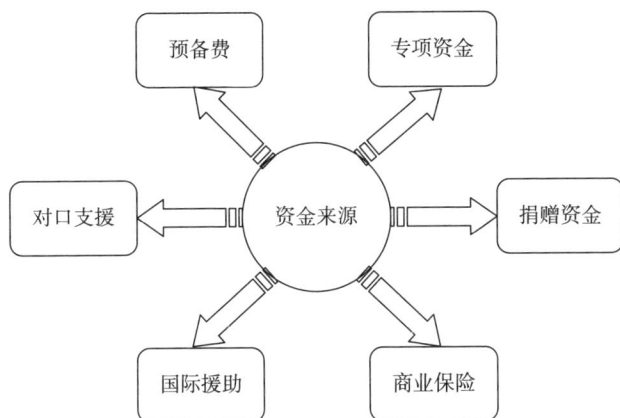

图 10-2　应急资金的筹集渠道

2. 资金的使用

从政府层面看，应急资金的接受是指对上级政府部门下拨的应急资金的接受管理。依据 2004 年民政部印发的《灾害应急救助工作规程》，以中央财政应急资金为例：国务院同意下拨救灾款项后，由民政部和财政部共同负责资金具体下拨和发放事宜。现行拨款的流程为：由民政部、财政部向省级政府的民政厅、财政厅发函通知；省级政府得到该款项后，由省财政厅和民政厅会商，将其按需合理分发至各个市县，救灾应急资金应在 10 日内下达到县；再由市县政府的财政和民政主管部门将其下发至各个乡镇；最后乡镇将救灾资金分发至各村，直至救济款用于救灾或直接发至灾民手中，其中县级应在 5 日内将救济款发放到灾民手中。救灾资金的划拨，先由民政与财政部门经过各层级会商确定救灾资金金额，救灾资金再由财政部门划拨至民政部门救灾资金专户，最终由民政部门统一进行逐级发放。

从民间来看，不同的应急资金来源有相应不同的接受途径，红十字会负责接收管理社会慈善组织等的捐助资金，政府部门（如民政部）负责接收管理来自民间组织与个人的捐赠资金，基层政府部门和民间组织负责对来自上级民间慈善组织应急资金的接收管理。

当前，无论是国家的应急财政资金，还是民间性质的用于应急救助的社会捐助资金，其使用状况均存在着很多问题，如资金的使用效率低，投入分散且普遍存在发放重复现象，监督机制匮乏、赈灾资金流失严重，缺乏有效的成本控制，等等。

（四）应急法律保障体系

应急法律体系与一个国家的法律体系的基本结构大体相似，既包括应急管理法律规范的法律形式体系（如图 10-3 所示），也包括应急管理法律规范的内容体系。从法律形式体系来看，应急管理法律规范可以通过一个国家的各种具有法律效力的法律形式表现出来，包括宪法对应急管理法律规范的规定，全国人大及其常委会制定的法律对应急管理法律规范的规定，行政机关制定的行政法规和行政规章对应急管理法律规范的规定，以及地方性的立法机关制定的地方性法规对应急管理法律规范的规定等。

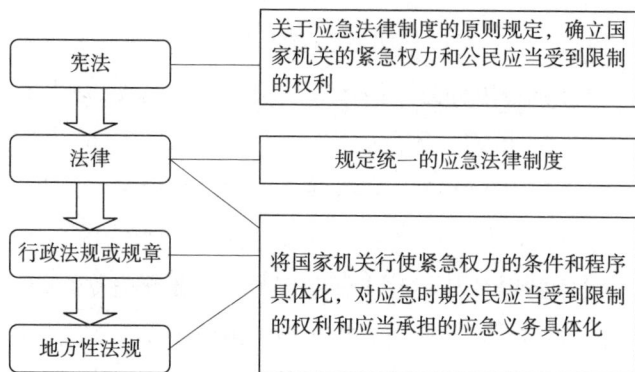

图 10-3　突发事件应急法律规范的法律形式体系

平常时期和紧急应急时期法律规范产生和颁布的时间和形式也不尽相同（如图 10-4 所示）。

综上可见，应急管理法律是一个全方位、多层次的法律体系，各应急管理法律都具有法律的一般的规范功能与法律特征，与非应急管理法律规范共同构成国家统一法律体系的一个重要组成部分。

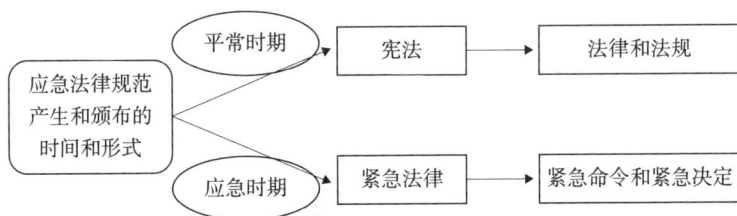

图 10-4 平常时期和应急时期的应急法律规范产生程序

第二节 物资保障体系规划建设

一、我国物资保障体系的发展现状

经过多年建设，我国应急物资储备体系按照我国政府层级设置已建设成一个由中央、省（自治区、直辖市）、市县（州、直管市及区县）三级政府组成的完备体系。

（一）中央级应急物资储备

中央级应急物资储备是政府应急物资储备体系最高层级，是国家应对大规模突发事件时重要的物资保障。最初我国分别在天津、武汉等城市设立了10 个中央级应急物资储备库，其在我国重大自然灾害应对中有着重要作用。2008 年汶川地震之后，财政部和民政部增加了 14 个中央应急物资储备库，此举不仅使中央应急物资储备库的布局更加合理，而且使应急物资储备的种类和数量都大大增加，从而提高了国家突发事件应对能力。

（二）省级应急物资储备

省级应急物资储备库是整个政府应急物资储备体系中的重要组成部分，目前全国各省市按要求纷纷建立了省级应急物资储备库。省级应急物资储备对于省级政府面临突发事件时的应急处置有明显的增益效果。

（三）市县级应急物资储备

市县级应急物资储备是政府应急储备体系的一部分，当突发事件发生，其是直接发放应急物资的储备点，在整个政府应急物资储备体系中显得格外重要，它在我国部分市县（州、直管市及区县）有相应的建设点。由于突发事件（尤其是自然灾害）具有显著的区域性，各省市或区县级政府应分析当地可能发生的风险，并根据其特征储备相应的应急物资。市县级应急物资储备一方面满足了应急物资的特定需求，使应急物资供应更具有针对性；另一方面其提高了物资调度的灵活性，对市县级政府乃至国家在应对突发事件时的应急物资保障能力有巨大的提升作用。

二、我国应急物资储备体系建设存在的问题

当前我国应急物资储备体系建设存在的问题有如下几点：

（一）政府应急物资储备体系不完善

1.中央应急物资储备体系仍未完善

一是应急物资的储备数量还是无法满足巨灾发生时的救援需求。由于巨灾会衍生出其他的次生灾害，产生更为广泛的影响，造成严重的损失，因此应对巨灾需要大量的应急物资，如果应急物资储备不足，便会使得救灾工作陷入被动的局面。如 2008 年汶川地震，中央应急物资储备量就远不能满足灾区实际需求量。二是中央应急物资储备的种类不足。其储备物品主要为帐篷、棉被等，缺乏其他大量的灾区急需物资的储备。三是中央应急物资储备点的布局不合理。在汶川地震之后，我国中央应急物资储备点由 10 个增加到 24 个，但其布局的不合理导致 2010 年玉树地震在发生 24 小时后，许多重要的救援物资仍未能及时运到灾区。由此说明我国中央应急物资储备体系还需要进一步完善，重新考虑并规划应急物资储备点的布局安排。

2.地方缺乏足够的物资储备

按照分级负责原则，各地方政府也相应建立了应急物资储备点。然而尽

管我国各省区市已经建立了应急物资储备库，但是其应急物资储备的数量和种类都难以满足应急物资需求，更甚的是有些地方还尚未建立相应的应急物资储备点，如在 2008 年的雪灾救援中，由于救援物资的缺失，致使救援工作长时间处于被动状态，这些都充分暴露了部分地方政府应急物资储备的存在问题。我国很多县级政府不仅没有建设应急物资储备点，而且将应急物资分散在各个部门，使得突发事件发生时应急物资调配联动性较差。目前我国应急管理体系仍然以"分类管理"为主导，不但在各部门之间存在应急物资联动性差的问题，而且在中央与地方之间也存在此问题，这在很大程度上限制了应急物资的综合保障能力。

（二）社会应急物资储备制度建设亟待加强

社会应急物资储备是整个政府应急物资储备体系的不可或缺的一部分，是对中央和地方政府应急物资储备的必要补充，目前我国迫切需要加强对社会应急物资储备的建设。一是我国相应的市场流通储备制度不够完善，以至于不能有效利用市场流通物资，一旦急需物资时再采购就来不及了。二是需要加强企业的应急物资储备。目前我国诸多企业并未将产品及生产资料作为社会应急物资储备的组成部分，且企业物资储备不够合理，这都会使得应急物资的需要完全依赖于政府部门提供，从而易错过最佳救援时机。三是我国的非政府组织，如慈善机构等储备的应急物资远远不够，而根据西方发达国家的应急管理实践可知，当灾害发生时这些非政府组织储备的应急物资往往能起到重要作用。

（三）应急物资的储备模式单一

我国现阶段的应急物资的储备模式仍停留在简单的实物储备阶段，而应急物资的生产能力和合同等形式的储备则相对匮乏。虽然一些地区的政府部门已经对合同储备有了一定范围的尝试，但对于合同当事双方的权利与义务并没有做出详细的规定。所以在突发事件爆发时，要想做到针对突发事件实施快速的应急救援机制，仍存在较多的问题，最后真正发挥作用的应急救援物资还是得通过政府部门的应急采购。由此可见，当前我国的应急物资储备模式中的生产能力及合同的储备还需进一步的完善并发挥积极作用。

（四）家庭单位的物资储备尚处于起步阶段

由于我国大多数地区之前巨灾发生较少，社会的应急知识宣传极其不到位，自我预防能力相对欠缺，应对突发事件意识薄弱，家庭应急物资储备严重缺乏。像美国、日本此类发达国家，尤其是日本这样地震频发的国家，当地的每个家庭几乎都会准备一个应急救援包，这种应急救援包在市场上均有销售。而我国在家庭应急物资储备方面还存在极大的欠缺，很多灾难发生时造成的不必要的伤亡都是由于救援工具与求生常识的不足引起的。

（五）缺乏完善的应急物资储备信息平台

在信息化高度发达的今天，应急物资储备信息平台在应急管理战略中发挥着中流砥柱的作用。时间就是救援的生命，有效救援离不开及时的物资调配。若要提高应急物资管理的效率，当务之急就是建立系统完善的应急物资储备信息平台。由于现阶段我国应急物资管理的信息化程度较低，无法对政府应急物资储备、非政府组织的储备、企业储备、流通储备等进行有效的管理，致使应急物资信息不能实现共享，严重影响了正常的应急物资储备与调配工作。

三、我国应急物资保障体系的规划与完善

（一）合理选择应急物资的储备模式

在进行实物储备时，要根据应对突发事件情况选择合理的物资储备模式，同时也要加强社会单位特别是企业的实物储备、生产能力储备及合同储备等工作。在进行后两种储备工作时，要提前考虑储备物资的性质，如对于食品、药品这类储存周期短的物资应同时进行合同储备工作和生产能力储备工作，对于疫苗等必需的应急药品物资应进行生产能力储备，与有关科研单

位签订合同，使所需疫苗的研发及生产得到保障，以有能力应对以后可能爆发的疫情。值得注意的是，应选择那些有良好信誉、实力雄厚的社会单位展开合同储备、生产能力储备工作，并根据市场行情和企业实际运行情况定期更新合同。

（二）规划建设政府与家庭应急物资储备体系

1.建立以风险需求为基础的政府应急物资储备模式

在对政府的应急物资储备进行风险分析过程中，可根据风险的级别、发生区域、危害范围和持续时间等特征，来确定政府应急物资的储备种类、数量及其规划与分布，同时也可根据风险分析情况确定应急物资的需求量，做到应急物资的科学储备，如需求量大时应在原储备的应急物资基础上增加相应的种类和数量。中央政府可以根据风险分析情况确定的应急物资需求量，来决定应急物资的储备结构、数量以及应急物资的分布情况，确保救援物资在 24 小时内运到灾区，使得应急物资能在有效辐射范围内实现快速调运。相应地，省级政府的应急物资储备情况也可依据本地区的风险分析情况来确定。需要特别注意的是，灾害发生时，为了保障各应急物资储备据点得到及时的供给，应在灾害多发区域的分据点建立应急物资储备库。另外，市县级政府在进行应急物资储备工作中应做到具体落实到位，如在大江（河）或水库附近的县应该备有足够的防洪物资等。

2.做好家庭应急储备工作

家庭应急储备主要是指家庭应急包、家庭自救装备等。一般情况下，家庭应急包不需太大的体积，包内可装备供数天食用的干粮和纯净水，以及一些应急工具及常用药品等，一旦突发事件发生时能方便迅速地背着应急包撤离至安全区域。此外，家庭也有必要储备其他的应急物资，如灭火器、逃生绳索及防毒面具等。对救援能力而言，大家平时要主动去了解一些基本的逃生知识，以便于在灾难发生时可以帮助家庭成员及时实现自救和互救。

3.建立应急物资的联动机制

为了保障突发事件的应急物资供给、提高应急物资使用效率并进一步优化应急物资储备体系，我国须在不同的地区与部门之间建立应急物资联动机制。具体地来说，政府各部门之间如公安、消防、医疗、交通、通信、电力、供水、供气等部门之间，应建立以物资调运为中心的应急联动机制，理顺彼此之间的关系，实现应急资源一体化，确保每个部门的各类应急物资能够快速有序地投入应急救援活动。相邻地区也可以由于对某些应急物资的同一需求而进行应急物资的联合储备，建立不同地区之间的应急物资联动机制，当某地区发生灾害时可从相邻地区紧急调用应急物资以备不时之需。此外，中央应急物资储备与国家储备之间也应建立相应的联动机制，一旦发生特大突发事件，可以保障应急物资得到充分供应。

（三）规划发展与建设社会应急物资储备体系

社会应急物资储备是应急物资保障体系的重要组成部分，更是政府应急物资储备的必要补充。为了保障社会物资储备的良好发展，须出台相关政策，建立较完善的法律法规。同时，建立全方位的社会应急物资储备，可以减少政府在应急物资储备方面的投资，既减轻了政府的压力，又提高了应急资源的利用效率。具体来说，全方位的社会应急物资储备也就是多元主体如非营利性组织、营利性组织以及国际组织共同参与应急物资储备工作。要想更好地集聚社会各界力量做好应急物资储备工作，就需明确社会各主体的社会责任、协调各方面的社会利益，以此来调动社会各方的积极性。

1.加强市场（流通）储备

大力协调市场各方面的利益，将物资流通企业如大型商场和物流企业流通的物资融入到应急物资储备中，以便充分发挥市场的作用，进一步地加强市场储备。但要想确保流通储备的良好发展，政府部门须与物资流通企业签订租赁协议或合同。灾害一旦发生，物资流通企业可以迅速将其流通物资通过政府投入到灾害应急救援活动中去，与此同时，政府也应按照合同或协议的规定给予企业相应的补偿；而在平时状态时，市场上的流通物资应根据市场规律流通。

2.完善企业应急物资储备

只有具备研发或生产应急物资能力的企业才能进行应急物资储备工作。一旦发生突发事件尤其是重大突发事件时，企业物资储备的完善程度是实现应急物资持续供应的基本保障，但与此同时，大规模的物资储备必然会占用企业相当一部分的资金，这会影响企业的正常运转，如果严重将造成企业效益下降。因此政府应多样化地鼓励企业进行应急物资储备，如对于进行必要的实物及生产能力储备的企业，政府应给予相应的补贴。相应地，企业也应基于自身的风险特点，进行必要的应急物资储备，尤其是在突发事故中市场上不常见但企业急需的特殊专业化应急物资，如化工企业因本身所具有的危险性，应储备特殊应急物资，以防危险化学品泄漏甚至爆炸等。

3.鼓励非政府组织进行应急物资储备

非政府组织也属于突发事件应急救援的重要力量，例如各类慈善机构等。政府可以出台相关法律法规机制以及制定相关政策，鼓励宗教团体、红十字会等民间组织储备一定数量及种类的应急物资。

（四）建立完善的应急物资管理平台体系

建立专业的应急管理机构的首要前提是建立集全国性与区域性于一体的应急物资管理平台，以信息科技为支撑，提高应急物资的管理水平。应急物资管理平台体系的完善程度直接决定着应急物资管理部门能否全面掌握政府与非政府组织所储备的应急物资种类、数量和位置，因此只有拥有完善的应急物资管理平台体系，应急物资管理部门才能够及时更新应急物资情况、掌握市场流通应急物资的相关信息，使现有可利用的应急物资情况一目了然，便于进行整体规划。

根据系统定位及应急物资需求分析，应急物资信息管理系统总体框架设计如图 10-5 所示，其中包括了应急物资信息发布平台、后台数据维护系统、系统集成与系统测试等几部分。

其中应急物资信息发布平台功能设计包括四个子模块(如图 10-6 所示)，详细功能如下：

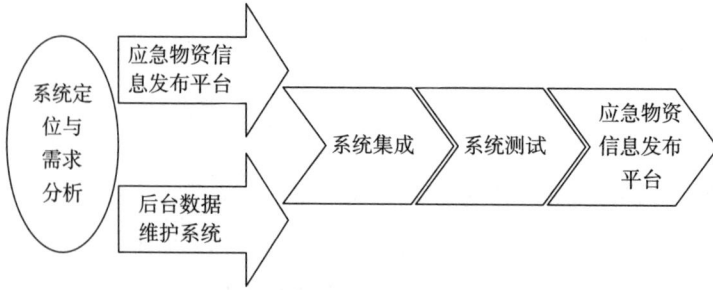

图 10-5　应急物资信息管理系统的框架

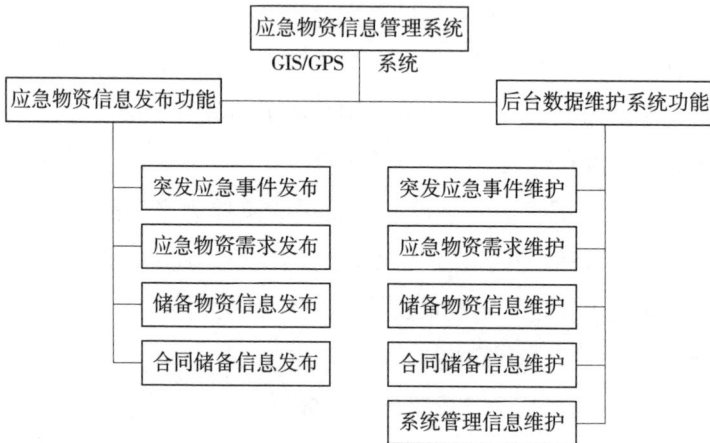

图 10-6　应急物资信息管理系统的功能设计

1. 突发应急事件信息发布模块

主要包括突发应急事件的信息发布和查询，在行政区图上显示各个地区发生的突发应急事件，可以使应急决策与管理人员在较短时间内了解到各个行政区的突发事件情况。同时还可以提供基于区域的查询、基于时间的查询和基于事件主题词或关键词的查询等功能。

2. 应急物品与应急资源需求信息公布模块

根据突发事件的情况，将应急物资需求时间、数量以及物资名称及时准确地发布，便于大众和相关物品生产商掌握物资需求变化。

3. 应急物品与资源储备信息公告模块

掌握每一个储备点所储备的物资种类、用途、数量、单价、储备点名称、联系方式以及货运要求等详细信息，提供在储备物资名称、储备点名称、区域和各种情况的组合基础上的查询。

4.合同储备生产信息发布模块

应急管理和决策人员可查询合同生产物资产量、名称以及合同生产商联系方式、所在区域和名称等相关信息，在区域、生产商名称、生产物资名称和各种情况组合等基础上提供信息查询。

后台数据维护系统包含五个子模块，分别为应急物资需求信息维护、合同储备物资信息维护、系统管理信息维护、突发应急事件维护以及储备物资信息维护。每个模块包含相关信息的查询、更新、录入、删除等功能。在突发应急事件维护这个例子中可充分说明，突发事件新闻摘要、新闻图片、新闻详情、新闻标题和更新时间的信息维护可在系统中进行，并确保突发事件的动态发展。

（五）优化应急物资储备结构水平

在明确各级政府应急物资储备比例和结构关系的基础上，将政府、企业和其他社会组织的应急物资储备工作有机地融合在一起，以有效配置应急资源，进一步优化应急物资储备体系。在上述过程中，最重要的是选择合理准确的储备方式，做到以最小的人力、物力投入实现最大的社会效益。

第三节　信息资源保障体系规划建设

伴随着我国经济社会的迅速发展，突发事件逐年增多。据有关部门统计，最近几年我国每年因事故灾害、社会安全事件和自然灾害引起的突发事件造成了上百万人发生伤亡事故，经济损失占我国 GDP 的 6%，达到 6500 亿元左右。在突发公共事件中，政府往往承担着实施应急预警、应急指挥、应急决策、应急处置、应急通信及紧急救助等责任，政府为了能够准确、科学地面对和处置突发事件，需要增强信息资源保障体系建设，加速建设和完善应急管理信息系统，运用领先的信息技术成果来处置各种情况下的突发事件。

一、规划从管理层面上完善应急体系

一是集成应急管理信息系统中的网络通信平台，因此在现有的应急体系中需要存储多个公众特服号码，例如对急救中心（120）、火警（119）、匪警（110）等号码进行整合。国际上许多国家在建设紧急呼救特服号码时都有先进的经验，他们采用统一的呼救号码，例如美国选用911、英国选用999、比利时选用900等。网络通信平台统一化的建立不仅给大众求助带来便利，还为指挥中心在协调、指挥、调动相关部门进行联动、紧急处置事故上节省大量时间，从而大大地提高工作效率。二是在应急体系内对不同警种和不同部门的管理要做到合理、高效。在解决突发事件时，需要不同警种和不同部门参与其中，实现多警种多部门的联合行动，并确保不同警种与不同部门之间很好地协调与配合。在应对突发事件时，应急管理体系的有关部门要做到在统一指挥下，以效率为优先，随时待命，互相协调地进行联动。

二、规划加大高端通信技术的研发和应用

在应急管理中，由于常规通信手段的抗毁性差，发达国家如美国和日本都极力开发高端通信技术以弥补传统通信手段的不足。目前，我国应急管理信息系统的通信手段主要有固定电话、移动通信和卫星通信。其中，前两种极易受自然条件影响，后一种易因为部门间缺乏有效的协调和联动而在灾害中形同虚设，因此大力开发与使用高端通信技术是非常有必要的。具体而言，一方面要大力发展智能无线电、网络通信、IP技术应急通信和其他通信技术，以全方位地满足应急通信的需求；另一方面要建立有线与无线、固定与机动、空中与地面等三方面相结合的立体应急通信系统，即在完备常规通信工具的基础之上，引入卫星电话和短波电台等受自然条件影响较小的通信技术，以完善救灾时的临时通信设备。

三、充分发挥应急管理信息系统的联动性

如何实现应急管理信息系统的联动性是构筑应急管理信息系统所必须考虑的内容。应急管理信息系统有五大平台，分别是地理信息平台、专题应急平台、决策支持平台、网络通信平台和应急联动平台。这五大平台是联动的，而不是孤立的，因此应急联动是应急管理信息系统的一大显著特征，其具有不可替代的作用。如果缺少应急联动，应急管理信息系统的功能会受到制约，会使应急管理信息系统形成"数据孤岛"现象，并在建设过程中致使城市应急管理信息系统脱离协作群体。从技术的角度出发，为了确保各部门在统一指挥时发挥各自的职责并对事件进行高效、合理的处置，在集成一个系统平台的同时，还需对五大平台进行集中的集成。在现实情况中不仅仅只建立单独的应急指挥中心，而且需要在整体的基础上建立每一级中心的协调合作群体，在建设的过程中为了确保处理突发事件时能够做到统一调度、指挥和协同处理，需要将公安、急救、消防、交警、防震、防洪、防火、防空、市长公开电话、公共事业等不同领域的应急分系统实现有效集成，构成社会应急联动系统（如图 10-7 所示）。

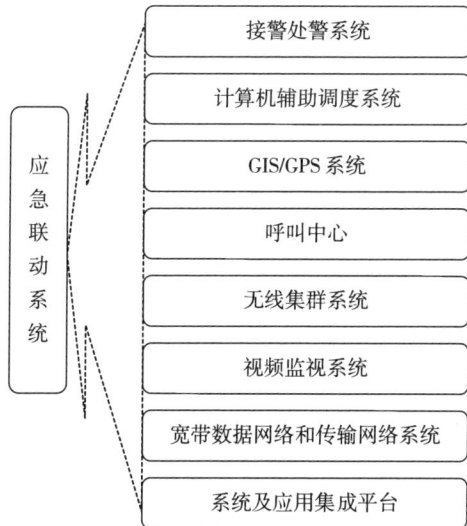

应急联动系统

- 接警处警系统
- 计算机辅助调度系统
- GIS/GPS 系统
- 呼叫中心
- 无线集群系统
- 视频监视系统
- 宽带数据网络和传输网络系统
- 系统及应用集成平台

图 10-7　应急联动系统的内容

应急联动系统是指整合多部门资源进行社会联动应急处置的紧急救助指挥系统，主要包括技术保障体系与非技术保障体系两大部分。从技术的方面来讲，应急联动系统主要包括统一接入平台、应急指挥门户、统一应用支撑平台、信息共享互联平台和统一安全支撑平台五部分。

四、规划以电子政务基础设施平台为依托，完善应急平台建设

应急平台建设是电子政务的深度应用，也是电子政务建设的重要内容。在应急平台建设下可以延伸电子政务的应用，在电子政务手段应用下也可以加速应急管理工作。我国进行应急管理信息系统构建时需要以目前的电子政务设施平台作为基础。由于电子政务已经拥有应用系统和基础网络，所以电子政务是突发事件应急处置最重要的信息资源之一。突发事件应急处置实际上是政府从常态工作转变为非常态，运用多种技术方法将电子政务应用系统拓展延伸，提高不同政务资源指挥调度的工作效率，与此同时还需按辅助决策和应急预案分析模型辅助领导进行应急决策。

第四节　财力保障体系规划建设

一、我国财力保障体系建设现状

（一）应急财政资金筹集现状

1. 预备费

预备费是执行年度预算时需安排的相关支出事项，按照《中华人民共和国预算法》第四十条规定："各级一般公共预算应当按照本级一般公共预算支出额的百分之一至百分之三设置预备费，用于当年预算执行中的自然灾害等突发事件处理增加的支出及其他难以预见的开支。"表10-1所示为2003—2015年中央与地方政府预备费提取情况，可以看出近13年来中央与

地方政府对预备费用提取金额有所增加，但是比例仍然控制在3%范围内，特别是地方政府预备费提取比例有所减少。

表 10-1　2003—2015 年中央与地方政府预备费提取情况

单位：亿元

年度	中央预算			地方政府预算		
	预备费	中央本级预算支出	中央预备费占中央本级预算支出额的比例	预备费	地方本级预算支出	地方预备费占地方本级预算支出比例
2003	100	7201.05	1.39%	450	16498.57	2.73%
2004	100	7607	1.31%	520	19161.64	2.71%
2005	100	8438	1.19%	640	23817.03	2.69%
2006	150	9525	1.57%	640	28848.38	2.22%
2007	150	11062	1.36%	640	35452.85	1.81%
2008	350	13205.2	2.65%	640	47580.8	1.35%
2009	400	14976	2.67%	640	61259	1.04%
2010	400	16049	2.49%	640	68481	0.93%
2011	500	17050	2.93%	640	83170	0.77%
2012	500	18519	2.70%	950	105281	0.90%
2013	500	20203	2.47%	950	117543	0.81%
2014	500	22506	2.22%	950	130031	0.73%
2015	500	25012	2.00%	950	145988	0.65%

资料来源：财政部预算司官网，http://yss.mof.gov.cn/

2. 专项资金

2006 年，国家发布了《国家专项应急预案》《国家突发公共事件总体应急预案》等条例。这些条例规定了财政部门在应急与公共危机管理中的具体程序和职责，例如规定每年中央财政应根据前一年实际支出情况设置特大自然灾害救济补助资金，主要用来帮助解决重灾区群众的基本生活困难等；规定财政部门负责发放中央应急拨款以及应急资金。财政部门须严格遵守上述相关政策规定及法律，将其作为处理公共危机时的基本准则。

3. 对口支援

2008 年 6 月 30 日，《国务院关于支持汶川地震灾后恢复重建政策措施的意见》正式颁布并实施，在依法调整上一年度中央预算的基础上，发放700 亿元的灾后恢复重建基金；压缩中央国家机关和地方的公用经费，并将压缩所得的专项资金投入到抗震救灾中。

4.捐赠资金

社会捐赠资金是指通过各行各业的社会人士义务、无偿、自愿捐赠获得的具有指定用途的专项资金。1999 年颁布的《中华人民共和国公益事业捐赠法》明确规定，只有依法建立的公益性的非营利事业单位和社会团体才有资格接受捐赠，这些公益性事业单位和社会团体需要经相关部门审计监督。捐赠资金是我国应急财政资金筹集的一个比较重要的来源，汶川大地震发生后，来自中华慈善总会、红十字会、各级民政部门、民间组织、现场以及捐赠电视频道的自发捐助十分踊跃。

5.商业保险

保险种类主要包括农业保险、地震保险和洪水保险三大部分。由于缺乏政策支持，我国目前只有少数几个省保留部分农业保险业务，商业保险对地震保险也一直采取谨慎的承保策略，家庭保险业务在国内已经出现，但一直处于停滞不前状态，尚未得到公众认可。由此可见，中国保险业目前还没有适用于地震保险的独立条款和费率。

6.国际援助

官方的国际救援组织如国际救援组织联盟（The International Assistance Group, IAG）、国际 SOS 救援中心（International SOS Pte Ltd）等，非政府组织如 NGO 等一直以来都为各国提供紧急援助和支持。除了专业的组织外，各个国家的捐款和先进救援队伍的派遣也为第一时间抢救灾民的生命和增强抗灾持久力做出了重要贡献。

（二）我国应急财政资金的接收现状

1.救灾资金的申报

目前，我国救灾资金的管理工作是由民政部和财政部共同进行的。《国家破坏性地震应急预案》第二条第二款第四项第十五目规定："财政部门：做好中央应急资金以及应急拨款的准备。民政部门：做好中央应急救济款的发放工作。"因此，两个部门对救灾资金拥有共同管理权。

救灾资金的申报步骤是：首先，每年年初各级财政部门依据上一年本地的实际情况制定救灾的预算款。其次，在灾害发生后，上级民政部门根据灾情信息的统计情况和下级政府的请款报告来制定救灾资金的初步方案，并与同级财政部门共同协商。最后经过两部协商一致后以共同名义进行拨款。由此可看出，我国实行的是"逐级上报，层层会商"的报灾体系（见图10-8所示）。

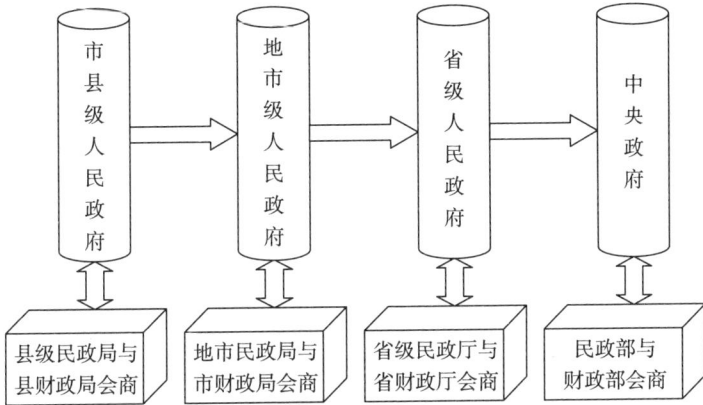

图10-8 逐级上报的救灾资金申报程序

2. 救灾资金的划拨

救灾资金是中央和地方政府给受灾地区用于灾民生活困难救助的专项资金，对保障灾民基本生活、维护灾区社会稳定起着重要作用，因此，救灾资金的划拨至关重要。我国救灾资金的划拨需经国务院批准，还要经过各级财政部门和对应同级部门的层层会商，然后由财政部门负责将救灾款项划拨至民政部门设立的救灾资金专户，最后再由民政部门依次逐级发放。现行的划拨流程一般是：首先是国家财政部和民政部向省级政府及省财政厅发函通知；其次，省级政府收到划拨款项后，召集省财政厅和民政部门进行会商，通过决议后需在十日内将其分发到各市县；然后由市县级的财政部门和民政部门商议后发放到各个乡镇；最后再由乡镇相关部门在5日内发送各个村，自上而下，层层落实，以此确保救灾资金能够真正发放到灾民手中或用在救灾上。

但是目前救灾资金划拨遇到了很大的实际问题，我国的应急管理体系较为分散，关于灾情的统计信息散落在各个部门，导致我国的灾后资金拨付缺乏科学的灾情统计支持。例如，水利局、气象局、地震局等发布灾害预警信息，民政部门发布灾后房屋倒塌、农作物受灾、人员伤亡等信息，交通部门发布道路交通信息等。这样分散的局面导致一个地区的灾情无法得到全面统一的整合。2005年民政部发布的《灾情统计办法》特别声明，与灾情相关的全部统计信息需在对灾害进行全面核查之后才能确定。但此种要求显然存在着制度上的漏洞，由于突发事件本身的突发性和复杂性，救灾的款项划拨必须要及时并且充分，以达到第一时间救援的目的。若依据《灾情统计办法》的要求，在内容与时间上都无法高效地实现救灾资金的划拨需求。在实际的操作中，财政部门必须对这种制度进行变通：一是通过判断灾情等级提前分拨一部分资金，随后依据灾情的变化进一步拨款，直到全部救援工作结束后再进行清算；二是挂账，即由负责处置经济事态的部门先行支出，等到事态稳定后财政部门再对其进行清算。但是，由于整个过程缺乏即时的信息交换，财政部门对于当次灾害的应急资金需求量也没有一个具体的概念。

（三）我国应急财政资金的投入和使用现状

表10-2是2003—2015年我国救灾支出情况统计，2003—2015年救灾支出金额除因2008年汶川地震的灾后重建经费在2008—2010年支出较多外，2008年之前救灾支出呈上升趋势，但2010年以后救灾支出呈总体下降趋势，这说明近年来在我国党和政府的强力领导下，突发事件爆发趋势趋于平稳。从表10-2中也可以看出"地方自救为主，中央补助为辅"制度在逐步完善，但是在遇到重特大灾害时，特别是在跨区域、复合型突发事件，灾害所在地方政府预备费不能满足救灾需要，中央财政补贴的局面仍未改变。从国际环境角度看，恐怖袭击、能源危机、意识形态冲突、核危机等危机事件不断出现，影响国际和平稳定的危机因素呈上升趋势。"为之于未有，治之于未乱"，我国中央预备费及地方预备费亟须按照《预算法》的法定比例上限提取，建议对于自然灾害较多、社会不稳定因素频发的地区预备费提取不设上限，确保有足够的资金和物资应对各类突发事件。

表 10-2　2003—2015 年我国救灾支出情况

单位：亿元

年度	财政支出		提取预备费		当年救灾支出		救灾支出占本级支出的比例		救灾支出占预备费的比例	
	中央本级	地方本级	中央	地方	中央	地方	中央	地方	中央	地方
2003	7420.10	17229.85	100	450	41.5	15.45	0.56%	0.09%	41.50%	3.43%
2004	7894.08	20592.81	100	520	40.00	9.04	0.51%	0.04%	40.00%	1.74%
2005	8775.97	25154.31	100	640	42.48	20.49	0.48%	0.08%	42.48%	3.20%
2006	9991.40	30431.33	150	640	51.02	19.97	0.51%	0.07%	34.01%	3.12%
2007	11442.06	38339.29	150	640	—	—	—	—	—	—
2008	13344.17	62592.66	350	640	82.15	1073.11	0.62%	1.71%	23.47%	167.67%
2009	15255.79	61044.14	400	640	132.86	1164.41	0.87%	1.91%	33.22%	181.94%
2010	15989.73	73884.43	400	640	58.47	1477.83	0.37%	2.00%	14.62%	230.91%
2011	16514.11	92733.68	500	640	10.54	470.6	0.06%	0.51%	2.11%	73.53%
2012	18764.63	107188.34	500	950	6.6	436.36	0.04%	0.41%	1.32%	45.93%
2013	20471.76	119740.34	500	950	9.24	343.26	0.05%	0.29%	1.85%	36.13%
2014	22570.07	129215.49	500	950	18.34	256.21	0.08%	0.20%	3.67%	26.97%
2015	25542.15	150335.62	500	950	6.05	214.81	0.02%	0.14%	1.21%	22.61%

资料来源：财政部预算司官网，http://yss.mof.gov.cn/。

由于 2007 年财政统计口径更改救灾支出金额未能区分中央和地区，2008—2015 年救灾支出金额按每年《全国公共财政支出决算表》和《地方公共财政支出决算表》中救灾项目分项合计所得。

二、我国财力保障体系建设存在的问题

（一）应急财政资金筹集存在的问题

1. 应急财政资金总体准备不足，预备费制度有待完善

我国应急预算在处理重大突发事件时承担了大部分的财力支持，但从表 10-1 中可以看出，虽然中央总预备费的法定提取额占本级预算总支出的 1%—3%，但仍然明显低于世界大多数国家水平。由于管理主体的分置和监督机制的匮乏，下发到地方真正用做应急专项资金的数额必然会更低。这些预备费是以低频率、低损害的灾难发生情况为标准来提取的，对于单独发生的突发事件是可以处理的，但如果某年度遇到破坏性极强的突发事件或突发事件频发，如此低的提取率只能是杯水车薪。其次，我国预备费实行的是与年度预算一同安排的流量式管理，而非可累积的基金式管理。因此，一般来

说预备费是不结转到下一年的，这样就不能对预备费进行年度之间的调度和平衡，限制了预备费在化解突发事件方面的应急功能，致使应急财政资金在管理上缺乏长期性和稳定性，难以成为应急财政的稳定剂。

2. 筹集渠道单一

我国在拓宽财政应急资金筹资渠道的同时，应充分利用不同社会经济主体，增大筹资范围，构建政府为主导、社会团体与企业为支撑、人民群众积极广泛参与的筹资体系。除了设置专项拨款、转移支付、国家应急基金外，政府还可通过发行公益性彩票、危机债券等方式进行筹资，实施各种政策计划优惠，提高社会团体与企业参与应对、处理危机情况的积极性。在捐赠资金方面，可以考虑适当放宽民间组织活动和设立的禁令，给那些将公益性事业作为主要事业的组织留出充足的政策空间，特别是防灾减灾方面的非政府组织，通过这些组织来储备救灾物品与资源、募集资金并进行管理和招聘志愿者，以一种灵活、分散的方法来共担风险、分摊责任。

3. 巨灾保险制度尚未建立

纵观以往的案例不难发现，当洪水、地震、台风等重大自然灾害发生后，往往会给受灾地区造成巨大的损失，基础设施毁坏严重，在灾害处理的全过程应急资源甚至会被消耗殆尽，要恢复到正常的生产生活秩序需要很长的时间。但现阶段，我国的巨灾保险制度的发展情况并不乐观，据相关部门统计，近几年我国平均每年的受灾人数达到 2 亿多人，每年由于灾害造成的直接经济损失均超过 2000 亿元，但是获得的保险赔款却仅仅占灾害损失的 1% 左右。由于保险公司的巨灾赔付与巨灾实际造成的损失相差极其悬殊，巨灾保险的损失基本由商业保险公司内部消化，且目前还没有专门针对巨灾的保险险种，仅有的几种险种只是作为财产险的附属条件而存在。

（二）我国应急财政资金接收存在的问题

1. 资金申报中不合理的会商制度

在目前的体制下，当地方政府对当前灾难不具备处理能力时，地方政府可申请向上级政府寻求援助，然而在提出申请前，还需要针对灾情和同级民政部门进行会商。而与民政部门会商的灾情信息还要对上级民政部门进行层层通报，最终由民政部与国务院会商确定应拨款数额。但由于地方民政部门与本级政府之间的利益存在高度一致性，使得在这种逐级会商上报的流程中不可避免地出现同级民政、财政合谋套利的可能，如轻灾重报、无灾有报等。此外，部分地方政府仍然普遍存在"搭便车"行为，将中央拨发的救灾恢复基金挪作他用，处理解决城建、教育等方面问题。因此，必须从根本上出发，改变、调整目前存在的不合理会商制度。

2. 接收渠道过多，缺乏统一管理

目前我国的救灾资金存在多头接收现象，缺乏统一汇集管理。另外，由于各地区间经济实力悬殊，使得救灾款的分配没有统一的标准，即使灾情相同，不同地区所需的援助也不可能等同，这就给款项的控制造成了困难。因此有必要对救灾资金的管理进行统一化，将多头管理转变为由一个部门牵头同时其他部门参与管理的模式，并做到对救灾资金的分派流程透明化，使得灾民对自己的权利是否得到保障做到心中有数，无形中也对救灾资金起到了监督作用。

（三）我国应急财政资金投入和使用存在的问题

1. 资金投入和使用上重处置、轻预警

我们提出应急管理应遵循"平战结合"的原则，应急资金的投入同样应该如此。而从以往案例不难看出，很多地方政府平日甚至没有为应急工作空出一部分专项资金，往往等到事发之后才开始大量的投入设法挽救，但这种重事后补救、轻事前预防的现象往往会事倍功半。

2. 资金投入分散、重复投入

参考以前的救灾资金分配可知，由于我国的应急资金的分部门、分灾种的分拨与设置，所以存在不同程度的资金重复投入与规划，出现了分配散乱、无序、各自为政的局面。总的来说，我国政府目前在应急资金管理方面存在的问题，一是应急管理资源的调度与整合能力差，导致资源的使用效率降低，应急管理成本增加，且未将应急管理纳入日常管理之中，尚没有形成平战结合的管理模式；二是在控制危机处置成本方面能力较差，一旦危机出现，由于不能对所需救灾资金的数额进行有效估计，常常导致救灾成本过高；三是过分看重政治账而忽略了经济账，缺乏追求成本—效率的制度性激励机制。

三、财力保障体系规划的规划与完善

（一）规划完善应急财政资金筹集机制

1. 规划完善预备费管理机制

（1）对预备费进行基金式管理。首先，做到每年足额提取预备费；其次，实行三年一周期的滚动式基金预算，即若上年的预备费还有结余，则不再用于一般性预算支出，自动结转到下年度使用。如此操作经过计算，救灾基金确保有超过一年以上的预备财力就足够来应对像汶川地震这样的巨灾。

（2）从法律上提高设置预备费的比率。2014年国家已修订《中华人民共和国预算法》，但是预备费比例仍占本级预算支出的1%—3%，需要财政部门继续对近年来突发事件及特重大安全事故的实际资金需求情况进行科学测算，在一定程度上提高预备费比率的上限和下限。

（3）进行预算制度改革，将预备费从年度预算中独立出来。建立独立的存储账户以便储蓄应对灾难性突发事件的应急资金，应急资金不得随意被提取填补其他支出，应急资金的使用既要公开透明又要专款专用，预备费每年的支出情况都要记录在历年决算中。

（4）拓宽预备费资金的来源。超收收入与预算盈余等都应包含在预备费资金中。除了对各级政府财政的预备费按照各级支出额的一定比率设置外，对每年增加的财政收入和盈余也应按一定比例增加预备费资金。

2. 规划建立完善巨灾保险法律制度体系

（1）对巨灾保险进行立法，将其归入强制性保险项目。

（2）政府采取奖励机制，引导保险公司尽快在现有企业财产、家庭财产和人身险种的基础上增加灾难保险条款，将那些曾被删去的洪水、地震、火山爆发等条款重新纳入保险条例之中。

（3）借鉴效仿美国、日本，成立政策性的巨灾再保险公司，为承担巨灾保险的保险公司提供保障。

（4）在足额提取预备费和贯彻《中华人民共和国预算法》的基础上，充分完善巨灾保险体系，将一定比例的预备费投入其中，防灾救灾的资金可通过巨灾保险的形式得以积蓄。

（二）规划完善应急财政资金接收机制

1. 改善当前会商制度，建立跨级或跨地域监督机制

在现有的层层通报申请救灾款的体制下，可考虑设立电视电话会议，通过电话会议使上级财政部门在民政部门与本级地方政府进行灾情会商时进行全程会议监督，可极大地避免灾款申报中弄虚作假的行为。同时，每个地区的政府部门与财政部门应安排培训专业人员，当一个地区发生灾害时，受灾地区会商的参与人员需至少有一名其他地区的专业人士，每次参与会商的其他地区人员必须是随机的，以避免发生提前合谋套利。

2. 建立统一的灾情统计系统

只有迅速掌握灾区情况，对灾情进行科学统计，并对救灾资金实施严格监督管理，使整个分派流程透明化，才能确保救灾资金的及时合理划拨。因此，将各部门收集的分散灾害信息进行统一管理，建立一个统一的灾害信息统计管理系统十分必要。此外，针对不同灾害情况，采取相对应的灾情统计方法和手段并对其不断改进，将不同灾种实施分门别类管理，做到及时有效地更新，以避免救灾资金过度拨付或救灾资金滥用挪用甚至被私吞等情况，设立信息即时交换窗口，对财政部门向地方财政管理部门划拨的款项进行实时追踪。但是，这一灾情统计方式的转变必须在国家制度支持的基础上才能得以实现，若要改变各自为政、灾害信息得不到统一整合等局面，必须实行一个主导部门领导、其他部门积极参与的管理模式，实现从中央到地方的统一监督管理。

（三）规划完善应急财政资金投入和使用机制

1. 科学配比资金投入、重视预防工作

防患于未然永远是应急管理最基本和最重要的要求，提高政府对各种自

然灾害、公共突发事件等发生的预测准确性和及时性，在灾害发生前做好防范措施，在一定程度上才是应对和控制突发事件成本最低、最简便的方法。因此，应支持应急管理预防预警体系的建立，不断加大对应急管理的投入力度，尽量将应急管理工作投入重心往前移，坚持实施以事前预防为主、事中控制和事后补救为辅的工作管理机制。众多国际经验表明，应急管理事后重建与事中控制资金投入成本远远大于事前预防。亦如我国著名安全经济学家罗云教授所说，对安全保障的事前预防资金投入比例与事后整改资金投入比例是 1∶5。也就是说，为事前预防投入 1 元获得的效用是事后整改投入 5 元获得的效用，甚至有专家和研究机构认为，预防投入获得的效用远大于此。

2.整合应急资金、避免重复投入

政府在应急管理中应该建立一个良好的资源整合机制，从而有效地把国内资源与国际资源、政府资源与市场资源、社会资源整合在一起，提高政府应急管理的综合能力。目前我国应急管理机制已经逐步由非常态向常态转化，由单向分类管理向系统综合管理转变，但结合各国实践经验，我国应急管理实践仍存在一定的差距，应急管理资源的调度与整合能力、危机处置成本控制能力等仍较弱。因此，为了适应我国应急管理工作的新需要，应该对分散的资源进行整合，规范预算资金的投入，提高资金的使用效率，从而避免经费的重复安排，真正实现各种资源的统一协调和各种信息资源的共享。

第五节　法律保障体系规划建设

一、我国应急法律保障体系建设现状

《国家突发公共事件总体应急预案》根据突发事件的发生过程、性质和机理，依次为自然灾害、事故灾难、公共卫生事件和社会安全事件等四类突发事件，制定了相应的标准和具体执行办法。有关我国的突发事件应急法律法规体系如表 10-3 所示。

表 10-3　我国突发事件应急法制体系

自然灾害	◇突发事件应对法 ◇破坏性地震应急条例 ◇防震减灾法 ◇防洪法 ◇防汛条例 ◇森林法 ◇森林防火条例 ◇消防法 ◇气象法 ◇环境保护法 ◇大气污染防治条例
事故灾难	◇对外合作开采海洋石油资源条例 ◇矿山安全法 ◇民用航空法 ◇安全生产法 ◇铁路法 ◇海上交通安全法 ◇核电厂核事故应急条例和处理规定
公共卫生	◇传染病防治法 ◇传染病防治法实施办法 ◇动物防疫法 ◇突发公共卫生事件应急条例 ◇职业病防治法
社会安全	◇戒严法 ◇中华人民共和国国防法 ◇国防交通条例 ◇民用运力国防动员条例 ◇兵役法 ◇预备役军官法 ◇人民防空法 ◇公安机关人民警察内务条令 ◇民兵战备工作规定 ◇关于依法严厉打击暴力恐怖活动的通告

　　据不完全统计，目前我国已经出台涉及突发事件应急管理的法律 36 部，行政法规 37 部，部门规章 58 部，党中央和国务院及部门文件 120 种。但是从世界范围来看，还是远远不能应对新形势下的各种未知的灾难。应急法律体系应以宪法中的紧急条款为核心，以宪法为基础制定国家应急基本法，包括单行的各部门应急法，形成中央到地方两级立法构成的一个完整的法律体系。1996 年 3 月 1 日第八届全国人民代表大会常务委员会第十八次会议通过了《中华人民共和国戒严法》，这是新中国第一部比较系统地调整在紧急状态下处理各种社会关系的应急法律规范。随后，我国政府也加大了推进应急管理法制化进程的力度，全国人大、国务院先后制定并颁布了一系列与处理突发事件有关的法律、法规，各级地方政府根据这些法律、法规，又颁布了适用本行政区域的地方立法。这些法律、法规、规章和文件，主要针对洪灾、旱灾、地质灾害等自然灾害，战争、动乱、暴动引起的紧急状态，突发公共卫生事件、重大动植物疫情、核事故、矿山安全事故等灾害性的社会事故，恐怖袭击、群体性治安事件、民族或者宗教因素引发的人为事件等不同

情况下的突发事件应急管理所制定的。

自 2007 年起，随着应急基本法《中华人民共和国突发事件应对法》的正式颁布实施，我国初步构建了一个从中央到地方的应急处理法律规范体系（如图 10-9 所示）。

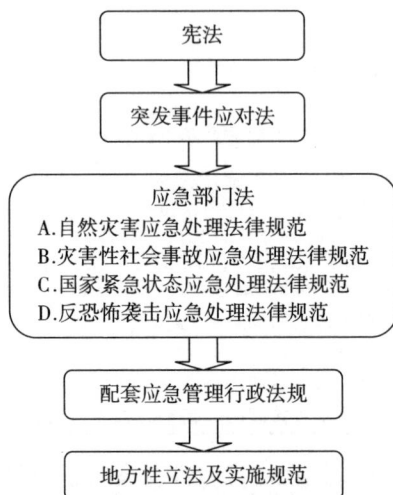

图 10-9　突发事件应急法律法规的法律形式体系

但目前，我国仍缺乏完善的应急管理处置法律，主要表现为：一是我国在宪法中没有完整的紧急状态规定；在宪法修改案中虽然增加了有关紧急状态的规定，如 2002 年制定的《危险化学品管理条例》、2003 年制定的《非传染性非典型肺炎防治管理办法》，但是突发事件的基本法"紧急状态法"还未出台。二是具体应急管理活动的法规缺失。在一些重要领域缺乏法律的制裁，即无法可依，如没有恐怖袭击法、国防动员法等。具体法规的缺乏，致使突发事件的处置无法律依据，加大了处置事件的难度系数。三是缺乏对公民合法权利的保障。在应对突发事件时，政府有关部门在法律的授权下，享有行使行政紧急权力，有利于高效地应对突发事件；但对公民的合法权利却缺乏法律的规定，无法正常保障公民的合法权益。

二、发达国家应急法律保障体系建设对我国的启示

总体上来说，完备的突发事件应急法制体系（如表10-4所示），一般都有一个基本法，该基本法既具体明确地对与应急有关的一些重大事项做出规定，同时也进一步从不同环节和各个部门对突发事件的应急管理和处置做出调整，如政府的职责、突发事件的应急组织的设置、应急预案的编制等，使之构成有机的法律体系。这同时也是发达国家在应对突发事件方面的重要成功经验之一。世界上许多发达国家均制定有完善的和针对不同突发事件的紧急状态处置法，在不同的紧急状态下，统一规定政府的行政权力，确保了救援活动的高效展开。美国、日本、俄罗斯等发达国家，更是在宪法或在其他单行法中明确了突发事件紧急状态下的制度，并赋予其应急管理的所有职能。

我国针对突发事件的应急法制分为三个层次：一是由立法机关通过的法律，如《国土安全法》、紧急状态法等。二是由政府颁布的规章和条例，如《中华人民共和国森林防火条例》等。三是各省或地区根据本地的实际情况颁布的法律，如《云南湿地自然保护法》等。

表 10-4 部分发达国家突发事件应急法制体系

法律\国家	基本法	自然灾害	事故灾难	公共卫生	社会安全
美国	紧急状态管理法	◇灾害救济法 ◇国家地震灾害减轻法 ◇防洪法、国家洪灾保险法 ◇灾害救助和紧急援助法	◇航空运输安全法 ◇国际经济紧急权利法 ◇化学品安全信息、场所安全和燃料管理救济法 ◇空中运输安全和体系动员法 ◇安全爆炸物法 ◇海洋运输安全法	◇美国检疫法 ◇美国防备生物恐怖及突发性公共卫生事件法案 ◇突发性事件州卫生权力法案范本 ◇公共卫生安全和生物恐怖威胁防止和应急法 ◇天花应急处理人员防护法	◇移民与规划法 ◇反对国际恐怖主义法 ◇法律实施通信救助法 ◇使用军事力量授权法 ◇国土安全法 ◇爱国者法 ◇提高边境安全和完善入境签证法 ◇恐怖主义风险保险法

法律\国家	基本法	自然灾害	事故灾难	公共卫生	社会安全
日本	基本法	◇灾害对策基本法 ◇大规模地震特别对策法 ◇大城市震灾对策推进纲要 ◇地震财产特别法 ◇地震防灾对策特别措施法 ◇建筑物抗震改进促进相关法 ◇活火山对策特别措施法 ◇河流法、海岸法、森林法 ◇滑坡防止法 ◇治山、治水紧急措施法 ◇崩塌等灾害防治相关法律 ◇大雪地带对策特别措施法 ◇应急法、灾害救助法、自卫队法、警察法、消防法、水防法	◇推进密集街区防灾街区建设的相关法律	◇传染病预防法 ◇传染病控制法 ◇家畜传染病预防法 ◇食品卫生法 ◇植物防疫法 ◇牛海绵状脑症对策特别措施法 ◇关于食鸟处理事业规定及食鸟的法律 ◇传染病预防及传染病患者医疗法	◇警察法 ◇自卫队法
俄罗斯	紧急状态法律制度法	◇俄罗斯民防、紧急情况和消除自然灾害后果部工作条例 ◇俄政府关于建立国家预防和消除紧急情况的统一国家体系条例 ◇环境保护法 ◇防火安全法	◇紧急救援服务与救援人员权利法 ◇从业人员安全保障法 ◇工业危险生产安全法 ◇建筑标准法 ◇保险发展法 ◇工业危险生产安全法	◇公民公共卫生和流行病医疗保护法案 ◇俄联邦公民医疗保险法应急保护法案 ◇联邦公民卫生流行病防疫法	◇民防法 ◇国家储备发展法案
德国	基本法	◇灾难救助法 ◇黑森州消防法 ◇巴伐利亚州灾难防护法	◇交通保障法 ◇铁路保障法	◇食品保障法 ◇黑森州救护法	◇民事保护法 ◇黑森州公共秩序和安全法

（一）美国模式

美国模式是分散立法模式和统一立法模式相结合的典型。1959年美国对《灾害救济法》进行多次修改，最终确定了联邦政府的救援范围并就灾害的预警预防、灾后的应急救援与恢复重建等相关问题进行了探讨。1976 年美国颁布了《紧急状态管理法》，其中对全国进入紧急状态的过程、处于紧急状态的期限以及在紧急状态下总统所具备的权力等均作了详细规定，同时对政府机构和其他公共部门的职责也作了具体规范，如警察、消防、气象、医疗和军方等。接着，美国政府针对地震、洪灾、建筑物安全等不同行业或领域的相关问题颁布了一系列专项实施细则。"9·11"事件后，美国对应急管理进行了认真的审视和检讨，认为原有的体系、机制和支撑远远不够，为了解决行动、资源、信息等不一致所造成的应急效率不高和效果不好的问题，制定并通过了"2002·国土安全法案"，成立了国土安全部；并陆续出台了《使用军事力量授权法》《航空运输安全法》等，在整个国家层面上对应急体系中的组织管理体系、机构设置、指挥协调体系、法律和规范标准体系、应急预案体系、应急平台体系、应急救援队伍体系等进行了统一规划和规范，形成了一个全方位、立体化、多层次的突发事件应急法制体系。由此可见，美国的应急法规已经相当完善。

（二）日本模式

日本之所以成为全球制定灾害管理基本法最早最全的国家，是由它特有的地质构造条件和自然地理环境所决定的，日本是世界上遭受自然灾害最严重的国家之一，所以日本制定的防灾减灾法体系相当庞大。其中《灾害对策基本法》是日本最主要的灾害应急管理法律，该法详细地规定了国家、中央政府、社会团体、全体公民等不同群体的防灾和救灾责任，还明确了各方的防灾和救灾义务。同时，以该法为基础，又派生制定颁布了防灾基本法、灾害预防和防灾规划相关法、灾害应急法、灾害重建与恢复法、灾害管理组织法等五个部分组成的各类防灾减灾法 50 多部，构建了围绕灾害周期而设置的法律体系。这些法律体系的设置积极推动了日本灾害管理事业的迅速发展，使日本在应对自然灾害及类似突发事件时有法可依。与此同时，日本在灾害防治方面还实施了地方自治制度，使得地方政府能够针对各地区不同情况制定相对应的具体的防灾救灾计划，这样既确保应急法律实施到位，又增强了基层政府的防灾和救灾责任意识，调动防灾抗灾的积极性，有效增强应急计划的针对性和可操作性。一旦灾害发生，日本地方政府依据本区域特征积极稳妥地制定相应的防灾计划，并根据建立的跨区域防救灾机制，积极主动寻求其他各部门、组织和地区的协助，并积极吸纳民间力量以迅速掌握灾情，快速开展应急救援，真正做到认真细致地落实防灾计划中的各项内容，提高突发事件处置效率，确保灾害造成的生命财产损失最小化。由此可见，日本就防灾救灾问题的立法制度及做法，对同样自然灾害频发的我国有很大的借鉴意义。

日本模式是一事一法模式和一阶段一法模式相结合的成功实践，我国应针对我国实际情况制定一种更先进、更科学、更合理同时也是立法技术要求更高的立法模式，使得我们在应对突发事件的各阶段都具备相应的法律。

（三）德国模式

德国是世界上应急管理体系高度发达的国家之一，应急救援工作严谨而完善源于其健全的法律制度、协调有序的管理机制和合理的分工布局，这些都值得我们学习和借鉴。根据《德意志联邦共和国基本法》德国将紧急状态划分为四个层次：战争状态、战争状态前的临战状态、内部紧急状态和民事紧急状态（包括自然灾害和特大不幸事故）。各州都有完备的关于民事保护和灾难救援的法律法规，根据灾情的严重程度和波及范围，《火灾保护法》《救援法》《危险防疫法》等部分应急法规都在县、市和乡镇地区层面实施。如灾情升级，超出县、市、乡镇的应急救援能力时，则州政府会自动接管救灾工作，在全州范围内调动救援力量。联邦政府根据州政府的请求，按照《德意志联邦共和国基本法》可动用联邦技术救援署和联邦军队对州政府进行灾难救援。德国的法律明确规定，全国性灾难造成的所有损失均由联邦政府来承担，而灾难救助的资金和救援费用，由受灾地区所在地政府来承担。此外，德国紧急救援相关法律还对青年服兵役或进行志愿服务、全部社会成员的救援培训及志愿人员参加培训的时间和工资作了规定。

三、我国应急管理法律体系规划建设构想

(一) 修订完善已有应急法律法规，增强法律法规的针对性和时效性

以法律手段来处置与突发性紧急状态有关的突发事件，是世界各国普遍采取的措施和对策。应急管理法律体系与国家法律体系的基本结构是一致的，既包括应急管理法律规范的法律形式体系，也包括法律规范的内容体系。完善的法律体系是应急管理工作得以迅速有效实施的保证，对于降低人民群众的生命财产损失，恢复正常的社会秩序有着十分重要的意义。因此，我国应以《中华人民共和国宪法》和《中华人民共和国突发事件应对法》为基础，并针对各种具体突发事件制定相对应的单向法，进一步加强和完善应急管理的立法工作。应急管理法律体系更注重对社会公共利益的保护，在立法上更强调对公民权利的保障性，根据《突发事件应对法》的法律精神和具体规定，通过重新考察并完善各类应急部门法律、法规与规范性文件等，来改变我国突发事件应急法制中各部门各自为政、相互之间缺乏协调统一的现状，避免在紧急状态下因部分应急部门或人员权力滥用，最终使公民权利受到侵害。同时，应急法律法规在适用上具有一定的时效性，一般仅适用于应急时期，一旦应急终止，应急法规就不能再继续适用。

(二) 科学规划应急法律立法工作

科学规划并建立完善的应急法律体系，是应急管理工作得以迅速有效实施的保证，对于降低人民群众的生命财产损失，恢复正常的社会秩序有着十分重要的意义。在我国，应急处置法律体系统一规范的建立既要结合我国现行法律制度的特点，又要根据我国实际应急管理的要求，最终实现有法可依。首先，要在宪法中对紧急状态、紧急状态的确认、紧急状态的实施、政府紧急管理权作出规定，制定统一的应急法律。政府部门只有在突发事件处置过程中依法享有紧急权，才便于对突发事件进行统一处置、指挥。

其次，在一些空白领域抓紧制定应急法律，如建立突发事件救助法、国防动员法、恐怖事件应急法等。加快这些领域的立法工作，能够有力地推动政府应急管理工作的开展。因此，我国应加大对一些领域的立法力度，使各领域有法可依，便于相关部门和组织处理突发事件。

最后，充分保障危急状态下的公民合法权利。以法律的形式来规定公民的权利，是对法律权威的重视，也是对公民权利的保障，以便于提高公众应对突发事件的积极性。在突发事件发生时和发生后，直接受害者或最大受害者都是公众（即公民），因此需要通过法律来保障他们的基本权益。

当前需要加紧以下三部法律的制定和修订工作：

1.《紧急状态法》

该法是以立法形式来确保国家在紧急状态下有序应对各种危机状况的规范性法律文献。该法应当规定国家应于何时宣布进入紧急状态，如何实施，过程如何监管，如何终止，紧急状态期限以及紧急状态期间的权力行使等，使国家在危机或危险的紧要关头有法可依，不会自乱阵脚。

2.《突发事件紧急救助救援法》

在该法中，应当详细规定重大自然灾害发生时，国家如何进行救济和救助。如在灾害发生时国家该如何对地方政府进行支援和财政拨款，如何确立灾后恢复重建救济和救助的原则和标准等。

3.《巨灾保险法》

我国在重、特大突发公共事件过后的筹资方式过于依赖国家预备费与社会援助，筹集方式单一，每次巨大灾难的来临，都在考验着国家和人民的智慧。而我国又缺乏巨灾保险方面的法律法规，所以灾害发生后很难通过保险来转移和分担风险，政府只是单一地给予一定的财税和政策支持。同时对于保险公司层面上来说，其为了避免承担巨额风险也不可能主动将巨灾保险划入险种范围之内。参考国外发达国家经验，我国目前亟须制定一系列单项巨灾保险法，如地震保险法、台风保险法等，并详细规定单项巨灾保险法中的保巨灾险种类、投保的主体与赔付标准等内容，巨灾保险法的设置既有利于发展保险行业又对灾后的重建恢复工作起到了极大的促进作用，在完善社会保障工作的同时又促进了经济的稳定发展，使得各商业保险公司开展巨灾保险业务有法可依。

（三）强化应急法律的执行与监督机制

一要加强政府部门人员的应急法律意识，普及社会公众的应急法律知识。针对执法人员法律意识淡薄的现状，政府必须通过必要的培训，使相关人员对相关的应急法律法规充分掌握，提高应急管理人员依法行政和预防处置突发事件的素养与能力。政府也要定期对普通民众进行各种方式的应对教育和普法教育，通过教育培训使普通民众对我国现有应急法律的相关内容有基本的了解，掌握一定的自我保护能力与互救能力，从而达到对现有应急法律知识的普及与学习的目的。二要明确应急法律的监督机制，加强应急管理过程的权力监督。明确规定权力监督机制和司法审查机制，运用新闻媒体、公众及社会舆论的力量对应急管理过程进行监督，加大对相关部门的监督管理力度，使监督管理机制切实落到实处，不只是空口白话，真正做到对延迟救援、推卸责任、私吞救灾物资的部门予以严厉打击，切实追究其法律责任。在应急管理过程中对严重影响救援行动的个人或部门，必要时将追究其刑事责任，坚决从根源切除危及应急救援的毒瘤。三要通过应急法律体系明确紧急救援中的各方职责，建立健全各类应急救济体制和机构，制定完善的行政制度、行政复议以及国家赔偿、经济补偿的统一标准，切实维护公民、组织和法人的合法权益。

参考文献

[1]范维澄.国家突发公共事件应急管理中科学问题的思考和建议[J].中国科学基金，2007(2)：70—76.

[2] 范维澄，刘奕.城市公共安全与应急管理的思考［J］.城市管理前沿，2008(5):32-34.

[3] 宋英华.突发事件应急管理导论［M］.北京：中国经济出版社，2009.

[4] 庄越，雷培德.安全事故应急管理［M］.北京：中国经济出版社，2009.

[5] 张乃平，夏东海.自然灾害应急管理［M］.北京：中国经济出版社，2009.

[6] 万明国，王成昌.突发公共卫生事件应急管理［M］.北京：中国经济出版社，2009.

[7] 季学伟，范维澄.突发公共事件预警分级模型［J］.清华大学学报（自然科学版），2008(8):1252-1255.

[8] 季学伟，范维澄.城市事故灾难风险分析研究［J］.中国安全科学学报.2006，(11)：119-124.

[9] 宋英华.基于成本—损失边际分析的突发事件应急管理的经济学研究［J］.军事经济，2009(4):39-41.

[10] 宋英华.突发公共事件与政府应急管理的制度完善［J］.上海城市管理职业技术学院学报，2008(5):8-12.

[11] 薛澜，张强，钟开斌.危机管理：转型期中国面临的挑战［M］.北京：清华大学出版社，2003.

[12] 闪淳昌.危机管理与应急管理研究［J］.甘肃社会科学，2008(5):40.

[13] 高小平.综合化政府应急管理体制改革的方向［J］.行政论坛，2007(2):24-30.

[14] 闪淳昌.建立突发公共事件应急机制的探讨［J］.中国安全生产科学技术，2005(2):24-26.

[15] 计雷，池宏，陈安，等.突发事件应急管理［M］.北京：高等教育出版社，2006.

［16］宋英华，王容天.基于危机周期的突发事件全面应急管理机制研究［J］.华中农业大学学报，2010(4):104-107.

［17］罗帆.航空交通灾害预警管理［M］.石家庄：河北科技出版社，2004.

［18］王绍玉，冯百侠.城市灾害应急与管理［M］.重庆：重庆出版社，2005,1.

［19］杨青，田依林，宋英华.基于过程管理的城市灾害应急管理综合能力评价体系研究［J］.中国行政管理，2007(3):103-106.

［20］钟茂华，范维澄，工清安，等.火灾危险评价技术的研究进展［J］.湘潭矿业学院学报，2000(3):22-28.

［21］黄玖.我国城市公共危机管理模式选择研究［D］.武汉：武汉理工大学，2008.

［22］陈军.突发群体性事件预警机制研究［D］.武汉：武汉理工大学，2010.

［23］王嘉宁.企业物流外包风险预警管理研究［D］.武汉：武汉理工大学，2013.

［24］黄宏纯.应急管理科技支撑体系研究［D］.武汉：武汉理工大学，2013.

［25］万静静.非常规突发事件应急资源调度系统构建研究［D］.武汉：武汉理工大学，2013.

［26］陈继祥.战略管理［M］.上海：上海人民出版社，2008.

［27］赵成根.国外大城市危机管理模式研究［M］.北京：北京大学出版社，2006.

［28］姚杰，计雷，池宏，突发事件应急管理中的动态博弈分析［J］.管理评论，2005,(3):46-50,64.

［29］吴宗之，刘茂.重大事故应急救援系统及预案导论［M］.北京：冶金工业出版社，2003.

［30］诺曼·R.奥古斯丁等.危机管理［M］.北京：中国人民大学出版社，2001.

［31］田依林.城市公共安全应急管理信息系统建设模型［J］.武汉理工大学学报，2007(3):68-71.

［32］黄玖.突发公共事件管理中政府与新闻媒体互动关系研究［J］.当代经济，2006(10):36-38

［33］格里高利·G.戴斯，G.T.拉普金.战略管理［M］.北京：中国财政经济出版社，2004.

［34］董大海.战略管理［M］.大连：大连理工大学出版社，2001.

［35］徐佳宾.企业战略管理［M］.北京：经济管理出版社，2004.

［36］黄丹，余颖.战略管理［M］.北京：清华大学出版社，2005.

［37］谭劲松.创业与创新战略［M］.北京：中华工商联合出版社，2004.

［38］丁石孙.灾害管理运行机制［M］.北京：群言出版社，2004.

[39] 刘传铭，王玲．政府应急管理组织绩效评测模型研究［J］．哈尔滨工业大学学报（社会科学版），2006(1):64-68.

[40] 郭济．中央和大城市政府应急机制建设［M］．北京：中国人民大学出版社，2005.

[41] 黄伟．完善政府应急机制，提高政府应急执行力［J］．黑龙江对外经贸，2007,5.

[42] 万军，汪军．应急管理中的政府责任和权力综述［J］．兰州学刊，2004(4):217-220.

[43] 沈荣华．城市应急管理模式创新：中国面临的挑战、现状和选择［J］．学习论坛，2006(1):48-51.

[44] 万鹏飞．公共管理评论［M］．北京：清华大学出版社.2003.

[45] 秦启文．突发事件的管理与应对［M］．北京：新华出版社，2004.

[46] 郭济．政府应急管理实务［M］．北京：中共中央党校出版社，2004.

[47] 郭太生．灾难性事故与事件应急处置［M］．北京：中国人民公安大学出版社，2006.

[48] 隋鹏程，陈宝智．安全原理与事故预测［M］．北京：冶金工业出版社，1998.

[49] 张彩云，郭晓峰，王存银．公共危机管理［M］．兰州：兰州大学出版社，2009.

[50] 何海燕，张晓．危机管理概论［M］．北京：首都经济贸易大学出版社，2006.

[51] 陈安，马建华，李季梅，等．现代应急管理应用与实践［M］．北京：科学出版社，2010.

[52] 王湛．突发公共事件应急管理过程及能力评价［D］．武汉：武汉理工大学，2008.

[53] 张小明．公共部门危机管理［M］．北京：中国人民大学出版社，2006.

[54] 邱孝．政府应急管理组织结构分析［J］．生产力研究，2009(19):181-183.

[55] 卢涛．应对突发事件能力［M］．北京：人民出版社，2005.

[56] 肖鹏军．公共危机管理导论［M］．北京：中国人民大学出版社，2006.

[57] 张维平．突发公共事件社会预警机制的建构基础［J］．西安交通大学学报，2006(1):14-17.

[58] 郭丽丽．博弈论在应急管理资源配置中的应用［D］．北京：北京交通大学，2008.06.

[59] 陈安，陈宁，倪慧荟．现代应急管理理论与方法［M］．北京：科学出版社，2009.

［60］罗伯特·希斯.危机管理［M］.北京：中信出版社，2003.

［61］何海燕.危机管理概论［M］.北京：首都经济贸易大学出版社，2006.

［62］曹卓君.应急物流中物资储备管理策略研究［D］.天津：天津师范大学，
2009.

［63］翟磊，柴立军.面向危机应对的项目导向型组织模式研究［C］.第十一届中
国管理科学学术年会，2009.

［64］樊运晓.应急救援预案编制实务——理论·实践·实例［M］.北京：化学工
业出版社，2006.

［65］吴宗之，黄典剑，蔡嗣经，等.基于模糊集值理论的城市应急避难所应急适应
能力评价方法研究［J］.安全与环境学报，2005(6):100-103.

［66］冯志泽，胡政，何钧，等.建立城市自然灾害承灾能力指标的思路探讨[J].灾
害学，1994(4):40-44.

［67］郑双忠，邓云峰，江田汉.城市应急能力评估指标体系核心项处理方法研究
［J］.中国安全生产科学技术，2006(5):20-23.

［68］邓云峰，郑双忠，刘铁民.突发灾害应急能力评估及应急特点［J］.中国安全
生产科学技术，2005(5):58-60.

［69］赵玲，聂锦砚.模糊模式识别模型在城市灾害应急能力评价中的应用［J］.中
国公共安全（学术版），2008(E1):72-76.

［70］杨在原.对突发公共事件应急决策体制的思考［J］.中共山西省委党校学报，
2010,33(3):75-77.

［71］汪季玉.应急决策与应急决策支持系统研究［D］.上海：上海交通大学，
2004.

［72］魏捍东，刘建国.构建我国社会应急救援力量体系的思考［J］.武警学院学报，
2008,24(2):16-21.

［73］王宏伟，杨傲.我国应急救援队伍建设的问题与对策［J］.中国减灾，
2007(12):17-18.

［74］曹闻民，崔吉磊.从志愿失灵看我国应急管理志愿服务体系建设［C］.2010
年应急管理国际研讨会，2010.

［75］苏德辉.公共危机治理中的民间组织参与问题研究——以5·12汶川大地震为
例［D］.苏州：苏州大学，2009.

［76］邢娟娟.事故现场救护与应急自救［M］.北京：航空工业出版社，2006.

［77］李常竹，蒋倩，郝耀文，等.论突发事件应急法律制度的完善［J］.学理论，
2010(28):110-111.

[78] 张琳.完善我国应急法律体系［J］.城市与减灾，2009(1):5-8.

[79] 严利，叶鹏飞，赵燕.突发事件应急法制体系的国际比较与框架分析［C］.第八届中国管理科学学术年会，2006.

[80] 苏明，刘彦博.我国加强突发事件应急管理的财政保障机制研究［J］.经济与管理研究，2008(4):5-11.

[81] 马骁.应急财政资金管理框架构想［J］.新理财，2010(10):72-72,12.

[82] 冯俏彬.我国应急财政资金管理的现状与改进对策［J］.财政研究，2009(6):12-17.

[83] 岳大波，江东权.完善我国应急管理信息系统建设的对策［J］.商业时代，2007(1):54-55.

[84] 张铎.应急培训系统功能化任务分析与研究［D］.北京：首都经济贸易大学，2009.

[85] 高园，汪洁.突发公共事件应急管理全员培训体系的构建——以海南省为例［J］.理论月刊，2010(4).

[86] 王彩平.德国应急管理培训的特点及其启示［J］.行政管理改革，2011(2):84-87.

[87] 杨宇，王子龙.社会公众应急能力建设途径研究［J］.生产力研究，2009(16):95-97.

[88] 纪霞.谈应急物流与应急物资保障体系构建［J］.商业时代，2010(12):42-43.

[89] 梁艳平，文杰，唐玲莉，等.应急物资信息发布平台的设计与实现［J］.物流技术，2010(11):129-131.

[90] 张永领.我国应急物资储备体系完善研究［J］.管理学刊，2010, 23(6):54-57.

[91] 李润强.KMGL辅机零配件公司发展战略研究［D］.昆明：昆明理工大学，2007.

[92] 李建国.华菱涟钢"十一五"发展战略研究［D］.长沙：湖南大学，2006.

[93] 田仁菊.云南FT集团发展战略［D］.昆明：昆明理工大学，2007.

[94] 鞠世鹏.ZP集团企业战略研究［D］.天津：天津大学，2008.

[95] 李健民.SAP（中国）公司发展战略研究［D］.北京：首都经济贸易大学，2008.

[96] 郑栋.中国联通湖北分公司市场经营战略研究［D］.武汉：华中科技大学，2007.

[97] 周文燕，陈辉华，刘微明.企业战略管理理论的发展［J］.吉首大学学报（社会科学版），2004(1):90-93.

[98] 张振刚.JCNY 公司经营战略研究［D］.天津：河北工业大学，2006.

[99] 于庆莲.天材科技发展有限公司发展战略研究［D］.天津：天津大学，2008.

[100] 冯文青.德国中小企业在华发展战略研究［D］.天津：天津大学，2008.

[101] 叶东燕.右江航道大站化管理模式研究［D］.南宁：广西大学，2007.

[102] 刘晋华.企业战略管理理论发展问题研究［J］.山西焦煤科技，2007(5):36-39.

[103] 王晓东.浅谈企业战略管理理论的发展［J］.山西经济管理干部学院学报，2006(3):21-23.

[104] 唐承沛.中小城市突发公共事件应急管理体系与方法［D］.上海：同济大学，2007.

[105] 李虎杨.凌博迪森生物科技公司发展战略研究［D］.西安：西安理工大学，2008.

[106] 刘世能.如何进行企业战略管理［N］.中国纺织报，2003-03-13.

[107] 张青林.中国××集团珠海事业部管理现状分析及对策［D］.北京：北京交通大学，2007.

[108] 古健平.如何进行战略管理［N］.中国有色金属报，2006-10-03.

[109] 薄涛.疾病预防控制机构突发公共卫生事件应急能力理论与评价研究［D］.济南：山东大学，2009.

[110] 于金龙.如何进行企业战略管理［J］.广西电业，2011(3):29-30.

[111] 孟繁静.突发事件应急预案保障系统研究［D］.天津：天津大学，2009.

[112] 余来文，陈明.企业战略管理体系研究［J］.科技创业月刊，2006(8):121-122.

[113] 李传颖.山东省农村信用社经营发展战略研究［D］.泰安：山东农业大学，2010.

[114] 郗新明.SWOT 分析应用［J］.经济师，2010(4):256-257.

[115] 东磊.J 公司在华业务策略研究［D］.广州：广东工业大学，2011.

[116] 孙壮.P 公司医疗影像设备营销策略研究［D］.上海：复旦大学，2009.

[117] 杜勇.石家庄网通企业转型研究［D］.天津：天津大学，2008.

[118] 张震宇.宏磊铜业基于竞争能力的发展战略研究［D］.上海：复旦大学，2009.

[119] 张海玉.沈阳发动机研究所风机厂AGF606型风机项目应用研究［D］.沈阳：沈阳工业大学，2007.

[120] 连远强.企业组织系统柔性的三维关联分析及其预警［J］.统计与决策，

2007(19):49-51.

[121] 曹霓 . 论我国城市危机管理体系的构建 ［D］. 重庆：重庆大学，2007.

[122] 邹树梁 . 中国核电产业发展战略研究 ［D］. 长沙：中南大学，2006.

[123] 李玉昭 . 转型期我国政府社会危机管理的现状及对策研究 ［D］. 西安：西安建筑科技大学，2006.

[124] 邵祖峰 .AHP 法在确定城市道路交通秩序评价指标权值上的应用 ［J］. 道路交通与安全，2003(6):20-22.

[125] 王俊辉 . 基于人力资本能力素质的国企上市公司高管薪酬激励研究 [D]. 武汉：武汉工程大学，2011.

[126] 周雅琴 . 化工园区安全规划方案及评价方法的研究 [D]. 上海：华东理工大学，2011.

[127] 高丽娟 .HSM 公司液体化工品运输包装方式的选择及应用 ［D］. 上海：华东理工大学，2011.

[128] 韩芬 . 基于战略的企业业绩评价体系研究 ［D］. 西安：西安建筑科技大学，2010.

[129] 杨海涛 . 危机管理在我国煤炭生产行业中的应用研究 ［D］. 郑州：郑州大学，2007.

[130] 刘玉令 . 双台子河口海域生态环境状况与生态系统评价研究 ［D］. 大连：大连海事大学，2011.

[131] 宋文勇 . 戊唑醇防治小麦纹枯病的研究与推广 ［D］. 泰安：山东农业大学，2010.

[132] 刘建华 . 汽车项目可行性研究及多目标分析探讨 ［D］. 武汉：武汉理工大学，2002.

[133] 潘志巍 . 中国政府应对恐怖主义的危机管理研究 ［D］. 上海：华东师范大学，2005.

[134] 钟升 . 重庆市生产性服务业与装备制造业共生发展研究 ［D］. 重庆：重庆理工大学，2011.

[135] 李慧琳 . 数字信息资源安全风险评估体系的构建 ［D］. 上海：华东师范大学，2011.

[136] 贺涛 . 主客观赋权法在网络教学评价中的应用 ［J］. 价值工程，2012(13):163-164.

[137] 高飞 . 大学生职业生涯初期就业不稳定性预警——以天津市大型民营企业为例 ［J］. 电子科技大学学报（社科版），2011(5):65-71.

[138] 周智勇，张倩.基于公共财政的城市灾害管理机制构建［J］.上海城市管理职业技术学院学报，2008(5):16-20.

[139] 孙云潭.中国海洋灾害应急管理研究［D］.青岛：中国海洋大学，2010.

[140] 陈熙.包头地区供电应急体系研究［D］.天津：天津大学，2010.

[141] 李建科.高校突发公共事件的应急管理研究［D］.兰州：兰州大学，2009.

[142] 邓雯妍.应急管理中志愿失灵研究［D］.广州：暨南大学，2009.

[143] 刘新建，陈晓君.国内外应急管理能力评价的理论与实践综述［D］.秦皇岛：燕山大学，2009.

[144] 鞠娜.城市突发事件应急管理研究［D］.上海：华东师范大学，2008.

[145] 姜金贵，梁静国.基于网格化管理的突发事件应急管理机制研究［J］.情报杂志，2008(6).

[146] 葛贝贝，梁静国，李一倬.船舶火灾应急管理仿真系统［J］.黑龙江科技信息，2008(26):9,229.

[147] 孙华.基于鲁棒优化的应急管理下的车辆路线问题的研究［D］.郑州：河南大学，2007.

[148] 武瑞清.论公安机关的突发事件应急管理机制［J］.山西警官高等专科学校学报，2009(2):28-31.

[149] 邵景干，钱超.公路隧道突发事件应急救援管理机制研究［J］.中国交通信息产业，2009(10):91-95.

[150] 薛露.基于D—S证据理论的信息安全管理能力评价研究［D］.哈尔滨：哈尔滨工程大学，2010.

[151] 王有洪，甘海珍.高校突发事件应急管理现状及对策分析［J］.北京航空航天大学学报（社会科学版），2010(4):10-12,17.

[152] 娄钰华.高校应急管理系统的构建及系统分析研究［J］.中国成人教育，2010(13):32-33.

[153] 王方舜.基于应急管理过程论的消防应急管理体系建设［J］.武汉理工大学学报（信息与管理工程版），2011(3):440-442.

[154] 于艳玲.高等院校应急管理体系的理论研究与实证分析［D］.武汉：武汉理工大学，2010,10.

[155] 张欣.地方政府自然灾害应急管理能力研究［D］.沈阳：东北大学，2009.

[156] 刘娟娟，李仕明.非常规突发事件应急准备体系的构成及运作机理研究［J］.现代物业（中旬刊），2010,06.

[157] 张家明，赵帅.城市应急系统建设研究［J］.防灾科技学院学报，2010(2):51-

56.

[158] 周天浩．城市突发公共事件应急管理研究［D］．长沙：国防科学技术大学，2010.

[159] 宋英华．食品安全应急管理体系建设研究［J］．武汉理工大学学报，2009(6):161-164.

[160] 王小奇．建筑企业 OHSMS 规范化运行的研究［D］．西安：西安科技大学，2010.

[161] 张宇，李春杨．航天器 AIT 过程职业健康安全管理体系建设初探［J］．航天器环境工程，2010(4):408,522-527.

[162] 聚焦突发公共事件应急管理［J］．工商行政管理，2006(13):77.

[163] 赵继钊．把《突发事件应对法》落到实处［N］．太原日报，2007-11-14001.

[164] 田雨．要加大风险隐患排查和应急处置工作力度［N］．新华每日电讯，2006-07-09001.

[165] 白天亮．国务院召开全国应急管理工作会议［N］．人民日报，2006-07-09002.

[166] 张峻．论构建和谐社会进程中领导干部的责任与义务［J］．沧桑，2007(7):65-66.

[167] 马荔．突发事件网络舆情政府治理研究［D］．北京：北京邮电大学，2010.

[168] 李东群．YX 公司发展战略研究［D］．哈尔滨：哈尔滨工程大学，2007.

[169] 黄明解，梁竞艳，陈汉梅，等．湖北省突发公共事件应急科技支撑体系建设研究［J］．科技创业月刊，2008(1):12-14.

[170] 宋英华．汶川到玉树：大灾过后迎大考［N］．中国经济导报，2010-04-27805.

[171] 宋劲松，何颖．应急救援需要更强的科技支撑［N］．科技日报，2010-09-12002.

[172] 六管齐下：加强突发公共事件应急管理工作［J］．世纪行，2011(2):38.

[173] 朱启铭．跨国公司协同战略的形成与实施［J］．当代财经，2004(5):80-84.

[174] 马金城．跨国并购的效率改进研究［D］．大连：东北财经大学，2004,12.

[175] 徐桂华，崔秋文．国际自然灾害防御动态［J］．世界地震译丛，2007(3):74-77.

[176] 姚国章．促进我国突发公共事件应急系统建设对策建议［C］．突发公共事件应急信息系统建设与应用——第二届中国政府电子政务论坛论文集，2005,08.

[177] 沈明军．突发群体事件应急管理［D］．上海：上海交通大学，2009.

[178] 姚国章．典型国家突发公共事件应急管理体系及其借鉴［J］．南京审计学院

学报，2006(2):5-10.

[179] 伊元元.LG集团投资房地产的竞争战略研究［D］.哈尔滨：哈尔滨工业大学，2006.

[180] 禹桂枝.完善河南省食品安全应急制度的对策与措施［J］.决策探索（下半月），2011(2):48-50.

[181] 张康之.论合作［J］.南京大学学报，2007(5)114-125,144.

[182] 杨雪冬.全球化、风险社会与复合治理［J］.马克思主义与现实，2004(4):61-77.

[183] 张康之."协作"与"合作"之辨异［J］.江海学刊，2006(2):98-105+239.

[184] 杨雪冬.经济全球化背景下的风险社会［J］.学习时报，2005-01-17.

[185] 尹建军.社会风险及其治理研究［D］.北京：中共中央党校，2008.

[186] 刘杰.建筑企业品牌管理运作模式与绩效评价［D］.哈尔滨：哈尔滨工业大学，2008.

[187] 李娜.基于SOA架构的应急管理信息系统分析与设计［D］.济南：山东大学，2009.

[188] 杨楠.辽宁省城市突发公共事件应急管理研究［D］.沈阳：东北大学，2005.

[189] 王蓉芳.加拿大自然灾害管理机制与启示［J］.全球科技经济瞭望，2008(4,11-14).

[190] 胡锦涛.在省部级主要领导干部提高构建社会主义和谐社会能力专题研讨班上的讲话［M］.北京：人民出版社，2005.

[191] 张德广.建设社会主义新农村与构建和谐社会的哲学分析［N］.中国信息报，2006-08-28003.

[192] 耿国祥，殷霞，惠林法.构建社会主义和谐社会的重要意义［J］.法制与社会，2009(07):232.

[193] 胡东原，王建科.论构建社会主义和谐社会［J］.南京理工大学学报（社会科学版），2006(6):1-4.

[194] 中共乐山市委党校学报编辑部.党的十六届六中全会精神专题解读：专题一、关键时期的战略举措：构建社会主义和谐社会的重要性和必要性（二）［J］.中共乐山市委党校学报，2006(6):6-7.

[195] 胡锦涛.提高构建社会主义和谐社会的能力［J］.科学决策，2008(12):5-10.

[196] 刘绍春.简论胡锦涛的和谐思想［J］.学术论坛，2006(9):42-46.

[197] 牟卫民.从紧急情况部看俄罗斯突发事件应急管理［N］.学习时报，2006-10-02002.

[198] 马慧敏，杨青．突发公共危机应急管理国际合作机制研究［J］．武汉理工大学学报（信息与管理工程版），2008(6):944-947+951.

[199] 黄寰．整合科技资源跨区域科技赈灾（二十二）[J]．资源与人居环境，2010(11):24-28.

[200] 杨宇．中小城市突发事件应急管理机制研究［D］．南京：南京航空航天大学，2010.

[201] 黄文斌．我国政府危机管理中非政府组织参与研究［D］．南昌：南昌大学，2010.

[202] 唐钧．公共危机管理：国际动态与建设经验［J］．新视野，2003(6):47-49.

[203] 温志强．地震灾后反思应急管理准备机制：挑战与对策［C］."建设服务型政府的理论与实践"研讨会暨中国行政管理学会 2008 年年会论文集，2008,12.

[204] 唐钧．从国际视角谈公共危机管理的创新［J］．理论探讨，2003(5):82-84.

[205] 张小明，李琰．信息技术在公共危机管理中的应用研究——论公共危机信息管理系统构建［J］．术语标准化与信息技术，2007(1):4-9.

[206] 苏娴．我国城市突发性事件管理研究［D］．武汉：武汉科技大学，2006.

[207] 高波．加强科技创新，深化体制改革，努力开创水利科技工作新局面［J］．水利水电技术，2005(1):14-19.

[208] 温志强．危机储备：突发事件的政府管理应重心前移［J］．中国青年政治学院学报，2006(4):55-59.

[209] 赵子．政府公共危机信息管理体系的构建［D］．上海：复旦大学，2008.

[210] 许金柜．论转型期我国政府危机管理的路径选择［J］．甘肃行政学院学报，2004(3):19-21.

[211] 苏娴．浅沦我国突发性公共安全事件的管理机制［J］．管理观察，2009(16):45-46.

[212] 李春林．公共危机管理中的政府责任研究［D］．成都：四川大学，2007.

[213] 海南省人民政府办公厅关于印发海南省气象灾害应急预案的通知［J］．海南省人民政府公报，2010(19):15-20+3.

[214] 姚善明．地震应急资源保障和动员机制研究［D］．苏州：苏州大学，2007.

[215] 李伟军．重庆市科学技术协会的实态调查及其发展战略研究［D］．重庆：西南师范大学，2004.

[216] 蔡琳．基于项目管理的企业战略实施［D］．厦门：厦门大学，2009.

[217] 许群．大唐移动发展战略研究［D］．上海：上海交通大学，2009.

[218] 孙朴．成都铁路局科研所发展战略研究［D］．成都：西南交通大学，2004.

[219] 陈翔宇.国电云南公司电力发展战略研究［D］.昆明：云南大学，2010.

[220] 蒲亨明.遵义市辣椒产业化战略管理研究［D］.贵阳：贵州大学，2009.

[221] 霍志勇.民营家具企业转型与升级的战略研究［D］.长沙：中南林业科技大学，2009.

[222] 沈强.治理全球气候变化须要运筹多方位国际合作战略［J］.国际展望，2010(2):21-26+5-6.

[223] 袁风杰.北京业之峰装饰有限公司大连分公司营销战略研究［D］.成都：西南交通大学，2008.

[224] 陈长坤，孙云凤.基于动态管理模式的企业应急预案管理的研究［J］.中国公共安全（学术版），2008(1):38-41.

[225] 陶奇伟.用项目管理方法"玩转"企业思想政治工作［J］.中国核工业，2012(1):60-61.

[226] 朱锦莲.PDCA循环法在提高病区晨间护理质量中的作用［J］.中国当代医药，2010(3):107-108.

[227] 宋志刚.浅谈养护大中修工程的施工管理［J］.科技风，2010(15):164.

[228] 马成刚.PDCA循环在工程质量管理中的应用［J］.中国科技信息，2007(8):34-35.

[229] 日本大地震后的启示［J］.农民文摘，2011(5):52-55.

[230] 杨丹.企业信息化建设中的项目管理方法研究［J］.市场周刊（理论研究），2009(2):15-17.

[231] 臧学运.班组建设的四维路径［N］.人民邮电，2009-12-24003.

[232] 郭红娟.我国公共危机预警机制中的政府责任研究［D］.郑州：河南大学，2011.

[233] 谢晶仁.日本大地震的经验教训及对我国的启示［J］.中国应急救援，2011(3):16-18.

[234] 于青，崔寅.特大地震海啸袭击日本［N］.人民日报，2011-03-12003.

[235] 张媛.日本开始向海洋排放低放射性污水［N］.经济参考报，2011-04-06004.

[236] 谢自莉.城市地震次生灾害连锁演化机理及协同应急管理机制研究［D］.成都：西南交通大学，2011.

[237] 郑元春.日本救灾很纠结［J］.社会与公益，2011(5):84-86.

[238] 宋劲松，邓云峰.我国大地震等巨灾应急组织指挥体系建设研究［J］.宏观经济研究，2011(5):8-18.

[239] 赵淑红.应急管理中的动态博弈模型及应用［D］.郑州：河南大学，2007.

[240] 汤碧倩.多资源组合下应急管理多目标调度研究［D］.西安：西安理工大学，2010.

[241] 赵黎明，邱佩华，石江波.灾害物资储备模型探讨［J］.华侨大学学报（自然科学版），1997(1):107-110.

[242] 程昭.应急资源调度的补货策略问题研究［D］.上海：上海交通大学，2010.

[243] 夏萍.灾害应急物流中基于需求分析的应急物资分配问题研究［D］.北京：北京交通大学，2010.

[244] 郑成功.自然灾害应急物流体系构建及实现机制研究［D］.西安：长安大学，2010.

[245] 郭霖.基于自然灾害应急及资源利用的小火电优化配置规划模型研究［D］.北京：华北电力大学，2009.

[246] 邓砚.县市政府地震应急行为模式和区域地震应急能力评估方法研究［D］.北京：中国地震局地质研究所，2011.

[247] 刘伟.高校应急管理能力研究［D］.徐州：中国矿业大学，2009.

[248] 赵淑红，张丽.应急管理中的博弈关系分析［J］.网络财富，2010(4):41-43.

[249] 郭咏梅.应急物流管理的物资支撑体系研究［D］.西安：长安大学，2008.

[250] 薛峰.突发公共事件应急管理项目组织机制研究［D］.济南：山东大学，2011.

[251] 郑伟，朱永峰.应急物资采购的实物期权模式探索［J］.科技信息，2010(2):120.

[252] 胡浩.突发通信工程的应急管理［D］.北京：北京邮电大学，2010.

[253] 张震.博弈技术在政府危机应急管理决策中的应用［J］.天水行政学院学报，2011(3):3-9.

[254] 翟磊.产业演化视角下我国研发企业项目导向型合作组织研究［J］.科学学与科学技术管理，2010(3):162-166.

[255] 刘洪辉，黎利红，罗胜荣.城市应急管理信息系统建设初探［J］.电脑知识与技术，2006(20):16+38

[256] 张宾，董华，涂爱民，等.基于 GIS 的城市公共安全技术平台［J］.中国安全科学学报，2005(8):70-75+115.

[257] 胡锦涛.高举中国特色社会主义伟大旗帜　为夺取全面建设小康社会新胜利而奋斗——在中国共产党第十七次全国代表大会上的报告［J］.兵团建设，2007(11):6-19.

[258] 吴世勇.增强公安工作的社会保障作用［N］.辽宁日报，2007-11-05.

[259] 江洪明.论胡锦涛对社会稳定思想的新发展［J］.科学社会主义，2008(2):67-

70.

[260]毛振军.论胡锦涛对建构社会主义和谐政治秩序的探求[J].天津行政学院学报，2010(1):15-20.

[261]刘文娟.基于360°的煤矿安全文化模糊综合评价研究［D］.淮南：安徽理工大学，2011.

[262]张清.青年教师科研基金项目综合评价研究［D］.北京：华北电力大学，2010.

[263]钱进.标准化战略实施效果评价指标体系设计及评价方法研究［D］.南京：南京理工大学，2008.

[264]吴磊.高速公路路线方案综合评价研究与实例分析［D］.西安：长安大学，2011.

[265]夏广东.大连联合船代企业竞争力评价研究［D］.大连：大连海事大学，2011,09.

[266]孙宏霞.天津外轮代理公司竞争力研究［D］.大连：大连海事大学，2010,08.

[267]魏建锋.石溪河流域水能梯级开发方案及挡水坝结构选型研究［D］.重庆：重庆交通大学，2011,06.

[268]孙羽.城市科学发展评价及应用研究［D］.大连：大连理工大学，2010,05.

[269]白健，吴芳，王月明.模糊综合评价与AHP法在项目风险管理中的应用[J].四川建筑，2012(1):236-237+240.

[270]郑亚妮.基于AHP的企业财务战略风险的评估研究［J］.商场现代化，2010(34):176-177.

[271]蒋方华.高校教育资金使用效益评价体系研究［D］.南京：南京理工大学，2011.

[272]暴迪.黑龙江省科技投入与经济发展和谐度研究［D］.秦皇岛：燕山大学，2010.

[273]徐伟，王孝红，黄志义.基于层次分析法的公路养护维修安全作业影响因素分析［J］.公路交通科技（应用技术版），2011,10.

[274]马荣.河南旅游演艺资源评价和开发研究［D］.洛阳：河南科技大学，2011,04.

[275]沙旭东.学生数学建模能力评价体系及应用实例［D］.济南：山东大学，2011,09.

[276]冯卫明.某大断面山岭隧道施工安全风险评估[J].公路交通科技(应用技术版)，2012(4):229-232.

[277] 李友巍.网络舆论风险评估体系研究［D］.武汉：华中师范大学，2011.

[278] 丁宁.宁波市应急队伍系统建设的对策研究［D］.杭州：浙江工业大学，2009.

[279] 姚培龙.科技计划实施效果评价指标体系的建立与微观评价研究［J］.科技与经济，2007(2):18-21.

[280] 郝玉龙.区域经济元竞合关系的研究［D］.北京：北京交通大学，2007.

[281] 吕洁.钆生物效应代谢组学研究［D］.秦皇岛：燕山大学，2009.

[282] 王爽英，李立辉，戴向洋.基于主成分分析方法的湖南省农业区域经济评价及发展方向［J］.农业现代化研究，2010(2):241-244.

[283] 丁振华.高技术企业的产品平台评价与开发研究［D］.大连：大连理工大学，2009.

[284] 魏文婷.中国证券市场成交量动态建模及 VWAP 算法应用改进［D］.天津：天津大学，2009,05.

[285] 陈姝雨.钢铁企业成品物流铁运配载计划与调度的建模与优化［D］.沈阳：东北大学，2009.

[286] 王海林.泰安市复合水系统可持续与协调发展评价研究［D］.泰安：山东农业大学，2011.

[287] 杨宇.突发事件社会公众应急能力建设研究［J］.消费导刊，2008(13):232-234.

[288] 张茜.公共危机管理系统研究［D］.武汉：武汉理工大学，2006.

[289] 顾敏燕.上海志愿服务中的志愿失灵研究［D］.上海：复旦大学，2009.

[290] 张海斌.防汛决策分析、评价及案例研究［D］.长沙：国防科学技术大学，2004.

[291] 孙伯春.以消防救援为基础组建国家综合应急救援队伍的迫切性［J］.消防科学与技术，2010(8):691-694.

[292] 李臣.浅析非政府组织在抗震救灾中的作用及其拓展——以汶川大地震为例［J］.广州社会主义学院学报，2008,10.

[293] 杨力.突发事件应急意识和能力建设探讨［J］.中国安全生产科学技术，2011(8):154-158.

[294] 邓飞，吴金群.论危机情境下的政府决策［J］.学术论坛，1999(6):49-52.

[295] 汪红花.汶川地震救援中民间组织与政府互动探析［J］.重庆科技学院学报(社会科学版)，2010(8):45-47.

[296] 宋涛.我国政府公共危机管理体系建设研究［D］.郑州：郑州大学，2005.

［297］陈炳水，许跃军 . 构建宁波公共危机管理中应急联动系统［J］. 宁波经济（财经视点），2004(11):33-34.

［298］莫勇波 . 我国行政决策体制存在的问题及对策探析［J］. 广西教育学院学报，2004(4):67-71.

［299］寇有观，苏国平 . 应急信息系统总体框架研究［C］. 中国地理信息系统协会第三次代表大会暨第七届年会论文集，2003,11.

［300］孔祥敏 . 突发公共事件应急管理的财政保障机制研究［D］. 秦皇岛：燕山大学，2009.

［301］寇有观，苏国平 . 五大平台建设应急信息系统［N］. 中国计算机报，2004,02.

［302］寇有观，丁全仁，萧鈇 . 如何建立实效高速的国家应急体系［N］. 中国计算机报，2005,12.

［303］赵要军 . 突发事件应急管理中的公共财政应对机制研究［D］. 郑州：河南大学，2007.

［304］赵要军，陈安 . 地震类突发事件中公共财政应急机制分析［J］. 灾害学，2007(12):124-127.

［305］吴丹丹 . 当前我国城市公共危机管理机制问题研究［D］. 郑州：郑州大学，2007.

［306］姚国章 . 日本突发公共事件应急管理体系解析［J］. 电子政务，2007(7):58-67.

［307］王亮 . 恐怖事件与新闻约束［J］. 中国记者，2004(10):13-14.

［308］滕宏庆 . 我国中央与地方政府应急预算法制化研究［J］. 法学论坛，2011(3):142-148.

［309］钱凯 . 我国财政应急机制问题的研究综述［J］. 经济研究参考，2009(60):35-41.

［310］崔蔚霞 . 公共财政保障机制与提升政府应急管理能力［D］. 苏州：苏州大学，2010.

［311］施绵绵 . 公共危机的财政应急机制探讨［J］. 现代经济（现代物业下半月刊），2008(9):99-101.

［312］赵要军 . 突发事件应急管理中的公共财政应对机制研究［D］. 郑州：河南大学，2007.

［313］孔祥敏 . 我国应急财政资金来源及存在的问题［J］. 才智，2009(32):1.

［314］苏明，刘彦博 . 我国加强公共突发事件应急管理的财政保障机制研究［J］. 经

济与管理研究，2008(4):5-11.

[315] 杜恒.应急财政资金为什么难以管理［J］.中国党政干部论坛，2011(3):37-39.

[316] 王瑶.我国突发事件应急管理体制研究［D］.长春：东北师范大学，2008.

[317] 李娜.非常规突发事件应急物资调配体系优化研究［D］.长沙：中南大学，2011.

[318] 黄样兴.加强应急资金管理的思考［J］.江西政报，2008(19):40-42.

[319] 李志文.浅议突发公共事件中公共财政应急反应机制的完善［J］.山东行政学院学报，2011(1):36-38.

[320] 齐小平.应急财政资金需引入科学管理机制［N］.中国财经报，2009,07.

[321] 龙彧.关于推进国家应急平台建设的建议［J］.中国工程科学，2009(9):87-90.

[322] 严利，叶鹏飞，赵燕.突发事件应急法制体系的国际比较与框架设计［C］.第八届中国管理科学学术年会论文集，2006,7.

[323] 赵燕，李季梅.一些国家应急管理的做法［J］.当代世界，2008(6):55-57.

[324] 袁福强，吕东.国外提高应急管理能力探要［J］.商品与质量，20011(8):59.

[325] 许灏.关于对美国应急管理体制的考察与思考［J］.陕西水利，2012(1):10-11.

[326] 陈安，赵燕.我国应急管理的进展与趋势［J］.安全，2007,(3):1-4.

[327] 张宁.论经济危机背景下高校毕业生的就业行政指导［J］.科技创业月刊，2011,(3):109-111.

[328] 廖洁明.突发事件应急管理绩效评估研究［D］.广州：暨南大学，2009,10.

[329] 周君莉.论中国危机管理法律体系的构建［D］.上海：华东师范大学，2006,04.

[330] 莫纪宏.完善我国应急管理的立法工作迫在眉睫［J］.中国减灾，2008,(5):18-20.

[331] 崔浩.铁路应急管理工作统计与评估方法研究［D］.北京：北京交通大学，2011,06.

[332] 高虹.学习考察德国紧急救援应急管理体系［J］.医学与哲学，2005,(7):77-78.

[333] 吴飞，刘中元，张佳.抗震救灾、法制护航［J］.浙江人大，2008,(6):19-21.

[334] 高虹.学习考察德国紧急救援应急管理体系的启示［J］.中华医院管理杂志，2006(6):430-432.

[335] 周海生.突发公共事件应对的法律制度分析：制度结构、弊端及其创新［J］.成

都理工大学学报（社会科学版），2009,(4):65-69.

[336] 林璐 . 我国突发环境污染事件法制问题探析 ［C］. 生态安全与环境风险防范法治建设—— 2011 年全国环境资源法学研讨会（年会）论文集（第一册），2011,133-138.

[337] 谢新洲 , 包昌火 , 张燕 . 企业竞争情报系统的主要模式 ［J］. 图书情报工作，2002，（11）：21–26.

[338] 唐超 . 基于CAS理论的国家竞争情报系统微观运行机制研究[J]. 情报资料工作，2008，（2）:20-24.

[339] 李鑫鑫 . 自然语言处理中序列标注问题的联合学习方法研究 ［D］. 哈尔滨：哈尔滨工业大学，2014.

[340] 刘细文 , 金学慧 . 基于 TOE 框架的企业竞争情报系统采纳影响因素研究 ［J］. 图书情报工作，2011，（6）：70-73，142.

责任编辑：杨瑞勇

封面设计：肖　辉　王欢欢

版式设计：杜维伟

责任校对：吕　飞

图书在版编目（CIP）数据

国家应急管理战略工程 / 宋英华 著 . —北京：人民出版社，2016.11
　（2023.3 重印）

ISBN 978 - 7 - 01 - 016428 - 1

I. ①国⋯　II. ①宋⋯　III. ①突发事件 - 公共管理 - 研究 - 中国　IV. ① D63

中国版本图书馆 CIP 数据核字（2016）第 153506 号

国家应急管理战略工程

GUOJIA YINGJI GUANLI ZHANLÜE GONGCHENG

宋英华　著

人民出版社 出版发行

（100706　北京市东城区隆福寺街 99 号）

北京汇林印务有限公司印刷　新华书店经销

2016 年 11 月第 1 版　2023 年 3 月北京第 2 次印刷

开本：710 毫米 × 1000 毫米 1/16　印张：21.75

字数：320 千字

ISBN 978 - 7 - 01 - 016428 - 1　定价：128.00 元

邮购地址 100706　北京市东城区隆福寺街 99 号

人民东方图书销售中心　电话（010）65250042　65289539